ちくま文庫

日本の台湾人

故郷を失ったタイワニーズの物語

野嶋剛

筑摩書房

日本の台湾人——故郷を失ったタイワニーズの物語【目次】

まえがき

台湾社会はあまりにも多様である。

台湾の民族・族群（グループ）構成は、歴史のなかで時間をかけて、さまざまな集団が、太平洋に浮かぶ九州ほどの大きさの美しい島に身を寄せる形でできあがった。

台湾で「四〇〇〇年前の台湾の首都は台湾東部の台東だった」という言い方がある。卑南(ペイナン)遺跡をはじめ、石器時代の大型遺跡が台湾東部に集中しているからだ。太平洋に面した東海岸に、海を渡ってきて着岸した人々が定住したことと関係しているのだろうか。台湾の真ん中を標高四〇〇〇メートルに近い山々が貫く台湾山脈の存在が、東部から西部への人の移動を長く阻んでいたという要因もある。

その東部を中心に、石器時代から台湾に定住していたオーストロネシア語族の人々は「原住民」と台湾で呼ばれる。日本語では先住民だ。日本統治時代は「蕃族(ばんぞく)」「高砂族(たかさごぞく)」、戦後の国民党時代は「山地同胞」や「高山族」と呼ばれた。現在の人口はおよそ五〇万人という少なさで全人口の二％に過ぎないが、正真正銘の台湾オリジナルの人々である。

その台湾に、一六―一七世紀にかけて、対岸の中国大陸から漢人の移民が押し寄せた。

彼らは単身あるいは一族郎党で活路を求めて台湾に渡った移民である。現在の台湾で本省人と呼ばれるグループであり、台湾人口の六―七割を占める主要勢力となっている。最初に中国沿岸部にいた福建（閩南）系が、やや遅れて内陸部の福建や広東にいた客家グループが入ってきた。台湾西部の主要港湾や肥沃な平野部分はすでに先発の人々に押さえられていたので、客家は西部の丘陵地や東部に定住地を広げていった。

一八九五年から一九四五年までの日本統治時代には数十万人の日本人が入ってきたが、一九四五年の敗戦とともにほとんどが台湾から姿を消した。

そこに今度は国民党とともに中国大陸から一〇〇万あるいは一五〇万という大量の人間が流入してくる。外省人である。当時の台湾人口はおよそ六〇〇万人とされる。人口の四分の一から六分の一にあたる民族大移動（エクソダス）であった。外省人と一口にいっても実態は全ヨーロッパに匹敵する広がりがある中国大陸のありとあらゆる地方から集まった人々の混合体である。

その結果として、台湾社会の多様性は、日本人の想像を超えるものとなった。

そして、その多様性は、人間の移動を通して日本にも持ち込まれた。

戦前は「日本」であった台湾。戦後に「中国」になった台湾。一九九〇年代の民主化後に自立を目指す台湾。戦争、統治、冷戦。常に時代の風雨にさらされ続けた日本と台湾との関係だが、深いところでつながっていることができた。それはなぜか。

台湾と日本との間を渡り歩いて「結節点」の役割を果たした台湾出身者の存在があったからである。

彼らは故郷を、何度となく失った。

祖国に追われ、祖国に裏切られ、祖国に捨てられた。

しかし、生きることを諦めずに、多くのことを成し遂げた。日本と台湾、ときに中国や米国まで巻き込んで貴重な功績を残した。故郷を失うことで「国家」から自由になった彼らでなければできない役割を力強く担った。

それは彼らが生き抜く方法であり、祖国への恩返しであった。苛烈な生き様を、彼らは楽しんでいる節すらある。

彼らは英雄ではない。リーダーでもない。多様であるがゆえに集団にもならない。

だが、一人ひとりがたくましい強烈な個である。

取材者としての私を長年にわたって夢中にさせた彼らをタイワニーズと呼びたい。

本書ではその群像と生きざまを、「故郷喪失者の物語」として一枚の絵にするつもりで描く。

第一章

政治を動かす異邦人たち

1　蓮舫はどこからやってきたのか

追い込まれているのは、誰の目にも明らかだった。都議選で民進党はたった五席という敗北。上向かない党の支持率。党勢回復の切り札として登場しただけに周囲の目線は厳しくなっていた。

そんなとき党内から「戸籍を公開すべきだ」との批判が上がった。従来は「プライバシー」を理由に、一切、そうした要望ははねつけてきた。しかし、側近らと協議し、戸籍の公開に傾く。その方針に、党内から別のグループが「人権侵害を助長する」とかみつき、メディアは「内紛」「求心力低下」と書き立てる。

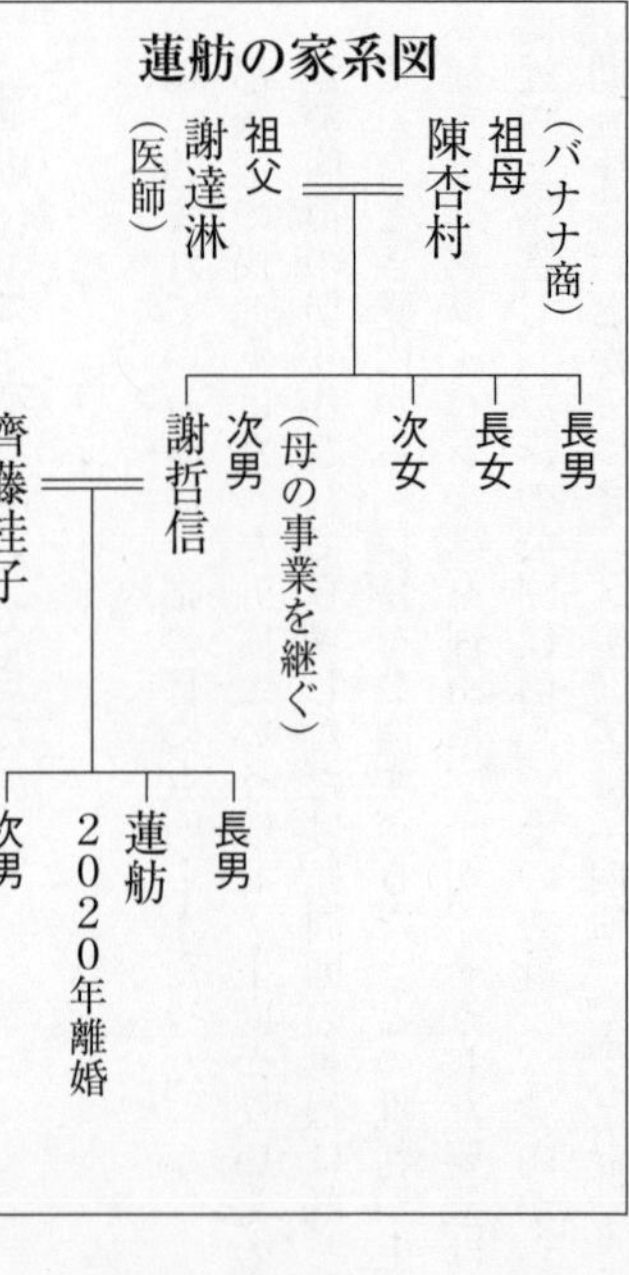

二〇一七年七月。事態は、悪循環を呈していた。

民進党の第二代党代表であった蓮舫（れんほう）は、都議選の敗北を経て、日本と台湾の二重国籍問題に関する資料公開に応じる記者会見を、永田町の民進党本部で開いた。

会見場は、一〇〇人を超える記者たちで埋めつくされた。公開された資料の中身には、日本国籍選択宣言が書き込まれた戸籍の写しや、台湾の内政部が発行した国籍喪失許可証書が含まれていた。

蓮舫攻撃を展開していた言論プラットフォーム「アゴラ」の関係者や、保守系のメディアの記者たちが厳しい質問を一時間にわたって浴びせ続けた。蓮舫の表情は終始硬く緊張気味で、悲壮感が漂っていた。

ただ、これで少なくとも、蓮舫は会見時点で中華民国籍を有しておらず、世間を騒がせてきた二重国籍問題に一定の決着がつくはずだった。

蓮舫は不注意で中華民国籍を離脱していなかったが、問題発覚後、速やかに対応した、ということが、これらの資料からほぼ証明されたからだ。

ところが、その後、後見役である野田佳彦幹事長が都議選敗北の責任をとって辞めたあとの幹事長人事で後任が見つからず、会見からわずか一〇日後に蓮舫は代表の座から退く決意を固めた。

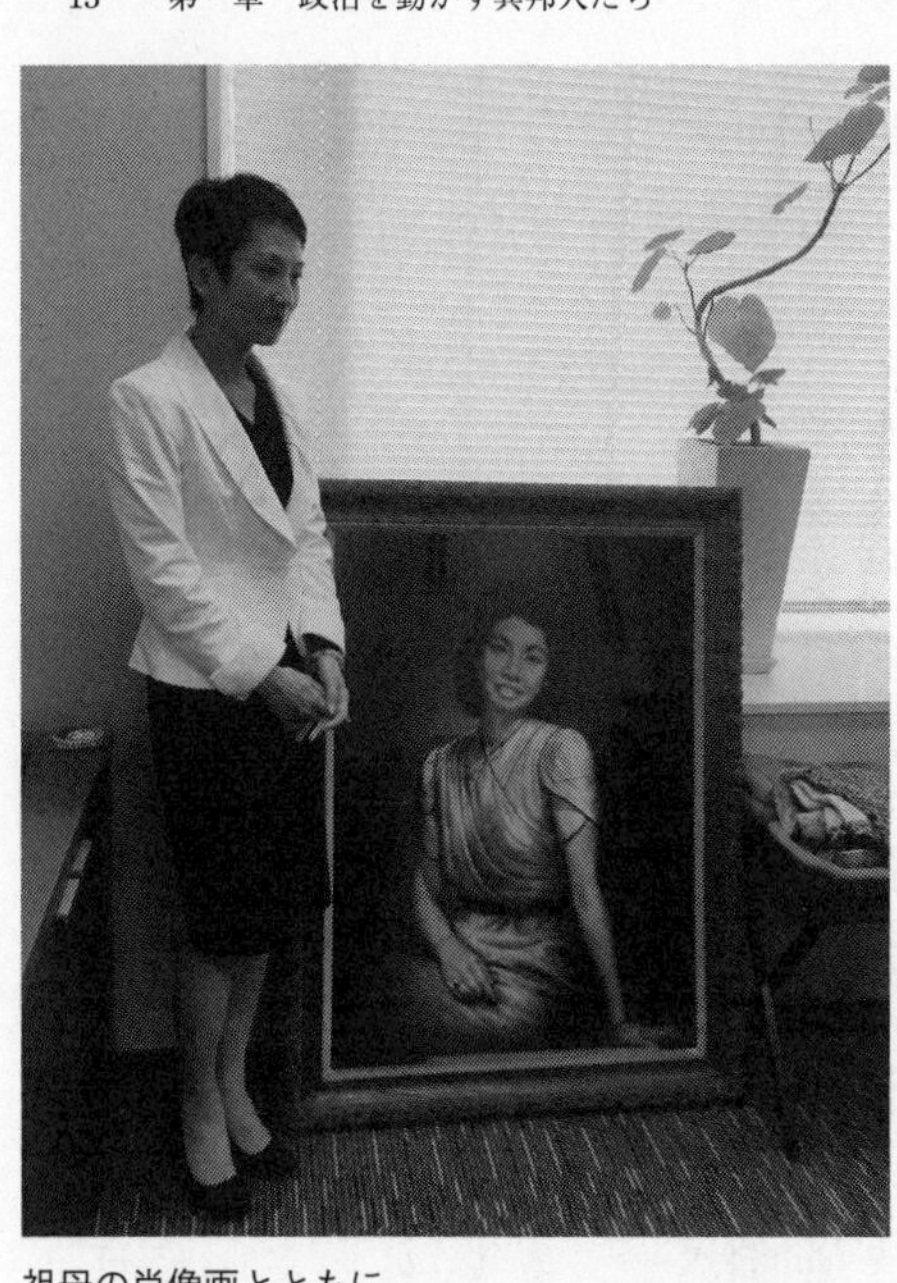

祖母の肖像画とともに

「投げ出した」と言われるリスクもあったが、蓮舫の周囲によれば「もう無理です」「辞めます」と辞意を変えなかった。限界だったと言えるだろう。タレント、キャスターから政治家へ順調に出世を続けてきた蓮舫にとって初めての大きな挫折となった。蓮舫の穴を埋める代表選が行われ、前原誠司が勝利し、枝野幸男が敗れた。前原は民進党を壊しながら希望の党への合流を進め、枝野は立憲民主党を立ち上げた。民進党は参議院議員部分を残して事実上崩壊し、蓮舫自身も後に立憲民主党に合流している。

二重国籍問題

誰も想像がつかないことではあったが、蓮舫が党代表にとどまっていたら、民進党の解体は別の展開を遂げていただろう。直接の理由ではないにせよ、二重国籍問題がボディブローのように蓮舫の体力を削ぎ落としたように思える。二重国籍問題は、結果的に、日本政治を左右する流れを作ったことになる。

この問題について、本書はあくまでも「タイワニーズ」の人間模様を描くことに主眼を置くので、深入りはしない。ただ、蓮舫の二重国籍問題は、蓮舫にとって、「台湾」は自らの武器であったが、自らを傷つけるブーメランにもなったことは確かである。

蓮舫という名前は、誰の目にも、中華系を想像させる。彼女があえてこの名前を使うのも、台湾の「血」に強くこだわっているからだ。

蓮舫の父は台湾人、母は日本人、夫も日本人。父方の一族の姓は謝、母は齊藤、夫は村田だ。台湾籍だった一七歳までは謝蓮舫、日本国籍を取得した一七歳からは齊藤蓮舫、そして、結婚後は村田蓮舫となった（＊二〇二〇年に離婚）。

大学在学中にモデルでデビューし、蓮舫という芸名を選んだ。以来、ニュースキャスター、政治家の道を歩むなかで、使い続けた。インタビューで蓮舫という名前にこだわる理由を聞くと、目が輝いた。

「子供の頃から、唯一変わっていないのが蓮舫という名前なんです」

日本社会も、蓮舫という名前のタイワニーズが、メディア、政治の舞台で活躍することを何ら違和感なく受け入れていた。二重国籍問題が起きる前までは。

右派・保守のメディアや言論人による蓮舫への攻撃も凄まじいものだった。

党代表に選ばれた後、目黒駅からほど近い中華料理店で食事する機会があった。蓮舫は「世のなかには、粘着質な人々がいるのね」とため息をついた。「蓮舫」のふた文字があれば攻撃を始める人々がおり、ネット上ではなお延々と蓮舫攻撃が繰り広げられた。

この二重国籍問題における最大のポイントは、政治家として二つの国家に忠誠を誓うことになり、利益衝突が起きる恐れがある、という点に尽きている。

もし本人の説明の通りだとすれば、蓮舫自身は台湾の国民として権利行使をしていなかったのだから、利益衝突の問題は起きていなかったことになる。

具体的に台湾で選挙に投票したり、納税したりしていないのであれば、日本という国家に実害を生み出した部分はない。手続きを忘れていたなら、指摘を受けて中華民国籍放棄の手続きを始めた時点で、国籍法の求める「離脱の努力義務」を果たしている。

かつて新聞や雑誌、テレビの場で自分のことを中国人だと語っていたなどの批判は、取るに足りない問題だ。メディアによる報道の正確性もあるだろうし、一九九〇年代まで台湾出身者が、公の場で自分のことを「中国人」と呼ぶことはあたり前の話だった。台湾社会ですら「台湾人」という呼称が市民権を得たのはこの一〇年、二〇年のことに過ぎない。本書のタイトルをカタカナの「タイワニーズ」としたのにも、複雑で変化を続ける台湾の人々の呼称をあえてあいまいに示そうという意味が込められている。

それより世の中が蓮舫に違和感を抱いたのは、台湾について、あるいは自らのルーツについて、蓮舫の語る言葉の「軽さ」であった。

台湾について、蓮舫は、著書でも何度か言及している。

二〇一〇年に出版された『一番じゃなきゃダメですか？』では、二〇〇〇年、二〇〇四年の台湾総統選の取材を経て、国民が台湾を変えていく姿に感動し、キャスターから政治家への転身につながったと、解説している。

しかし、蓮舫の口からルーツである「台湾」が積極的に語られることはなかった。逆に出てきたのは「生まれた時から日本人」「台湾籍は抜いている」などの自己防衛に徹し、台湾と自分のつながりを否定する言葉ばかりだった。

問題の渦中にあった蓮舫に議員会館でインタビューを行った時、蓮舫の父方の祖母・陳杏村のことに、私から話を振った。

深い意味はなかったのだが、蓮舫はやや困った表情を浮かべながら、「いろいろあった人だから」と話題を逸らした。少なくとも、そう私には見えた。

蓮舫という名前で台湾のルーツを押し出しているのに、台湾の祖母をあえて語りたがらない。そこにざらつく違和感があった。

それも無理からぬことであった。

ネットなどの蓮舫たたきで常に引用されるのは「女傑」「政商」「スパイ」など、おどろおどろしい形容で持ち出される陳杏村だったからだ。

蓮舫が積極的に語らないならば、蓮舫のルーツ、そして蓮舫の祖母について、私の文章によって正確に世の中に伝えてみよう。そんな気持ちで蓮舫一族の取材を始めた。

蓮舫のためではなく、タイワニーズのために。

謎の祖母を辿って

蓮舫家のルーツは、台湾の南部・台南にある。蓮舫の父方の祖父は謝達淋（シエダーリン）といい、台南出身の医師だった。謝家は台南の鹽水（イエンシェイ）という土地で薬材の商売をしていた。一九二六年、謝達淋は台湾総督府医学校を卒業し、台北女子職業学校で学んでいた陳杏村と知り合い結婚する。鹽水からそれほど離れていない白河という街で医院を開業した。

二〇一三年、蓮舫は白河を訪れている。当時の頼清徳・台南市長や、陳水扁政権で外交部長を務めた陳唐山らが出迎えた。陳唐山は蓮舫の遠縁の親戚にあたる。台湾メディアは「尋根之旅(シュンゲンジーリユウ)(ルーツを探す旅)」と大きく報じた。

蓮舫自身、ツイッターで〈父の故郷、台湾の白河を初めて訪れました。祖父が営んでいた病院は今では写真屋さんに。白河は蓮の産地。祖母が平和を祈り名付けてくれた私の名前の由来はこの地にあります。父が生まれ育った場所にようやく〉とつづっている。

白河は、台南市の北部にあり、車やバスで行くしかない。台北から台湾新幹線に一時間半乗ると台南駅に到着する。駅でレンタカーを借り、白河に向かった。季節は五月。蓮舫の名前のもとになった蓮の花がちょうど満開の季節だった。

蓮舫の祖父・謝達淋が開いた医院はすでになく、その建物も、一九九九年の台湾中部大地震で倒壊して建て直されたと、近所の人から教えてもらった。

生来、向上心が強かった陳杏村は四人の子供を産んだ後、日本に留学してファッションを学んだ。ところが、謝達淋は流行りの伝染病に感染して一九三四年に急死してしまう。陳杏村は独身を貫きながら、蓮舫の父である次男の謝哲信ら子供たちを育てた。

戦前は台湾で服飾店を経営し、のちに大陸に渡ってタバコの販売会社を経営した。戦後になると、日台を股にかけて巨額の利益を生むバナナ貿易を手がける。人生がひとつの物語のような波乱に富んだ生き方を最後まで貫き、一九七七年に六八歳でこの世を去った。

戦後のバナナ貿易で蓮舫家と家族ぐるみの付き合いがあったのは、スーパー「ライフ」を経営するライフコーポレーションの創業者、清水信次会長（＊二〇二二年に九六歳で逝去）だ。

戦後の闇市から小売商になった清水にとって、バナナ貿易はスーパー進出の資金を生み出す、打ち出の小槌のような事業だった。

バナナとパイナップルを輸入できるのは台湾からだけだった。その理由は戦後処理問題と絡む。日本と台湾がまだ国交を結んでいた時期だ。

蔣介石は「以徳報怨」方針のもと、日本の軍民二〇〇万人の大半を中国大陸から無事帰還させた。蔣介石に対する日本側の恩返しという意味がこれらの果物交易には込められていたのだ。

日本と台湾との間でバナナの民間貿易が一九五〇年に始まる。日本の外貨不足で一九六〇年ごろまでの輸入量は年間二万―四万トンと少なかった。値段は高いが、美味しいと評判になり、「輸入するそばから飛ぶように売れていった」（清水）。

ひと房一〇〇円や二〇〇円で売られている今のバナナだが、戦後しばらくは高級品で、日本の小売業にとって、庶民の羨望の的である台湾バナナはぜひとも店頭に並べたい商品だった。

年間の輸入枠が政府立会いのもとで決められる管理貿易スタイルで、日本側も台湾側もバナナに企業が群がって少しでも利益のおこぼれにあずかろうとした。

その利益調整のために一九五〇年代に設立されたのがバナナ輸入協会だった。初代会長は元陸軍中将の根本博が務めた。

根本は蔣介石と太いパイプがあった。日中戦争で満蒙地区方面軍（現在の中国東北部・内モンゴル担当部隊）の司令官だった根本は、戦後、共産党に苦戦を強いられた国民党の蔣介石を助けるため密航船で単身台湾へ渡った。「以徳報怨」を掲げた蔣介石に根本個人として恩を返そうとしたのだ。一九四九年に、共産党軍を国民党軍が金門島で食い止めた「古寧頭戦役」で作戦指南役を務め、大功をあげたとされる。

根本の活躍に蔣介石も深く感謝した。一九五〇年以降に帰国した根本は蔣介石や国民党とのパイプを武器に、その後、日台間で蔣介石や国民党と日本人をつなぐ、ある種のフィクサーといえる役割を演じる。

その根本の下で、協会の副会長になったのが清水だった。

「根本さんとは何度も台湾に行きました。彼のパスポートのコピーも、なぜかわかりませんが、ここにあるんですよ」。清水はそういってコピーを見せてくれた。

バナナをめぐる過当競争はさらに激しくなったが、日本は一九六三年にバナナの輸入自由化を発表し、業者が乱立して市場は混乱を極める。困った日本側は「日本バナナ輸入組合」を結成し、初代理事長は砂田産業という輸入商社のトップ、砂田勝次郎になった。この砂田勝次郎が、陳杏村ら蓮舫家のビジネスパートナーであった。

砂田の父親は自民党総務会長や防衛庁長官も務めた重鎮の政治家、砂田重政。実兄は、文部大臣だった砂田重民で、農林族だった河野一郎の秘書を務めていた。砂田家とがっちり組みながら、蓮舫一家のバナナビジネスはますます広がっていく。バナナ貿易は政治銘柄であったから、当然のことだった。

組合発足の一九六五年に三五万トンだった台湾バナナの輸入量は、一九七二年には一〇六万トンへと、爆発的に伸びていった。その間、清水は組合の常任理事として政治家や官僚との折衝にあたるなど、実務を取り仕切った。

日台バナナ交渉のカウンターパートとして台湾側の窓口だったのが陳杏村だった。清水は陳杏村から信頼を得て、台湾や日本の家にも何度も呼ばれ、家族ぐるみの付き合いとなった。

「スケールの大きい、大臣クラスの見識の持ち主やったね。ケタが違う、一国を背負うような。まさに女傑です。その孫がいま民進党の女性代表になったのは、家系というか、血は争えんもんだなと感心してね」

日本橋のライフコーポレーション本社でインタビューに応じた清水は、九〇を超える高齢のため、補聴器をつけていながら、驚くほど昔の記憶は明瞭だった。

清水は、台湾で陳杏村から戦闘機の写真を見せてもらい、「私が日本軍にプレゼントしたのよ」と教えてもらったこともあった。

陳杏村をめぐる三つの顔

陳杏村の生涯は三つの時期に区切れる。三つの顔があると言い換えてもいい。戦前の台湾で洋装業やファッションを手がけた二十代、日本軍占領下の上海でタバコ事業を展開した三十代、戦後の台湾でバナナ貿易に関わった四十代以降だ。二十代は新進女性経営者の顔、三十代と四十代は女性政商の顔である。仕える相手は日本軍から、国民党へ切り替わった。

陳杏村関連の情報を洗い出す台湾取材で、台南から台北へ戻ってまず国家図書館を訪れた。国家図書館は、日本の国会図書館に相当する図書館だ。台湾観光で誰もが一度は訪れる、蔣介石を追悼する施設・中正紀念堂の真正面に位置している。

国家図書館には、日本統治時代の書籍を集めた資料室があり、日本統治時代に刊行された『台湾人士録』が収蔵されている。

その「(チ)」の項目二四九ページに陳杏村の名前があった。肩書きは「洋装店主 デザイナー」。明治四三年台北市生まれ。大正一五年台北女子職業学校を卒業、昭和一〇年東京銀座ファッションスクールを卒業し、一五人の職工を使う店を開いた、という。「趣味ハ旅行　シネマ」ともある。

『台湾人士録』には当時台湾で活躍する日本と台湾の上流階級の人々が掲載されている。陳杏村はその中で女性というだけで珍しく、さらに際立って若い。

同じ国家図書館で、日本統治時代の日本語新聞「台湾日日新報」を「陳杏村」の名前で検索すると、一九三五年七月二八日の「魅力ある洋装」という見出しのファッションの評論記事が引っかかった。

〈今日の婦人洋装はもう既に外国の服装ではなく我々の服装となつてしまひました。洋服と云へば裁断してミシンで縫へば、それでよいと思つてゐる人が多いやうですが本当はさうではありません〉

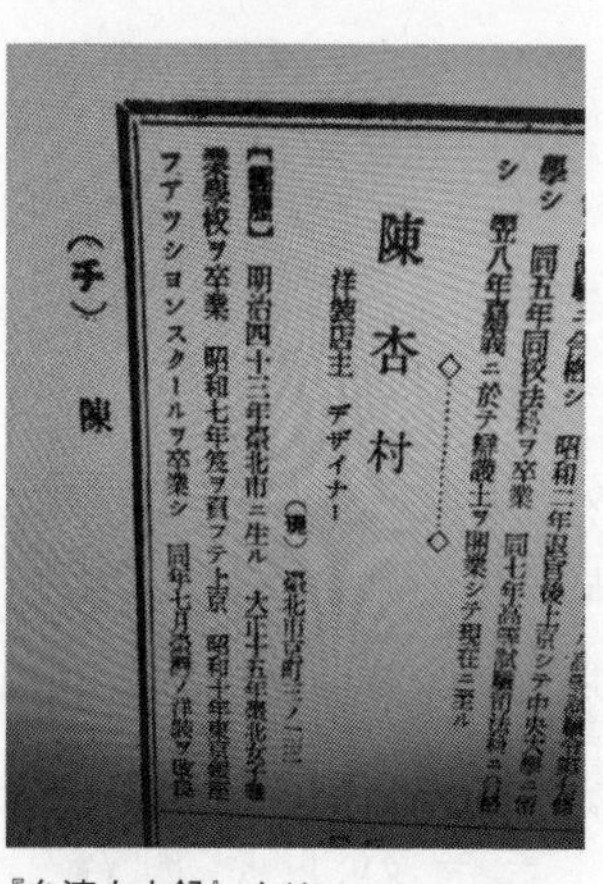
陳杏村
洋裝店主　デザイナー
明治四十三年臺北市ニ生ル
(手)　陳

『台湾人士録』より

ファッション評論家さながらに、陳杏村は洋装の心得を事細かに論じている。

一九三六年四月六日の「台湾日日新報」には「陳杏村女史が洋裁研究のため、上海に渡る」という記事もあり、同年五月一七日に紙面の大きなスペースを使って「上海の旗袍〝東洋の旅行は上海から〟」という見聞記を発表している。まさに、台湾ファッション界のオピニオンリーダーの風情である。

この時代の陳杏村を、戦前戦後の日台関係史に関する作品を台湾で数多く発表しているノンフィクション作家の陳柔縉(チエンロウジン)は、雑誌の取材で取り上げたことがある。

「台湾の女性にとって洋装のデザインや縫製の技術を身につけることは自立の象徴のような仕事でした。日本ではマス・ケート(平井満寿子=当時日本の洋装界で活躍した人物)に師事しました。陳杏村は有力な家族の出身ではなく、自ら努力を重ねて、時代の最先端を走った女性の一人だったようです」

一九三八年七月一八日には同じく「台湾日日新報」で「ブラジルコーヒーの台湾宣伝販売本部」を陳杏村が台北に開設した、というニュースも報じられている。新しいものには、躊躇せずにどんどん飛びつく好奇心と行動力をあわせ持つ人だったようだ。この個性は孫の蓮舫にも引き継がれている。

ファッションの世界で順風満帆に事業を展開しているかにみえた陳杏村だが、突如、一九四〇年代の上海へ海を渡っている。その理由を明確に語る資料は乏しく、そこから終戦までの経緯が最も謎に包まれている。

陳杏村が次に報道ベースで登場するのは、戦後の一九四七年一月一四日の中央日報(国民党の機関紙)の「軍事法廷起訴　女戦犯陳杏村」という記事を待たねばならない。なんと上海で逮捕され、南京の軍事法廷で起訴されているのだ。

その間の足取りを埋めるものはないか。国家図書館にこもって多くの資料のページをめくるなかで、陳杏村に関する短い記述を見つけた。

一九九五年に刊行された『藍敏(ランミン)先生訪問紀録』という本だ。藍敏は、戦前・戦後の台湾で、ビジネスなどでも活躍した人物で、日本統治時代には国民党の秘密エージェントとして活動していたとの噂もあった。

藍敏によれば、陳杏村は「男まさりでファッションの仕事をしていた」が、当時、中華民国の駐台北総領事だった人物と知り合い、太平洋戦争が始まったあとにこの人物に頼んで、「上海に連れて行ってもらった」という。

ほかにもこの本には、陳杏村と日本軍人との人間関係も書かれているが、真偽の確認が困難な噂話レベルが多い。この本は藍敏への口述記録で、聞き取りは台湾の中央研究院（ナショナルアカデミーに相当）台湾史研究所の許雪姫研究員が行っていた。

許雪姫は戦前の日台関係史研究の第一人者である。空からたらされた糸につかまるような思いで許雪姫にコンタクトを取り、台北郊外にある中央研究院に会いに行った。

戦犯裁判資料が語る「真実」

藍敏の口述の信憑性に許雪姫も疑問を持っているようだったが、オーラルヒストリーという性格上、そのまま載せている、とのことだった。

許雪姫に蓮舫家の戦後の日本での展開などを説明すると、数枚のA4ペーパーを取り出した。それは、まさに私が探していた陳杏村の戦前の行動に関するメモだった。一九九〇年代、許雪姫は中国を訪問し、陳杏村の戦犯裁判資料をすべて写し取っていた。本来、戦犯裁判の資料は国民党の台湾撤退に伴い一緒に運ばれるべきものだったが、混乱のなかで大陸に残された。

この一〇年ほどの間に中国当局の歴史資料に対する管理が厳格化された現在では、閲覧はほぼ不可能である。ゆえに許雪姫の情報はきわめて貴重である。

許雪姫が作成したこのメモは、陳杏村の供述と裁判の事実認定を学内報告用に整理したもので一般に公開されたことはない。

そのメモによれば、上海時代の陳杏村の状況は以下のようなものになる。

◎一九三九年二月、広州で陳杏村の弟の陳建昌が消息不明になって広州に渡ったが、日本の特務機関の「小島」と知り合い、一緒に「華南煙草運銷公司」を上海に設立した。

◎当時日本政府の在上海領事館が「華中煙草組合」を設立するとき、八六万元余を出資し、大きな利益を獲得した。

◎日本陸軍によって閉鎖された「南洋兄弟煙草公司」の事業を復活する際に陳杏村は南洋兄弟煙草と陸軍との間を橋渡しした。南洋兄弟煙草は二〇〇万元を陳杏村名義で陸軍に払い、陸軍はその資金で二機の飛行機を造り、「南洋兄弟号」などと名付けられたが、中国人社会の目をはばかった南洋兄弟煙草の希望で「杏村号」に改名された。

◎「吉野機関」の福山芳夫中佐に対し、陳杏村は「南華実業公司」常務の名義で華南派遣軍に六〇〇〇万元を貸し出す契約を交わしたが、実行はされなかった。

（筆者注＝「吉野機関」の福山芳夫中佐なる人物については、陸軍士官学校三五期卒業で最終的に大佐になっている福山芳夫と推定されるが、吉野機関の実在は確認できていない）

ビジネスの実態はなお不確かな点が残っているが、陳杏村が日本政府や日本軍と結びついて活躍する政商的な人物だったことは間違いない。それゆえに、日本の敗戦で、陳杏村の運命も暗転する。

一九四五年一〇月一六日、陳杏村は上海の自宅で逮捕され、家宅捜索で家から財産も持ち去られる。取り調べで「金のネックレスや翡翠の指輪、プラチナとダイヤの首飾りなどが持ち去られてしまった」と供述していたという。

逮捕の容疑は日本人に協力した漢奸罪、つまり「売国奴」の罪だった。だが、のちに容疑は「戦争犯罪」に切り替えられた。起訴後、裁判で弁護士は「当時、日本国民だった台湾出身者を、日本人に協力しただけで戦争犯罪に問うことはおかしい」と無罪を主張したからだ。

一九四七年五月一四日、裁判は結審し、判決は無罪。「日本国民の身分で日本人に協力するのは国民の義務を果たしたに過ぎず、犯罪要件を構成しない」という判決理由が提示された。

売国罪から戦争犯罪への罪名変更によってでも結局、有罪にはできなかったのだ。

この判決を出した石美瑜（シーメイユー）という裁判長は、日本に対して非常に厳しい判決を出す裁判官として知られていた。終戦時の支那派遣軍総司令官・岡村寧次（おかむらやすじ）の戦犯裁判も担当したこともある。日本で旧軍人を集めて反共軍を結成させるという試みに協力するという蔣介石と岡村との間の密約から、岡村を無罪で日本に送りかえそうとする蔣介石サイドの意向に最後まで抵抗した。そんな硬骨の士が、国民党の勢力と結託して陳杏村に無罪判決を出したとは考え難い。

インタビューの際に、許雪姫にいくつかの疑問をぶつけた。

陳杏村は上海でいわゆるフィクサーだったのでしょうか。

「フィクサーとまでは言えないでしょう。当時、中国語や人間関係を生かして日本人と中国社会との間を巧みに橋渡ししながら、ビジネスをやっていた台湾人の一人だったと思います」

国民党のスパイである、という説も流れています。

「陳杏村が活躍した当時の上海は日本軍の天下で、国民党と敵対する親日本の汪兆銘（おうちょうめい）政権とは多少関係を持っていても、主には日本との関係だったはずです。陳を逮捕したのも国民党の特務機関である軍事統計局（軍統）でした」

陳杏村が日本軍に戦闘機を二機プレゼントしたという話が日本や台湾のメディアで〝逸話〟として報じられていますが。

「裁判資料によれば、資金も会社から出ており、会社の名前だと都合も悪いので、飛行機の名前も陳杏村の名前にした、となっていますね」

賄賂で無罪になった可能性はないのでしょうか？

「当時、陳杏村と同じように日本人や日本軍に協力して、売国罪で逮捕された台湾人が一〇人や二〇人はいました。いずれも陳杏村同様、無罪になっています。収監中の待遇を良くするために金品を職員に渡すぐらいのことはしたかもしれませんが、戦犯裁判の結果を賄賂で左右できるとは考えにくいです」

陳杏村の件を台湾社会はどう受け止めていましたか。

「当時、台湾を代表する知識人であった林献堂などが上海に渡り、陳杏村らの救出運動に取り組んでおり、逮捕は不当だと受け止められていました」

戦犯裁判の資料が一〇〇％の真実とは言えない。だが、七〇年以上が経過した当時の状況を再現するにあたり、許雪姫のメモは最も信頼できる一次資料であろう。

台湾バナナで華麗なる復活

無罪になった陳杏村は台湾に戻った。上海の台湾人ビジネス界、台北のファッション界などで培った人脈はなお健在だった。彼女はバナナ貿易で「華麗なる復活」を遂げる。

どうしてバナナに目をつけたのか。台湾バナナの栽培・輸出が行われ、蓮舫一家が少なからぬ足跡をとどめる南部・高雄へ向かった。

戦後の台湾ではバナナの輸出は巨額の外貨を稼ぐ輸入産業として脚光を浴びた時期が長く続いた。日本統治時代、バナナの栽培はもともと台湾中部の南投地区から始まったが、一九二四年から二年間台湾総督を務めた伊沢多喜男の時代に産業化が進み、台湾南部での栽培が盛んになった。

南部の台南で長く生活していた陳杏村は、当然、戦前からのバナナ栽培の隆盛を、直に目撃していたことは容易に想像がつく。

陳杏村は、台湾と日本に貿易会社を設立し、バナナの輸出に取り組んだ。やがて、台湾バナナの対日貿易を独占する「台湾地区青果輸出業同業公会（青果公会）」の理事長という強大な権力を有していたポストに座る。

一九六〇年に就任したとき、台湾の新聞はこんな風に報じている。

〈わが国の省レベルの工商団体のなかで最初の女性責任者である陳杏村は各方面の重視と好評を得ている。青果公会の会員は大部分がバナナや柑橘を海外に販売する業務をしており、毎年国家のために数百万米ドルの外貨を稼いでいる。そのため、同公会の存在は当局にも重視され、理事長のポストは青果業界において無視できない地位を持ってい

る〉

当時の台湾で陳杏村は「香蕉女王（バナナ女王）」と呼ばれるようになった。

バナナ貿易の窓口は、青果公会の輸出業者が一手に握り、台湾の年間外貨収入の三分の一にあたる六〇〇億米ドルを稼ぎ出した。

高雄旗山のバナナ農園

そして、国際貿易は蔣介石の妻・宋美齢の影響力が極めて強い分野だった。

台湾には、あちこちに外省人の軍人とその家族が暮らす地域「眷村（けんそん）」がある。日本人が暮らしていた住宅を改築したところも多い。陸軍や海軍の大きな基地がある高雄にはとりわけ大型の眷村が目立つ。

眷村の中や近くには、美味しい料理店が多いというのが台湾通の間では常識だ。「小籠包」や「牛肉麵」などの名物料理は基本的に眷村で外省人たちが作っていた料理から発展したものだ。豆乳料理の「豆漿（ドウジャン）」の店もたいてい眷村の近くにある。

そんな高雄の眷村の一つに「果貿三村（グオマオサンツン）」という場所がある。

高雄にある台湾新幹線の左営駅で降りてから、在来線の線路沿いに数キロ行くと果貿三村はある。左営の海軍基地は台湾最大の規模を誇る。そこの海軍関係者が暮らしたのが果貿三村だった。

果貿三村の中に入ると、案の定、外省人が開いた古い飲食店が軒を並べており、訪れたのが昼時なので人気店の前には長い行列ができていた。

果貿三村の「果貿」とは「果物貿易」の略語だ。現在は公営住宅として数千世帯が暮らす広大な土地は、陳杏村時代の青果公会が政府に寄付したもので、青果公会の豊富な資金力の一端をうかがわせる。

最も目立つ場所に宋美齢の揮毫（きごう）があった。果貿三村が発足した直後、陳杏村は宋美齢から総統府に呼ばれて表彰も受けている。

だが、果貿三村にいま生活する人々は、この地域が青果公会の寄付によって成り立ったことを、自治会の幹部も含めて、誰も知らなかった。

煙草をくゆらせ一喝

この果貿三村が建設された時期、青果公会は深刻な問題を抱えていた。長年、バナナの対日輸出はすべて輸出業者が独占していたが、これを搾取だと主張するバナナ農家との対立が激化していたのだ。

国民党の撤退直後の一九五〇年に日本と台湾の両政府は通商協定を結んで、台湾は日本にバナナ輸出を始めた。

最初は輸出業者が割り当てを独占してきたが、生産者と輸出業者の対立が激化し、一九五六年には政府の介入で比率が輸出業者と生産者で三対一になり、一九六三年からは五対五の均等配分で公平になった。

そのなかで交渉にあたったのが、バナナ生産者側のトップだった呉振瑞（ウージェンルイ）・青果合作社理事長と、輸出業者サイドの青果公会理事長だった陳杏村である。

高雄で、呉振瑞の息子・呉庭光（ウーティンクアン）と会った。呉庭光はオーストラリア在住だが、教鞭をとる大学の休暇で故郷に戻ってきていた。研究者らしく落ち着いた物腰の人物で、高雄の新興住宅地にある高層マンションの自宅に案内された。

呉庭光は陳杏村と間近で接した経験を持つ数少ない生き残りだ。陳杏村が「香蕉女王（バナナ女王）」なら、呉振瑞は「香蕉大王（バナナ王）」と呼ばれた。

呉振瑞は、蔣介石の後継者である長男の蔣経国と、蔣介石の妻の宋美齢が背後で激しく争ったとも言われる国民党政府内の政治抗争に巻き込まれ、「金碗案」と呼ばれる有名な汚職事件で逮捕されているが、のちに名誉回復されている。

「金碗案」は、金でできたお碗を呉振瑞が会員に贈ったことが問題視された事件だが、明確に違法とする根拠は乏しく、政治的陰謀の色彩が濃厚だった。蔣経国と宋美齢は親子ではあるが、蔣経国は前妻の子供であり、宋美齢との関係は良好ではなかった。宋美齢の影響力が強かったバナナ業界に蔣経国が切り込み、利権を奪った事件だと台湾では広く信じられている。

呉庭光は、こんな風に陳杏村の思い出を語った。

「父とは意気投合していたので、実際はデマですが、男女関係があるという噂が流れていました。私のことを「みっちゃん」と呼んでかわいがってくれて、よく、台北の中山北路の自宅に遊びにいきました。とてもモダンな家で、行政院の裏にありました。バナナ商人には、二グループあって、陳杏村の前任者はとことん農民から搾り取ってやろうという人たちでひたすら価格を釣り上げていましたが、陳杏村さんはそうではなくて、農民も商人ももうかる方法を考えてくれていた。「我們已經賺太多農民的血汗錢、不要太過分了（私たちはもう十分に農民の血と汗のお金を稼がせてもらった。儲けすぎてはいけない）」と言ってくれた言葉が忘れられない。農民はみんな知っていますよ。そういう話はちゃんと伝わるから。だから農民に陳杏村を悪くいう人はいませんでした」

呉庭光によれば、陳杏村は、背も高く、服装はいつも洋装で、ハイヒールを履いていた。煙草をくゆらしながら、会議で議論の相手を一喝することもあった。

生産者と輸出業者の和解を実現しようとした陳杏村に対し、呉振瑞はいつも感謝を口にしていた。「正義感の強い人」と呉庭光の目には映った。

日本と台湾のバナナ貿易は一九七〇年代に入ると中南米やフィリピン産に押され、台湾産バナナの黄金期は幕を閉じる。一つの時代の終焉を見届けるかのように、陳杏村は一九七七年に世を去った。当時、蓮舫は一〇歳。

「膝に乗って頭をなでられた時のその手の温かさぐらいしか覚えていない」

その記憶はおぼろげである。

インタビューの際、議員会館の蓮舫の部屋を見回すと、祖母を描いた大きな油絵が壁に立てかけられていた。モダンでややエキゾチックな魅力をたたえた美人。蓮舫に頼んでこの絵の前に立ってもらうと、祖母の姿がピタリと重なった。

この二人は確かに濃い「血」で結ばれていると確信した。

父・謝哲信の教育

祖母・陳杏村からバナナ事業を引き継いだのは、父・謝哲信だ。蓮舫は父の影響を最も受けたと自認する。

蓮舫によれば、謝哲信は「厳しさの中に優しさを併せ持つ人」だった。相撲が好きでいつもNHKの中継を見ていた。小学校に入る前のことだ。蓮舫は父に聞いた。

「猫も夢を見るの？」

蓮舫の家は当時、数匹の猫を飼っていた。昼寝する猫を見ていて、蓮舫が持った疑問だった。蓮舫は見た夢をはっきり覚えているタイプだ。

ＮＨＫの相撲中継を見ていた謝哲信は、テレビをパチンと消した。蓮舫のほうにぐるりと体を向けて、逆に尋ねた。

「おまえは、どう思う？」

蓮舫はとっさに応じた。

「見ていると思う」

謝哲信は真剣な表情で「私もそう思う」と答えた。

質問されることを謝哲信は好んだ。逆に「なんでもいいよ」「任せる」ということを蓮舫が言ったりすると、厳しく叱られた。

レストランで注文する料理についても、人生の進路についても、父は「お前の意見はどうだ」と必ず聞いてきた。そんな謝哲信の教育方針は、のちに政治家として意見を述べる職業を選ぶ娘の未来になにがしかの影響を与えたはずだ。

謝哲信は毎年、バナナ収穫期の夏になると、家族と高雄に長期滞在していた。高雄には圓山大飯店というホテルがある。台北北部の山の中腹にそびえる宮殿風の建築で知られる台北の名物ホテル・圓山大飯店と同系列のホテルで、台北に比べて少し規模が小さいが、ホテルの中に入ったときの印象、部屋のつくりなどはそっくりだ。

このホテルが、蓮舫一家の定宿であった。毎朝、謝哲信はここから迎えの車に乗り込み、仕事先のバナナ産地・旗山に向かった。台湾でバナナ農家は「蕉農」と呼ばれる。旗山は台湾で当時最も裕福な農業地域とされ、バナナ御殿を建てる裕福な蕉農が多数いた。日本へ運ぶと驚くほどの高値で売れるいいバナナを蕉農から買い付けることが、謝哲信のビジネスだった。

当時、蓮舫たちが泊まったのは四三八号室と四三七号室。二つの部屋はぶち抜きで使うことができた。蓮舫はいまもこの「四三八」という部屋番号を「スー・サン・パー」という中国語ではっきりと覚えていた。

私も取材で高雄を訪れたとき、この部屋を指定して泊まってみることにした。テラスからは、プールが見える。ここのプールは国際競技でも使える五〇メートル仕様になっている立派なものだ。蓮舫は「父が仕事に出かけると、きょうだいでいつも、朝から晩までプールで遊んでいました」と振り返る。

謝哲信は、家業を淡々と受け継いだ。同志社大学時代からバナナ貿易を手伝い、ライフコーポレーションの清水や、後述する京都青果合同株式会社の内田昌一名誉会長とは肝胆相照らす仲だった。清水は、謝哲信との出会いをいまも忘れられない。

当時、同志社大学の学生だった謝哲信が清水の前に現れたとき、学生服と学生帽を身につけていた。

「あなたはバナナの商売をやっておられますね。私の母は台湾で青果公会の理事長をやっています。バナナを買ってもらえないでしょうか」

突然の打診ではあったが、清水にもありがたい話であった。当時は、ライフの創業期で、人気上昇中の台湾バナナを取り扱いたいと考えていたところだった。

「あんたんとこは？って聞いたら、東京に事務所があります、福光貿易ですっていうんですね。銀座にビルがあってよくそこに商談に行きました。そこの一階にはキャバレーみたいな店があってね。六本木に立派な邸宅もあった。陳杏村さんが日本に来た時、自分が泊まる家が欲しいって言い出して建てたらしい。何十回も呼ばれてご馳走になりましたよ」

台湾バナナは、日本で戦前に一度、戦後に一度、それぞれブームを巻き起こしている。台湾が日本になり、台湾バナナが流入した。その甘さに、明治の日本人たちは夢中になった。しかし、やがて大量に輸入され、叩き売りと呼ばれる安売り現象が起きた。バナナが再び日本社会の高級品となったのは戦後だ。台湾の味に記憶がある日本人も多かった。再び台湾バナナは日本人が思い焦がれる味になった。

謝哲信はやがて日本人の齊藤桂子と結婚する。桂子は資生堂で働いていた。現在は新宿三丁目でバーを経営している。取材の期間中、二度ほど訪ねてみたが、大勢のお客で混み合っていてカラオケの歌声が響くなかテキパキと客あしらいをしている桂子の生き生きした表情が印象に残った。桂子は現在もバナナ事業に役員として関わっている。台湾バナナの日本シェアはいまや一割に満たず、昔日の勢いはない。

清水と並んで、謝哲信をよく知る内田は、取材で会うとき肩に怪我をしていて入院中で、京都の病院で一時間ほどインタビューをした。

蓮舫がクラリオンガールに選ばれると、嬉しそうに電話を京都の内田にかけてきた。がんに倒れ、一九九四年に亡くなる直前、謝哲信が病をおして蓮舫の結婚式に現れた時の弱々しい姿が、内田には忘れられない。内田はそのときに撮った蓮舫のドレス姿の写真を今も肌身離さず名刺入れにはさんでいた。

「政治家ってのは、大変な仕事なんだよ。もしかすると、信ちゃんが生きていたら、政治家になることだけは反対したかもしれないねえ」

京都政界で隠然たる影響力を持つ内田は、蓮舫の苦境を思ってか、くすんだ蓮舫の写真を指でなでながらこう漏らした。

それでも、蓮舫は何かに導かれるように、メディアから政治の舞台に上がり、野党第一党のトップとして日々安倍政権と渡り合う立場にのぼりつめた。強い気性、リスクを恐れない性格、反応の速さ。伝え聞く陳杏村の性格にそっくりで、容姿も含め、蓮舫は祖母の人生をなぞって歩んでいるとさえ思える。

陳杏村は、強く、したたかに、時代の荒波に飲み込まれながら復活し、「女傑」として歴史に名前を残した。恥じるところは何もないはずだ。清濁併せ呑むこともあっただろうが、今日的な感覚でそれをとやかく言うことは虚しい議論である。

再び花を咲かすために

蓮舫はインタビューで「私のアイデンティティは（国籍の異なる父と母の）ダブルだけれど、チャイニーズと呼ばれると、そこにメインランド（大陸）が入るニュアンスがあるので、タイワニーズがしっくりくる」と話した。それは、祖母・陳杏村や父・謝哲信が台湾出身者として残した根っこがあるからだ。

同時に蓮舫の言動から感じたのは、祖母や父ら「タイワニーズ」の境遇に対する理解の、もったいないほどの中途半端さだった。二重国籍問題で批判されたときも、自らの家系と台湾との問題を、日本社会に対して明確に説明することはなかった。それゆえに、政敵や批判派には厳しく矛盾を突かれ、日本の台湾支持層にも応援しにくくさせてしまった。それは大変に惜しいことだった。

蓮舫一家は、戦前から戦後にかけて、途切れることなく、日本と台湾をつないできた一族である。蓮舫一家の歩んだ歴史を振り返れば、日台一〇〇年の歴史を垣間見ることができる。この問題を解きほぐす出発点は、そこではないのか。

祖母や父が積み上げた重い歴史を自らの中に内在化させて正確に語ることが、台湾という故郷を喪失した一族の一人でありながら、日本政治の中枢に駆け上った稀有な政治家・蓮舫が自らの立ち位置を固め、再出発する地点になるはずである。

二重国籍問題で蓮舫に求められていたのは、台湾と日本という両方の「祖国」が蓮舫の中に矛盾なく存在し、国籍問題はその表層に過ぎないことを人々に納得させることだった。だが冒頭の会見に至るまで、彼女の口から台湾が語られることはなかった。

ただ、蓮舫が台湾について何も考えていないのかといえばそうではないだろう。

彼女が台湾系の人々の子弟が通う横浜の中華学院創立一一〇周年記念式典にあてた祝辞を探し出した。二〇〇七年。いまから一〇年ほど前のことだ。日本国籍を取得した経緯をこう述べている。

〈私は二〇歳になり、台湾と日本との両方もっていた国籍を、日本国籍にし、字も母方の姓である齊藤に改めました。そのとき、裁判所は私に、名前も変えなさい、と勧めます。「蓮舫」ではいけない、「日本人とは思われませんよ」といいます。私は「日本人だと思われなくて、何がいけないんですか。私は台湾人です」と、なるべく激高する感情を抑えて言い返しました。このことを母から聞いた父は、とても嬉しそうに微笑んでくれたと聞いています〉

「二〇歳になり」というくだりは、実際は一七歳との勘違いだと思われるが、このエピソードに、私は共感できる。国籍が台湾から日本に変わることは何ら不思議ではない。

台湾人と日本人の両方のアイデンティティを内心持っていることも何らおかしいことではない。表面の国籍と内心の帰属が一致しなくてはならない理由もない。

蓮舫は、この二重国籍問題で多くのものを失った。そのなかでも、蓮舫が失った最大のものは、台湾の人々の信頼を失ったことではないかと思う。

蓮舫は、この二重国籍問題が取りざたされる前、台湾で「台湾女児（台湾の娘）」「台湾之光（台湾の誇り）」といった形容で紹介されてきた。

台湾出身者が日本政界のスターになり、未来の首相をうかがう位置まで上り詰めた。多くの台湾人は、蓮舫に期待の眼差しを向けていた。しかし、この二重国籍問題を経て、蓮舫への温かい視線はほぼ消えてしまったと言っていい。

日本にいる台湾人も、蓮舫がこの国籍問題において、自分たちの先達が日本で歩んできた歴史を十分に思いやっていないと感じたようだ。芸能界やメディアで活躍していた時期から蓮舫を期待しながら見守っていた台湾社会は、現在、蓮舫をとても冷ややかに見ている。

蓮舫は、退任会見で「今後、国籍法の問題に取り組みたい」と語った。

その言葉が本当かどうか、試されるのはこれからだ。タイワニーズの信頼を取り戻すことは、国会の論戦で活躍することと同様に、政治家・蓮舫の再起に必要であるように思える。

蓮舫の名前の由来は、故郷台南で多く咲いている「蓮」の花と、船をつなぎとめることを意味する「舫う」にある。

泥の沼の中に咲く蓮の花として、泥のように濁りきった世の中であっても、蓮の花に乗って日本と台湾をつないでいくように強く生きていきなさい。そんな祖母・陳杏村の願いをこめた名前であると、蓮舫自身が語っている。

ある意味、政界ほどの泥沼はない。二〇一七年の年の瀬、蓮舫は半ば壊れた民進党を後にし、先の衆院選で躍進した立憲民主党に加わった。蓮舫は今後も名前の由来のような堂々とした政治家人生を歩んでいけるかどうか。それは、祖母・陳杏村のように倒れても起き上がるタイワニーズの気迫を、蓮舫が継承できるかどうかにかかっている。

コラム　「二重国籍問題」とは何か

政治家・蓮舫にとって、思わぬつまずきの石となったのが、二重国籍問題だった。二〇一六年に民進党の党代表に立候補した蓮舫は、ほかの候補者を寄せ付けず、圧勝が予測されていた。

そのなかで、蓮舫に二重国籍の疑いがあると指摘したのが、言論プラットフォーム「アゴラ」のなかの複数の評論家だった。当初はあくまでも推測だったが、実際に蓮舫事務所が調べたところ、中華民国籍を離脱していることが確認できなかったため、大きな騒動となった。その後、台湾の政府が調べた結果、中華民国籍が残っていることが分かり、蓮舫は代表選の最中に会見して事実を公表し、国籍の離脱手続きを進めていると説明した。

代表選には勝利したが、蓮舫体制の船出に少なくないダメージを与えたことになり、その後も「本当に中華民国籍を離脱したのか」という疑問の声が収まらず、民進党の人気低迷のなかで常に引きあいに出された。二〇一七年の都議選で大敗を喫した民進党のなかで、この二重国籍問題が党内で蒸し返され、蓮舫は、戸籍などの個人情報を公開して中華民国籍の離脱が終了していることを明らかにした。

一九六七年生まれの蓮舫は父親が台湾人、母親が日本人のハーフで、日本で育てられた。当時の日本は、父系血統主義であり、蓮舫は台湾籍であった。しかし一九八五年の国籍法改正によって父母両系主義に変更になり、蓮舫は日本籍も同時に選択したうえで、二二歳までにどちらかを選択できるようになった。

蓮舫はこの時点で父親と相談して、日本籍

日本に在住する台湾出身者の取り扱いは複雑を極め、蓮舫が法的に二重国籍だといえるかどうかについては、今日でもなお明確な結論は出ていない。しかしながら、中華民国籍を有していたことが事実であると確認された時点で、日本の国益のために働く議員が事実上の外国籍を持っていていいのかというモラル的な批判を受けると、蓮舫サイドも違法性の有無については争わない姿勢をとった。

また、蓮舫の対外的な説明が「中華民国籍を抜いている」「生まれた時から日本人」などと事実ではない主張を行うなど、二転三転してしまったことで、メディアの追及を受けやすくなるうえに、世間に対しても二重国籍であることを知りながら隠しているような印象を与えたことも、問題が複雑化したことの原因であった。

蓮舫の説明によれば、父親が中華民国籍を取得。蓮舫の説明によれば、父親が中華民国籍の離脱手続きをしたと思い込んでいたという。実際は手続きが取られておらず、蓮舫はずっと二重国籍状態になっていた。

蓮舫の説明によれば、中華民国籍であるという認識がないので、台湾で選挙に投票するなど台湾の国民としての権利行使に関わる行為は一切行っていないという。日本においては、二重国籍の防止規定こそ設けられているが、現実的には生まれながらにしての二重国籍となる個人に対して解消を要求する催告は行われていない。国会議員には二重国籍禁止規定もないので、蓮舫が違法性を問われる部分はなかった。

また、別の論点として、台湾のことを日本は外交承認していないので、蓮舫は二重国籍にあたらないとする議論もあった。

2 日本、台湾、中国を手玉にとる「密使」の一族　辜寛敏&リチャード・クー

台湾は南国だから暖かい、と日本人は思いがちだが、冬の台北は体の芯にこたえる寒さになる。部屋に暖房がなく、密閉度が甘い建造物が多い。建物の内外の気温があまり変わらない日がけっこうあって、風邪をひきやすい。

白いスーツと白髪をトレードマークとする洒脱な齢九〇を超える老人と、彼が経営する船舶会社のオフィスで向かい合ったのも、そんな、寒さがシビアに感じられる台北の冬の一日だった。船舶会社は台北の中心部を南北に貫く松江路にあり、金融機関や商社が数多くビルを構えている商業地域だ。私がかつて台北で新聞社の特派員として働いていたときに日々出勤していた支局からも近く、馴染みの深い場所でもあった。

老人は、若い頃はプレイボーイで名を馳せて銀座を闊歩した。現在は、女性総統の蔡英文をいただく政権与党・民主進歩党の陰のスポンサーとも言われる。

いままで何度も会っているが、インタビューでも、記者会見でも、最初はいつも肩透かしを食わせるようにスロースターターだ。

「今日は寒いですねえ。さて、この老人が、何かお役に立てることがありますかな」

こちらの出方をさぐるように、ソファに深々と気だるそうに腰を下ろした。質問と回答の往復を繰り返すうちに、老人の全身から熱気が立ち上ってくるまで、それほど時間はかからない。

話は、どんどん面白くなっていく。サービス精神が旺盛な人なのである。

彼が口を開くと、メディアは見出しをとって報じる。記者を喜ばせる術を知っている。自分を格好よくみせる術も知っている。虚実おりまぜた人生そのものがドラマのようでもある。それが、台湾メディアに「台独大老（台湾独立の長老）」と形容され、蔡英文総統の国策顧問を務める辜寛敏（クークワンミン）である。

煙草をくゆらせながら取材に応じる辜寛敏氏

財閥・辜ファミリーの八男坊

台湾には「一府、二鹿、三艋舺（モンガ）」という言葉があった。一九世紀ごろから、台湾で、対外交易などで栄えた三つの地域を指す。府は清朝が行政機構（台南府）を置いていた台南、鹿は台湾の中部にある鹿港（ルーガン）、艋舺は台北の繁華街・万華の古名である。

辜家の拠点は、「二鹿」、現在は古都として観光客に人気を誇る鹿港にあった。

台北から台湾高速鉄道（新幹線）に乗って彰化まで一時間。タクシーを乗り換え、二〇分ほどで鹿港の街に入る。鹿港の名物は肉まん。町中に肉まんの香りが漂っているように思えるほど、ほかほかの肉まんを売る店が林立する。ボラの卵を乾燥させた烏魚子（ウーユーズ）（カラスミ）の産地でもあるので、冬の台湾海峡を泳ぐボラ漁の季節になると、板の上に載せられた琥珀色のカラスミで溢れる風情ある街だ。

街の中心にそびえるバロック式の洋館はかつて「小総督府」と称され、辜家の繁栄を象徴する建物だった。現在は「鹿港民俗文物館」として一般公開され、文物館のなかの一角には辜家の一族の写真や生活用品も展示されている。

戦前、台湾には五大財閥と呼ばれる有力家族がいた。北から、基隆（キールン）・顔家、板橋・林家、霧峰（ウーフォン）・林家、鹿港・辜家、高雄・陳家である。彼らは日本統治下の台湾で勢力を拡大し、大きな富を手にした。ちなみに日本で活躍する作家・一青（ひとと）妙（たえ）、歌手・一青（ひとと）窈（よう）の一青姉妹の父親は基隆・顔家本家の長男である。

戦後、中国から来た国民党の統治のもと、日本時代に富を築いた財閥が勢いを失うなか、辜家は、当初の弾圧を乗り越えて、たくましく発展を続けた。

台湾最大の金融機関「中国信託商業銀行」や「台湾セメント」などを中心に、あらゆる領域の事業に手を伸ばし、台湾財界のなかでも圧倒的な力を保持している。数年前に日本の東京スター銀行を買収したのも、この中国信託商業銀行である。

台湾にいれば、クー・ファミリー＝辜家の存在を無視しては生きられない。

辜寛敏は、辜家の八男に生まれた。一九四七年の民衆弾圧「二・二八事件」のときは上海にいたが、その後も台湾で吹き荒れた反政府勢力の摘発の嵐に身の危険を感じ、香港経由で日本に移住した。

その経緯を、辜寛敏はこう語る。

「終戦後、国民党の政府が台湾を治めることに私は批判的でした。私だけではなく、日本時代に育った台湾エリート、知識人はみなそうでした。当時、私は台湾大学の全校の学生自治会の会長だったのですが、反国民党的な言動をしていた学

辜家の家系図

- 初代　辜顕栄（貴族院議員）
  - 四男　辜岳甫
    - 辜濂松（中国信託グループを育てる）
  - 五男　辜振甫（中興の祖、対中パイプ役でも活躍）
    - 辜成允（元台湾セメント会長）
  - 八男　辜寛敏（台湾独立連盟の元委員長）
    - リチャード・クー（辜朝明）（野村総合研究所主席研究員）

生狩りが始まった。私がちょうど香港に行っていたとき、家族から電話があり、いま一七、一八人の兵隊がきて天井板をはずして捜索しているというので、台湾に戻れなくなったのです。逮捕状も何も要らない時代で、帰ったら捕まって、下手すれば殺される。家族も絶対に帰るなという。でも香港みたいな小さなところでは非常に気が滅入る。だから日本に行こうと決意しましてね」

最初は日本でビジネスを営んでいた。やがて、台湾で圧政を続ける国民党を許せない気持ちが高まった。日本で結成されていた台湾独立運動組織、台湾青年社（のちの台湾建国独立連盟）に参加し、一九六五年から委員長も務めた。

「私にはちょっとした資金があった。どんどんお金を投じて「台湾青年」（連盟が発行する機関誌）という刊行物などを通して組織を世界中に広げたんです」

この資金とは、戦前から日本で商売を営んだ辜家が千葉県の東京湾に近い海岸線に所有した広大な不動産の相続分などだった。この土地のことを、一族の誰もが忘れていたが、戦後突然、日本政府から「購入したい」という連絡が入り、すでに亡き父の名義であったので、日本にいた辜寛敏が売却していた。

辜寛敏は、香りのきつい煙草をくゆらせながら、子供っぽい笑みを浮かべて、「どんどん」のところで、ぐいと身を乗り出した。

ヒマワリ運動の源流

幸家の物語からは少し脱線し、「台湾独立」のことに触れたい。

私は、二〇一四年春、突如巻き起こったヒマワリ運動の取材で台湾に向かった。台北の松山空港に降り立ち、ホテルにも寄らず、学生が占拠した国会議事堂にあたる立法院の近くに駆けつけた。すでに日が暮れ、若者たちの拡声器を使った路上の演説会が続いていた。その「熱気」は、世界のあちこちの民主化運動の現場で体感したものと瓜二つだった。

立法院の外壁のフェンスには、議事堂に立てこもった学生の仲間たちが、思い思いの一言を書き込んだ黄色い小さな付箋をペタペタと貼り付けてあった。数え切れない付箋の八割ぐらいが「台湾要独立！（台湾は独立すべきだ）」「台湾独立万歳！」と台湾独立に言及している。

少なからぬショックを受けた。若い人に台湾独立の思想が広がっていたことに対してではない。その「台湾独立」という四文字が、なんの遠慮もなく、なんの恐れもなく、無邪気なほど自由闊達（じゆうかったつ）に語られていることに対して、だ。

台湾独立という言葉は長年、国民党の専制支配下の台湾では禁語であり、語ったら即、牢屋行きであった。民主化のあとも、独立派の人々を除いて、公的空間で普通の知識人

立法院の外壁フェンス

はあまりおおっぴらに語らない、という暗默のルールがあった。

だが、いまの若者たちには「非常識」が「常識」になったようだ。

台湾独立という政治的現実は遠い彼方にある。しかし、その考え方は台湾社会に溶け込み、青空に漂う雲のように、堂々と可視化されている。

それはすでに運動ではない。「当たり前だよね」という空気のレベルだ。

二〇〇〇年に初めての政権交代が台湾で起きて民進党の陳水扁が総統になった。そのころから、台湾独立は運動ではなく、台湾は台湾であり、中国とは違う、という認識の広がりに変質した。そうなると、中国共産党の態度も変わってきた。

かつて中国共産党の敵は、台湾に逃げ込んだ国民党であり、蒋介石であり、中華民国だった。ところが、近年、共産党は、国民党と手を結んで「一つの中国」の枠内にある中華民国体制の存在を事実上否定しないようになった。

「一つの中国」は本来、台湾も中国という国家の領土の一部であり、蒋介石率いる台湾の中華民国は過去の政権であると位置づける。中華人民共和国と中華民国という「二つの中国」の併存を拒否するために編み出された概念だ。

しかし、台湾で民主化が進み、「一つの中国、一つの台湾」という国家分裂につながる台湾独立論が広がっていく。当然、共産党にとっては座視できない事態だ。台湾の民主化の立役者である李登輝元総統や陳水扁元総統、現在の蔡英文総統も、「一つの中国」という価値観からすれば「台独分子」になる。実際に、習近平政権は民進党の幹部を一〇人以上「頑固な台湾独立分子」として指名手配をしている。

その台湾独立を目指す運動の淵源が、私たちの日本社会の片隅で、理想を掲げて徒手空拳の戦いを挑んだタイワニーズであったことは、日本では残念なほど知られていない。

辜寛敏はその独立運動の一員であった。

日本の台湾独立運動は、主に台湾からの亡命者や学生を中心に一九六〇年代に始まった。刊行物「台湾青年」を細々と刊行しながら、台湾独立のための理論を練り上げ、米国のグループとも連携しながら、日本や世界に情報発信を重ねた。

日本で台湾独立運動を闘った人々には、その立ち上げを主導して台湾独立運動の父と言われる王育徳、現在評論家として活躍する金美齢、多作の作家として知られる黄文雄、台湾の駐日代表（大使）を務めた許世楷、昭和大学教授を務めて『台湾総督府』などの著書を残した黄昭堂、池袋で中華料理店を経営しながら大著『台湾人四百年史　秘められた植民地解放の一断面』を著した史明（しめい）、本書でも取り上げる邱永漢（きゅうえいかん）など、後に名を成すキラ星のような人材がそろっていた。

地道な活動を中心としてきた独立運動の仲間たちは、辜寛敏の大胆さに惹かれた。

「委員長になったとき、仲間に聞いたんです。月にいくら使っているのかと。寄付で入ってくるお金が一五万円ぐらいだというので、私は「一五万円でどうやって独立国家を作れるんですか。五〇万円にしなさい」と指示しました。五〇万円を使い切るためには、五〇万円の組織が必要になるからです。半年後には一〇〇万円にしました。「台湾青年」も日本語だけでなく、中国語版も作るようになった。私は従来とまったく違うやり方を持ち込みました」

だが、独断専行で財閥の御曹司的な気性の辜寛敏は、留学生・知識人が中心のメンバーから次第に孤立し、ある事件をきっかけに、組織から追放される憂き目に遭う。

「特務の親玉」蒋経国と面会

追放は、一九七一年の「蒋経国面会事件」が引き金だった。

外交というのは、検証してみると、意外に人と人の縁がきっかけで国際的な事件に発展したり、大難問があっさりと解決したりする。

辜寛敏は、当時の駐日英国大使ジョン・ピルチャーと顔見知りであった。米ロックフエラー家と交流がある辜家のなかで培った人脈のつながりであった。

一九七一年、ある日の夜、ピルチャーから電話があり、「あなたの国に関する重要な問題がある。すぐに来てもらえないか」ということだった。

ピルチャーに会ってみると、こんな話を聞かされた。

「この秋の国連総会で台湾が国連に残れる可能性は低いが、英国政府は台湾が国連の一会員として残留することを望んでいる。しかし、英国政府は最初に中華人民共和国を承認した（西側の）国であり、蔣介石政権との関係は最悪だ。そこで相談がある。日本は蔣介石との関係は良好だ。英国政府は、日本サイドから、国連に残るよう蔣介石を説得して欲しいと思っている。台湾の将来に関わることなので、このメッセージを台湾に伝えてもらえないだろうか」

二〇一五年に出版された口述自伝『逆風蒼鷹　辜寛敏的台獨人生』にも描かれているこのくだりを辜寛敏は振り返りながら、いささかのドヤ顔になった。

「ちょっと問題が大きすぎるので、いろいろ考えた末に二つのことをしました。日本の外務省に連絡をとることと、蔣経国に手紙を書くことです」

日本と台湾の両方で生きてきた辜寛敏にとって、「二つの祖国」のために一肌脱がないという選択肢はなかった。

朝日新聞の友人である桑田弘一郎に連絡を取った。当時の桑田は政治部の記者だった。

桑田はのちに朝日新聞の常務取締役を経てテレビ朝日の社長となり、日本民間放送連盟の会長も務めている。

辜寛敏は桑田を通じて外務省の法眼晋作(ほうげんしんさく)事務次官に会い、ピルチャーのメッセージを伝えた。法眼は、政治的主張をあまり明確にしないタイプが多い外務官僚のなかで異質とも言える根っからの反共主義者だった。台湾の国連残留にも前向きなスタンスだと辜寛敏は感じた。

法眼は「二、三週間まって欲しい」と答えた。しかし、一ヶ月待っても返事がない。改めて連絡を取ると、外務省は連日会議を開いているが、台湾の国連残留を日本政府として支持するべきかどうか結論がでない、ということだった。

辜寛敏は日本側の対応には見切りをつけ、台湾の蔣経国に手紙を書いた。当時、絶対的権力者である蔣介石総統の姿勢は、中華人民共和国が国連に加盟するなら、中華民国は脱退する「漢賊不両立（悪人とは並び立たない）」の方針を掲げていた。

趨勢は、中国の加盟、台湾の脱退の可能性が濃厚な状態である。

一方で、国民党政権の内部にも、蔣介石のこうした原則主義的な対応に懸念を抱き、国際的な影響力を維持するためにも、国連に何らかの方法で残留する方針を支持する意見があった。すでに高齢で体調も芳しくない蔣介石の後継者に内定していた蔣経国も、実は国連残留派の一人かもしれないと噂されていた。

その蔣経国に対し、辜寛敏は手紙をしたため、英国などの態度を説明したうえで、台湾は国連に残るべきだと伝えた。

当時の辜寛敏は独立派でブラックリストのトップに名前が載るような人物だ。蔣経国からリアクションがあるとは思えなかった。それでも、手紙の最後には「私たちの政治的な立場は完全に違っていても、台湾の将来のために共同の責任がある」と記した。

大陸反攻は「痴人の夢」

しばらくすると、蔣経国から、人を介して連絡があった。

「国策を論じたいので会いたいと。私は台湾独立運動の人間ですから、さすがに好ましくはないだろうと思い、いろいろ理由をつけて二度までは断ったのですが、三国志の「三顧の礼」って話がありますでしょ、さすがに三度目は断れませんでした」

三顧の礼とは、劉備玄徳が、隠棲していた諸葛孔明を軍師に迎え入れるにあたり、三度にわたって、その門をたたいて協力を頼んだ三国志の故事である。

蔣経国は蔣介石の長男だ。若い頃にソ連に留学し、ロシア人の妻をめとった。蔣介石は出身地である浙江省の、妻で蔣経国の母親を捨てるように離縁して、財閥の背景を持つ宋家三姉妹の末っ子・宋美齢と結婚した。その蔣介石に反発して距離を置いた時期もあったが、のちに蔣介石の後継者となり、治安維持やスパイ摘発、謀略を手がけた。

台湾で「白色テロ」と呼ばれる反政府分子への苛烈な摘発の責任者ともされた蔣経国は、台湾独立運動の組織が「特務の親玉」と呼んで骨の髄まで憎んでいる人物である。辜寛敏は独立運動の仲間に内緒で密かに台湾に向かった。

国際社会での孤立を感じ取り、新しい台湾統治を模索するなか、敵視する独立派の言葉に耳を傾ける必要に迫られるほど追い詰められていた――。

あえて独立運動のメンバーである辜寛敏に会おうとした蔣経国の心象風景を、そんな風に想像することができる。

当時、行政院副院長（副首相）だった蔣経国のオフィスに招かれた辜寛敏は、蔣経国に対して、政党や報道の自由化、大陸から渡ってきた外省人と、台湾にもともといた本省人の制度上の区別の撤廃などを建言した。

蔣経国も最初はじっと黙って耳を傾けていたが、辜寛敏が「大陸反攻、これは痴人の夢ですよ」と言うと、座の雰囲気が一変した。

日本語教育を受け、当時の台湾で最優秀の子弟が集結する台北高等学校に通うエリートだった辜寛敏にとっては、今も昔も、日本語はもっとも身近な言語である。

とっさに、愛読する谷崎潤一郎の小説『痴人の愛』が思い浮かび、絶望的になった大陸反攻をなお掲げる蔣政権の硬直性を鋭く揶揄したのだった。『痴人の愛』は、少女への妄執的な愛情の虜になる男性を描いた小説だが、辜寛敏は「大陸反攻」という願いを捨てきれない蔣介石体制を「痴人」にたとえたのだった。

それまでは、穏やかな表情と口調を保っていた蔣経国も、猛然と反論した。

「私は大陸を取り戻すことは可能だと信じる。世界中の人間がぜんぶ不可能だと思っても、私にはやり遂げる自信がある」

辜寛敏もムキになって激しく反論し、口論になった。

声が外まで響いたのか、蔣経国の部下で、行政院秘書長の蔣彦士（ジャンイエンシー）が、部屋に飛び込んできた。蔣彦士はのちに外交部部長も務めた人物である。

二人が交わしていた議論の中身は知らない。辜寛敏はとっさに話を振った。

「あんたに聞くが、大陸反攻と台湾防衛、どっちが優先かね」

蔣彦士は即座に「台湾防衛です」と答えた。

辜寛敏は振り返って蔣経国の顔を見た。言葉はなかった。

「そのときの蔣経国の顔はね、一生忘れられない。ちょっとさまにならない、なんとも言えない苦々しい顔だった。でも私を見送るときも「遠くからよくきてくださいました」と深々と頭を下げて、私が部屋を出ていっても直立不動のままで見送っていて、最後まで礼を失わなかったのはさすがだと思いました」

蔣経国から一本取った辜寛敏だったが、結局、台湾の国連残留については進展のある話は引き出せなかった。台湾は国連から脱退する。蔣経国との面会後、帰国してその件を独立運動の仲間に打ち明けると、徹底的に糾弾され、委員長を解任され、連盟を除名となった。

「辜寛敏には、夢見がちというか、理想主義者的なところがあった。蔣経国に会えば何かが変わると本当に思っていたんだろう」

独立運動に初期から関わった唯一の日本人で、いまも連盟日本支部の理事を務める宗像隆幸は、新宿区の連盟事務所で、懐かしそうに苦笑いを浮かべた。

辜寛敏は、除名ではなく、退会の扱いを求めたが、米国に亡命中だった独立運動のリーダー格である彭明敏(ほうめいびん)などが強硬に除名を主張し、結局、除名となった。

辜寛敏は今でもこの除名に納得しておらず、処分の取り消しを要求しているが、連盟は応じていない。主義主張や理念が絡み、なかなか折合えない因縁を感じさせる。一方、自らの追い落としを行った彭明敏が一九九六年の初の総統直接選挙で立候補する際、辜寛敏は「過去の個人的な恩讐よりは大局を優先すべきだ」として、彭明敏の有力な支持者となり、落選したものの選挙を全面的に支えた。

売国奴と呼ばれて

辜寛敏の父は日本統治時代に一代で財閥を築き上げた辜家発展の始祖ともいえる辜顕栄だ。日本の貴族院議員まで務めた成功者だが、台湾総督府との密接な関係をテコに財をなしたことをもって「漢奸（売国奴）」の汚名も着せられた。

辜顕栄については、こんなエピソードがある。

一八九五年、日清戦争の清国敗戦により台湾が日本に割譲され、北部の基隆に日本軍が上陸した。台北には、上官が大陸に逃げ出した清朝の敗残兵が流入するなど混乱が生じた。台北の有力な商人たちは日本軍に使者を送って秩序回復を依頼する。そのとき、名乗りを上げたのが、若き日の辜顕栄だった。

辜顕栄は持ち前の交渉力と度胸で日本軍の信頼を勝ち取り、日本軍が台湾各地の抵抗勢力を掃討する作戦の案内役も務めた。その功績で軍や総督府関係の仕事を多く請け負い、政商の地位を急速に確立。日本政府からは叙勲も受けた。

辜顕栄が一九三七年に亡くなり、若くして辜家を引き継いだのが、辜寛敏の腹違いの兄・辜振甫（クージェンフー）だった。彼も只者ではなかった。

日本が降伏した一九四五年八月一五日、極秘裏に台湾の有力者たちと日本軍の参謀が台北郊外に集まった。辜振甫の姿もあり、日本軍の中宮悟郎、牧沢義夫らと、台湾に展開する無傷の日本軍を使って台湾が独立できないかを話し合った。

どちらが先に呼びかけたのかは諸説ある。台湾の多くの書籍には辜振甫主導論が書かれているが、辜振甫自身は、日本側からの呼びかけだったと後述している。

密謀は重ねられ、ほかの台湾の有力者たちにも声をかけたうえで、八月二二日に辜振

辜顕栄氏（リチャード・クー氏提供）

甫は総督府に出向く。最後の台湾総督で、第一〇方面軍司令官の安藤利吉に会い、日本軍の武器引き渡しなど独立計画への協力を求めたが、安藤は断固拒否した。

その年の一〇月二五日に安藤は台湾省行政長官に任命された陳儀に台湾の統治権を移譲し、戦犯法廷のため収監された上海の監獄で自決している。

ルーズベルト、チャーチル、蒋介石によるカイロ宣言で台湾は中華民国に返還されるとされていたが、中華民国も大陸での戦後処理で台湾にまで手が回らず、八月から一〇月にかけての「空白の二ヶ月」の間に、ほぼ無傷で残されていた日本軍が協力すれば独立政権を打ち立てることは理論的には可能であっただろう。

もしその計画が実現していれば、台湾の新たなリーダーとなっていたのは辜振甫だったはずである。台湾の歴史家には「戦後最も早く台湾独立を主張したのは辜振甫だった」と指摘する意見もある。

辜振甫は一九四六年に逮捕され、「国土不法占拠共謀罪」で二年二ヶ月の禁固のあと、釈放後は香港に身を置いた。その後、辜振甫は台湾に戻って辜家が資金援助した台湾セメントに入社。そこから経済人として才覚を発揮し、台湾セメントや中国信託商業銀行を中心とする辜家財閥を再興した。台湾統治に辜家の力を借りたい蔣介石政権と和解に応じ、台湾財界の大立者となり、九〇年代には李登輝の意を受けて中台対話の窓口という大役を務めた。辜振甫を国民党は利用し、辜振甫も国民党を利用した、とも言える。

辜振甫は、いろいろな意味で、運に恵まれた。逮捕され、刑務所にいる間に二・二八事件が勃発していた。独立計画に加担していた辜振甫もどうなっていたかわからない。もしもシャバにいたら、逆に安全が守られた形だった。強運は、歴史的人物の成り立ちに不可欠であることを実感する。

「九二年コンセンサス」の仲立ち

辜振甫の存在は、中台関係や台湾政治にも深く影響を残した。二〇一五年一一月、中国の習近平と台湾の馬英九がシンガポールで会談した歴史的な中台トップ会談で、両者の対話の基盤になったのが、「九二年コンセンサス」だった。

九二年コンセンサスは、中台とも「台湾を含め、中国は一つである」という考え方については一致しているが、お互いが主権を認めていない中華人民共和国と台湾（中華民国）との間で、それぞれの立場が異なっていることは黙認する、という、いささか難解なものだ。

辜振甫が台湾の対中国窓口「海峡交流基金会」のトップであった一九九二年、中台間で交わしたものだが、台湾の民進党や独立派、当時総統であった李登輝ですら、九二年コンセンサスを認めていない。当時ファックスで交わされた意思確認の文書に過ぎず、公式な合意には程遠いものだと批判している。

興味深いのは、辜振甫自身が、九二年コンセンサスなど存在しなかったと語っていることだ。異母兄である生前の辜振甫に対し、辜寛敏は「九二年コンセンサスとは何でしょうか」と尋ねたという。辜振甫の回答はこうだった。

「何を馬鹿なことを言っているんだ。それぞれの定義が異なっているということは、コンセンサスがないってことだ」

「振甫兄さんに、あれほど怒られたことは、一生で一度しかなかった」

そう笑いながら、辜寛敏は振り返った。

九二年コンセンサスは、中台関係の改善のため、なかったものをあったかのように作り上げたという台湾の政治通の見方もあるが、真相は藪の中だ。

戦後の国民党とうまく付き合ってきた辜家のなかで、一人、台湾独立の旗を掲げたことで、兄弟間の不和が起きたことはなかったのか。

その疑問を、辜寛敏は即座に否定した。

「確かに、兄の辜振甫は国民党政府の重要なポジションにいましたし、経済界のなかで台湾を代表する立場でした。台湾独立という私の主張と彼の立場は大きく違っていたのは確かです。私は最初から中国人の考え方、行動様式があまり好きじゃなかった。だから、よく聞かれます。兄弟で真っ向から対立しなかったのかと。でもそれはなかった。我が一族の特徴かもしれないが、親父は親父、兄貴は兄貴、私は私でした」

　少年時代の辜家は、食卓で父が箸を手に取るまで子供は待たされる厳しいしつけを徹底する環境だったが、その分、兄弟の関係は固く結ばれていた。

「辜振甫は、小さい時、父が大陸からわざわざ漢文の先生を呼んで、漢文を教えたぐらいで、中国的文化の深い教養が彼の中にはあった。私は、母親も日本人であったし、日本語教育を受けて、終戦まで中国語はわからなかったので、戦後上海に中国語を学びに留学したくらいです。でも、兄弟の絆は国民党との絆より強かった。兄弟という前提では、兄が国民党で弟が独立派であろうと、それは別なことなのです」

　ただ、私からみると、辜顕栄、辜振甫、そして辜寛敏には、明らかに共通するひとつの資質がある。それは公益のためなら「賭」を辞さない気概である。反政府に立つかと思えば、権力の懐にも飛び込む柔軟性を併せ持つところだ。

　辜家の歴史を研究している台湾師範大学の呉文星（ウーウエンシン）名誉教授は「機を見るに敏で、リスクも恐れない山っ気のある政商の血が辜家の人々には流れている」と指摘する。

大平外相の密命

辜寛敏は蔣経国との対話に応じたおよそ一年後、もう一つの「密命」を今度は日本政府から受けることになる。当時外相だった大平正芳からの依頼だった。

若い頃からゴルフ好きの辜寛敏は、親しかった東急グループの五島昇の紹介で、茅ヶ崎の「スリーハンドレッドクラブ」という超名門クラブの会員になっていた。

一九七二年のある日、一八ホールを打ち終えてクラブハウスに戻るところにある休憩小屋で、大平が、後ろ手を組みながらウロウロしていた。辜寛敏を見つけると近づいてきて、「辜さん、ちょっと相談したいことがある」と話しかけた。

明朝七時半に自宅に来て欲しい、というのである。大平とはクラブハウスで顔を合わせれば会釈するぐらいの間柄だったが、辜寛敏は二つ返事でOKした。

「外務大臣ですからね、万障繰り合わせてお邪魔すべきだと思って、友人の家の裏に大平さんのお宅があるのも知っていましたから。お客を迎えるのが七時半だったら七時には起きていないといけないわけで、日本の政治家は大変だなあとびっくりしてしまいました」

翌日の朝、訪ねてみると、要件の内容は辜寛敏の想像を超えた話だった。中華人民共和国との国交樹立に伴って、台湾との断交をどう処理するかという問題だった。

大平は、辜寛敏にこう語ったという。

「総理（田中角栄）は中国との国交を回復する腹を固めた。台湾とは断交するしかない。だが、いままでの台湾との関係もあり、大変困っている。夜眠れないぐらいの難問だ。辜さんにお願いしたいのは、日本は台湾と断交せざるをえないが、今までの関係を尊重し、今後もできるだけ日本と台湾の関係を維持したい。誠意をもって対処することを約束すると伝えてはくれまいか」

辜寛敏は大平の求めに、「外交関係があるんだから、直接伝えてはどうか」と言うと、大平は「離婚する前に離婚した後のことを話すのは難しい」と、大平流の言い回しで座を和ませた。だが、表情は真剣そのものだ。

「誠意というのは日本人には大変重い言葉であるのは私にはわかる。ただ、中国からきた蔣介石のような人に誠意といってもどこまで評価してくれるのかわかりません」

辜寛敏はこう答えた。

「ではどうしたらいいか」

そう尋ねた大平に対して、辜寛敏は提案した。

「もっと具体的に日本の対応を箇条書きにして蔣介石政府に渡してはどうでしょう」

大平は、具体的な文書にするには自分の一存では決められない。橋本恕（はしもとひろし）（当時の外務省中国課長）と相談するから一〇日間待ってくれ、と答えて、朝の密談は終わった。

以上の話は、辜寛敏の回想によるもので、大平の回想録には載っていない。歴史の裏側のエピソードであり、検証も容易ではない。

しかし、辜寛敏の話には、具体的なリアリティがあり、私の感触では多少の脚色や記憶の変化はあったとしても、大筋としては事実に近いものだと考えている。

日本政府からの七項目

謎なのは、日本政府から過激団体として警戒されていた台湾独立組織のトップを務めた経験があり、台湾の政府からブラックリストに載せられている辜寛敏に、日本の外相たる大平がこのような国の一大事について、あえて密使役を頼ろうと思ったのか、その理由である。

その点については、辜寛敏も何度も首をひねった。

「いくら考えても、その疑問に私自身いまなお答えられないのです。これぱっかりは、当時でも、大平さんご本人になんで私にしたんですかと聞けない話でもありますから」

ある程度の推論は可能だ。辜寛敏は、大平の愛弟子にあたる宮沢喜一とは親しい付き合いがあった。前述のように、外務事務次官の法眼ともコンタクトを持っていた。そんな人脈を大平が知り、さらに、日本の政財界の一流どころしか入れないスリーハンドレッドクラブのメンバーで、台湾の名家の一族の出身であるという噂も聞いていただろう。

大平には台湾へのパイプがなかったという可能性も否定できない。戦後の日本政治で、台湾とのパイプを握ってきたのは、佐藤栄作や岸信介らであり、派閥でいえば今日の安倍晋三首相につながる「台湾派」の清和会人脈である。池田勇人の流れをくむ宏池会の大平や、のちの経世会となる田中角栄のグループは、台湾とのつながりが弱かった。

当時、田中内閣は中国との国交正常化を政権の大目標として邁進しているさなかだったが、自民党内の台湾派からは厳しい批判にさらされていた。

蔣介石が、終戦時、中国大陸にいた二〇〇万人の日本軍民を速やかに安全に帰還させ、日本の天皇制の廃止や領土分割にも反対し、「以徳報怨」とのちによばれる対日寛容政策を打ち出した。その蔣介石を裏切って中国の共産党政権と国交を結んで台湾を見捨てることは保守派が大切にする「大義」や「友情」にもとる。

そんな声は、自民党内で軽視できない勢力を形成していた。困り果てた大平が藁をも摑む思いで、辜寛敏に白羽の矢を立てた可能性はあるだろう。

辜寛敏は台湾の政府から入国を制限されていたが、完全に台湾に戻れないということではなかった。このあたりも、ほかの独立運動のメンバーと微妙に違うところであり、台湾の大使館とのパイプも持っていた。

一〇日後に台湾に戻ることを大使館に伝え、帰国の「許可」をとった。ところが、日本政府から「(文書の完成まで)あと一日待ってくれ」という連絡が帰国直前に入った。

そこで辜寛敏は先に台湾に行き、中華民国の大使館の幹部が橋本・外務省中国課長から受け取った手紙を直接、飛行機で台湾に運ぶことになった。

当時の台湾の外務大臣にあたる外交部長・沈昌煥（シエンチヤンホワン）は、着任したばかりで台北市内のホテルに滞在していた。外務省の手紙を受け取った辜寛敏は、そのホテルのロビーで沈昌煥と会った。自分でも初めて内容を目にした手紙を、中国語に翻訳しながら読み上げた。沈昌煥がペンを舐めながらメモ帳に辜寛敏の発言を細かく書き写した。

その姿をみていて、辜寛敏はいらだった。

（紙を私からもらって、あとで翻訳すればいいじゃないか。外交部には翻訳できる人もいるだろう。こんな細かくて器の小さな人物が外交部長をやっていて大丈夫なのか）

そう思ったが、口には出さなかった。

恐れるものは何もない辜寛敏と違って、権威主義体制のもとで党官僚の一員に過ぎない沈昌煥が国の運命を左右する問題に関わる話を懸命に写し取った気持ちも理解できる。

「紙一枚に箇条書きで書いてあった。七項目だったと思う」

辜寛敏の記憶によれば、日本政府が作成したメモには、こんなことが書いてあった。

◎断交は外交関係のみ。

◎人の往来や貿易は、断交後も従来通りで影響を受けない。

◎航空便をできるだけ早い時期に民間の協定で復活する。

◎船舶の往来は従来通り。
◎台湾における日本政府の財産はすべて放棄する。
◎台湾が日本に持つ財産は中共に渡さない。
◎日本政府による台湾への借款は帳消しにする。

これらは、日本に対して疑心暗鬼になっていた台湾側を安心させるには十分な材料だった。連日、日本批判の見出しが並んでいた新聞の論調がピタリと静かになったからだ。当時の台湾メディアは政権のコントロール下にあった。

一九七〇年代初頭の台湾は経済成長がようやく始まろうとしていた時期にあたった。投資や技術の導入は、一足先に高度成長に入っていた日本企業の影響力が強かった。断交が経済に及べば台湾に進出した日本企業の活動も影響を受ける。

その事態は台湾も避けたいことが、辜寛敏にも想像がついた。

「私の力は限られている。何も持たない素浪人ですよ。だけど頼られたら、台湾のため、党派を超えて、力になるべきだと思ってきた。それが組織からは裏切りだ、矛盾だと受け止められることもわかる。しかし、国民党の下でも台湾経済の成長は台湾人民の財産の増加につながるのですよ」

「台湾人民の財産の増加」のところで、とりわけ辜寛敏の語調が強くなった。

日本に捨てられた

辜寛敏の話について、ある程度、その真偽を確かめられる人物が一人いる。野村総研の主席研究員で、辜寛敏の長男、リチャード・クーだ。クーとは、辜の中国語読みで、辜朝明（クーチャオミン）がリチャード・クーの中国語名である。

リチャード・クーが、台湾で名の知れたクー・ファミリーの一員であることは、日本ではほとんど知られていない。台湾の人々は「辜」という、台湾でも珍しい名前を聞けば、必ず「この人は辜家と関係があるかもしれない」と想像する。リチャード・クーが台湾で講演するときも辜朝明という名前になる。親戚の間でも「朝明」と呼ばれることが多い。

しかし、リチャード・クーは米国籍であり、台湾にも日本にも戸籍はない。どこにいっても英語でリチャード・クーと書かれた米国旅券で生きている。

「だから、辜朝明という名前の人物はこの世に存在しません」

東京・大手町の野村総合研究所で会ったリチャード・クーは、いたずらっぽい笑顔で、どっきりするようなことを言い出す人だった。このあたりの茶目っ気は父親譲りかもしれない。

一九九〇年代から日本経済について活発な発言を展開してきたエコノミストで、バブル崩壊に面した日本に対して、リチャード・クーは「バランスシート不況」や「悪い円高」という、ほかのエコノミストとは一線を画した主張を展開して名をあげた。

リチャード・クーは、辜寛敏の長男として、日本で生まれた。母親は上海生まれで、清朝最後の上海・蘇州・松江の提督を務めた蔡乃煌の孫にあたる。夫の辜寛敏を残して、リチャード・クーら息子二人を連れて、姉が暮らしていた米国に向けて日本を旅立った。この異様な別離について、辜寛敏は「独立運動に関わって、特務に狙われて家族を危険にさらすわけにはいかなかった」と私に語り、前述の自伝でもそのように書いている。

しかし、リチャード・クーの見方は違っている。

「それは違いますね。親父の浮気に、お袋が我慢できなかったんです」

この話を聞いた後にも辜寛敏に会っているが、過去のことであり、この息子のコメントを辜寛敏にぶ

リチャード・クー氏

つけることは、いささか無粋な振る舞いに思えて、あえて控えた。

リチャード・クーからすれば、辜寛敏は「とにかくゴルフが好きで、女性が好きで、家にはいない人でした」という破天荒な父親だった。

子供時代のリチャード・クーは日本ではあまり楽しい思い出はなかった。神戸で生まれ、数ヶ月で東京に引っ越して、日本人の小学校に通った。当時はまだ外国人への差別扱いが色濃く残っている時代だった。

米国という新天地に向かったことは、一三歳だったリチャード・クーにとっては、人生の転機となる日本からの「脱出」でもあった。

渡米してから五年後に母親と辜寛敏の離婚が成立している。

「私は、台湾にも、日本にも、捨てられ、アメリカに拾われてリチャード・クーになったんです」

インタビューのなかで、いちばん私をしびれさせたリチャード・クーの言葉だ。

日本に捨てられたというのは、日本社会での子供時代には不愉快なことが多く、日本に生きる人間として「受け入れられた」という気持ちになれなかったからだ。

台湾に捨てられたというのは、渡米の際の旅券をめぐるトラブルが原因である。

リチャード・クーたちが米国に行く決意をしたとき、ちょうど旅券の更新期にあたっていた。東京にある中華民国の大使館は辜寛敏をブラックリストに入れており、一家の渡米を妨害するために、旅券の更新を認めなかった。

「自国の政府が旅券を更新しないということは、その国の国民じゃなくなるわけですから、台湾にも捨てられた、と私は思っているんです」

特に恨みや批判がましい口調はない。淡々とリチャード・クーは言う。

国家から捨てられるという意味では、祖父も清朝に捨てられ、父親の辜寛敏も日本人の教育を受けながら日本の台湾放棄によって捨てられ、台湾を接収した中華民国からも危険人物としてブラックリストに載せられるようになった。

家族代々、身をおいた国家の「喪失」を体験しているのだ。

リチャード・クーにとって、救いの神は米国大使館だった。

領事の女性が、母親の旅券に息子二人の写真が写っていたので、それでは渡米を認めましょうと特別にビザを発行してくれたのだ。一九六七年の一一月のことだった。当時の米国の制度では、一四歳までは旅券がなくても、子供は親の旅券に写真が載っていれば一緒に入国できるという特例があった。

米国ではゼロからのスタートだった。日本では「社長夫人」だった母だが、米国では、美容学校に通ってライセンスを取って苦労しながら二人の子供を育てた。

リチャード・クーは母の苦労を見ながら米国でエリート街道をまっしぐらに走った。辜寛敏の影響もあり、カリフォルニア大では政治学を専攻したが、単位を早く取りすぎてしまったので経済学を二つ目の専攻とし、ジョンズ・ホプキンズ大学で経済学の博士課程まで修了した。これがのちのエコノミストへの第一歩となった。

「とにかく、捨てられたという気持ちで米国に行ったので、失うものもなく、がむしゃらに勉強しましたね。あの時代の米国人は学生運動やヒッピーの生活に憧れてあまり勉強しなかったので、こっちがまじめに勉強するとスイスイといってしまったんですね。それじゃあとその気になって、米国で経済政策をやるには最高の場所である連邦準備制度理事会（ＦＲＢ）を目指しましたが、当時は採用をやめていたので、中央銀行の実務をやるニューヨークの連銀（連邦準備銀行）に入ったのです」

そのままであったら、リチャード・クーは、米東海岸の華人エリートとして絵に描いたようなリッチでハイソサエティな人生を送り、五〇歳になるまえにアーリーリタイアしてフロリダの別荘で悠々自適に暮らしたかもしれない。

だが、転機は連銀で働いて四年目に訪れる。野村総研から電話が入った。ヘッドハントだった。

当時から米国はヘッドハントに寛容な文化で、連銀にも三回まで外の企業で働いてもまた元の職場に戻れる制度があった。多くの同僚がＩＭＦやモルガンなどに行っては戻ってきていた。「二、三年やってみるか」という気持ちで応じることにした。

サマーズを説得

自分を捨てた国・日本は当時、バブル最盛期。

米国は、野村総研が持っている生の日本の金融情報を渇望していた。邦銀や生保の会計制度、大蔵省の方針、金融規制の変更など、当時の米国にとっての「金主」でもあった日本の最新情報は、大変ありがたがられたのである。

日本も、米国が一歩先を行く金融自由化の話を聞きたがった。

日米の間で自在に情報をハンドルするリチャード・クーは、一気にマーケットでも名前が知られたエコノミストとして頭角を現す。

刺激になったのは、当時の野村総研が人材の宝庫だったことだ。

「同僚は冨田俊基、植草一秀など本当に素晴らしい人材ばかり。ニューヨークの連銀にも劣らないインテレクチャル（知的）な組織で、これは面白いなと」

現在、中央大学で教鞭をとる冨田や、エコノミストとして名をあげた植草らとの出会いは、リチャード・クーにとっては、小学生時代から日本に対して持っていたネガティブなイメージが吹き飛ぶきっかけとなった。

そのなかで、リチャード・クーは、日本で「神官」と称されるほどの影響力を持ったアナリストとしての地位を確立していく。

特にその名が広く知られたのは、一九九〇年代の日本の不景気が、一時的な景気後退ではなく、企業が一斉に過剰債務を圧縮することで経済全体が低迷するバランスシート不況であると喝破したことだった。当時は、景気循環説に基づく楽観論が幅を利かせていたので、最初はリチャード・クーの新しい理論は相手にされなかった。

しかし、不況が長引くにつれて、バランスシート不況説は説得力を持つようになり、日本政府すら、重要な局面でその判断に頼ることになっていった。

日本政府が銀行への資本注入の判断で揺れていた一九九〇年の後半。当時の首相は橋本龍太郎だった。銀行による凄まじい貸し渋りが起きていた。

このとき銀行に金庫を開かせるには、一斉の資本注入しかないと、リチャード・クーはテレビや国会で訴えた。だが、米国からは横槍が入った。その筆頭は、タフネゴシエーターで知られる財務副長官のローレンス・サマーズ。加藤紘一と一緒にワシントンに飛び、財務省でサマーズや彼の副官で後に財務長官になるティモシー・ガイトナーと向き合った。

サマーズは手強い相手だったが、リチャード・クーには説得できる勝算があった。それはニューヨーク連銀時代、大手米銀の大半が債務超過に陥った中南米の債務危機を処理した経験があったからだ。当時の連銀のトップは後のＦＲＢ議長のポール・ボルカー。思い切った銀行救済で、中南米から世界金融危機に発展しかねない事態を抑え込んだ。

リチャード・クーによれば、その秘訣は「すべてを救う」だった。

「問題がものすごく大きいときは全部を救うしかない。そういうときに個別行の構造改革とか、不良債権を早く処理しろとかやってしまうと、結局は、最後は、合成の誤謬になっちゃうんです。でも中南米危機から一五年も経っていたから、サマーズもガイトナーも誰も当時の米国当局がやったことを知らなかった。米国人が米国の歴史も知らないのか、同じことを日本がやってなぜいけないのかと言って説得しました」

「合成の誤謬」とは、ミクロの視点では正しいことでも皆がそれを同時にやるとマクロでは誤った結果になることだ。この説得が功を奏して米国は日本の資本注入を黙認することになり、日本の金融危機は回避された。

日本人だったらできない

リチャード・クーは若い頃から今日まで、米国籍を持っている。

しかし、日本人なのか、台湾人なのか、あるいは米国人なのかと言われると、なんとも形容し難いことは、本人も自覚している。

「めちゃくちゃでよくわからない。チャンポンですよ。住んでいる時間は日本が最も長い。でも、故郷と思えるのは中学から大学まで過ごした米国のサンフランシスコ。でもルーツは台湾にあるし」

そこまで語ったところで、ガハハと大声で笑った。このあたりの茶目っ気も、やはり辜寛敏と血が繋がっていることを実感させられる。

米国とのハード・ネゴシエーションが成功した理由を、自らの出自の曖昧さにあると、リチャード・クー自身も考えている節がある。

「私が米国人で、台湾系の名前だからうまく日本の政策の正しさを説得できたのかもしれませんね。ちょっと向こうもガードを下げたのでしょう。もし私の名前がワタナベとか日本風だったら、向こうも構えたのかもしれません」

似たようなことは、日本でもあった。

一九九七年から九八年にかけて、不良債権を抱え込んだ日本の銀行に対して、政府が資本注入を行うかどうかの瀬戸際だった。日本社会全体が銀行バッシングに包まれ、「資本注入で銀行を守るべきだ」ということを誰もが言い出しにくいムードにあったとき、あえて資本注入をメディアで盛んに論じていたのがリチャード・クーだった。

当時、自民党の金融通として知られた故・渡辺美智雄が、リチャード・クーに対して、テレビ番組で議論を交わした後の楽屋で囁いた。

「いまの日本でこの話（資本注入賛成論）ができるのは、あなたしかいない。どんどんやってほしい。あなたの名前が日本人だったらできないことだ」

彼のアイデンティティを語る上で父の存在は外せない。

台湾独立について、子供のころから、父親の辜寛敏と話す機会は少なくなかった。

「上海出身の中国人のお袋も、独立運動には反対してなかった。実際に台湾社会をみていて、中国とは違っているとわかっていたのでしょう。私も、小学校を卒業するまで日本で生活するなかで、国民党からある意味で迫害されていたので、彼らはあまりよくない人たちだというイメージはありました」

経済が専門であるリチャード・クーが台湾の政治体制について公に言及したことはほとんどない。例外は、二〇〇四年の総統選での陳水扁再選を受けて組まれた「中央公論」同年四月号の特集「「台湾独立」是か非か」という特集で、「彼ら（大陸）は台湾民主化のもつ重大な意義を理解できず、九六年の総統選中にミサイルを撃つといったことまでしてしまった」「香港で適用された「一国二制度」はすでに主権・独立の政治体制持っている台湾に当てはめるのは無理だ」というコメントを寄せている。

この発言から、台湾の独自性や民主化に対する強いシンパシーを感じさせる。

通常、台湾独立については、リチャード・クーのようなアナリストが語る場合は、大国化している中国の現実を直視し、台湾に現実的な対応を呼びかけるリアリズムのスタンスになる場合が多い。それは、私から言わせれば、リアリズムに徹しようとして逆に台湾のリアルな現状を見失ってミスリードにおちいってしまいがちだ。

しかし、リチャード・クーの発言には、台湾の現実から見ていかなければ、中台関係に未来はないというニュアンスがある。取材のなかで、リチャード・クーに、台湾の将来と中国との関係について、改めて意見を求めた。

「台湾という国が、一〇〇年以上中国から離れちゃっているわけですね。もともと移民社会が一〇〇年以上も本土と違う運命を歩んでしまった。しかも、台湾の人が選んだわけじゃなくてそうなったわけで、それを今から統一だと言われても、それは現実的じゃない。そして、中国の人も薄々は気づいているはずです」

中国共産党にも頼られて

あくまで現実を見据えたリチャード・クーの思考は、中台関係にも水面下で関わっていたことも影響しているだろう。

一九九八年に上海で行われた中台窓口トップ会談は、一九九六年の総統選とミサイル実験によってこじれた中台関係を引きずっていたため、関係改善のための開催こそ双方も合意していたものの、事前の下準備がまったくと言っていいほど進んでいなかった。

最大の問題は、中台指導者同士の不信だった。

「江沢民は李登輝を信用できない、李登輝は江沢民を信用できない。七月、八月になっても、開催のめどが立たずに、どうしようもない状態でした。中国が、私になぜ目をつけたのか、それは大平外相が親父を使って台湾との断交をまとめようとしたのと同じぐらい謎です」

突然、リチャード・クーに対して、中国の対台湾窓口機関・海峡両岸関係協会のトップで、江沢民の恩師であり、ブレーンでもある汪道涵(ワンダオハン)からコンタクトがあったのだ。あるいは、汪道涵のカウンターパートが、台湾の対中国窓口機関・海峡交流基金会のトップで、リチャード・クーのおじにあたる辜振甫だったからかもしれない。リチャード・クーの母親も、汪道涵と同じ上海人である。しかし、実父が台湾独立運動のメンバーであったことを汪道涵が知らないはずはなかった。コンタクトがあった時期の少し後には、野村證券のイベントが上海で予定されており、イベント参加を口実にリチャード・クーは上海へわたった。

中国と浅からぬパイプを持っていた野村総研の関連会社である野村證券の田淵節也会長も、リチャード・クーが中台関係において、シンクタンクのアナリストという立場を越えて黒子の役割を果たすことを強く支持した。

上海で面会した汪道涵に、リチャード・クーはこんな問題提起を行った。

「大陸の高官のなかには、李登輝を非難して、腐った卵だとか中国史上最悪の人物の一人だと言う人もいます。皆さんが李登輝をどう呼ぶのかは自由ですが、ここでちょっと視点を変えて、あなたが一九九六年の選挙で李登輝に投票した台湾の七割の選挙民の一人だったとしましょう。もしもあなたが自らの意志で選んだ人を、外部（＝大陸）の人たちが馬鹿だとか腐った卵だと呼んだら、あなたはいい気持ちになりますか？」

汪道涵は「それはいい気持ちにはならないだろう」と答えた。

リチャード・クーは「それがいまの中台関係の問題ではないでしょうか。自分の選んだ人を、馬鹿だ、アホだと呼ばれた台湾人が大陸に反感を持つようになっているのです」とたたみかけた。だが、汪道涵も反論した。

「そうか、そういうことか、それなら分かる。しかし我々は、我々が政策を打ち出す前に必ず、大陸にいる多くの台湾人の意見を聞き、それらに基づいて政策を立案しているので、我々の対台湾政策がそれほど台湾人の気持ちと乖離しているとは思っていない」

リチャード・クーは、改めて、汪道涵に語りかけた。

「それは聞く相手に問題があります。大陸にいる台湾人は大陸で何をしているのか、それは商売です。つまり彼らはみな商売人であり、商売人であるということは商売の相手であり、商売の担当当局であるみなさんのご機嫌をとることは不可欠であります。つまり彼らが皆さんにとって耳障りなことを言って、彼らの商売にマイナスになったら、彼らは商売人としては失格なのです。だから金儲けが目的の彼らは、皆さんの聞きたいことしか言わない。これは商売人の鉄則です。しかし台湾人全体が何を考えているかは、彼らの投票結果で見れば明らかです。だからもしも皆さんが、台湾人が本当に何を考えているかを知りたければ、ここにいる台湾人の商売人に聞くのではなく、実際の彼らの投票結果を見るべきです」

汪道涵も一流の人物である。リチャード・クーの言葉に理を見出した。

「なるほど、それは確かにその通りだろう」

会話は二時間近く続いた。

「激論でしたが、最後には随分近い関係になっていました」

そう振り返るリチャード・クーは、汪道涵と語った内容をすべて日本語でタイピングし、李登輝と辜振甫に送った。李登輝はこのペーパーを読んで、中台窓口トップ会談の実行を決意した、とリチャード・クーは見ている。この年の一〇月にトップ会談は開催されている。

ただ、中国の台湾政策について、リチャード・クーの口調は厳しくなる。

「決定的に言えるのは、共産党は台湾に対する理解が徹底的に足りないこと。中国で困るのは、本当のことを下の者が上に言わないで、上が喜ぶことばかり伝えている。しょうがない。独裁国家ですからね」

辜家の宿命

リチャード・クーは一九七〇年代の若きころ、半年ほど、台湾で暮らしたことがある。ニューヨーク連銀に就職する前、母の再婚相手のピアノ製造の仕事を手伝って台湾で働いた。

当時、映画館で上映される映画は、国歌斉唱のあと、映画製作会社の名前が画面に流れた。映画製作は「中華電影公司」に独占されており、同社の経営者であった辜振甫の名前がいつもスクリーンに現れたことが、忘れられない思い出になっている。

「国民党も最大限、辜家を利用したんですね。国民党も馬鹿ばかりじゃない。台湾の人たちが辜家に持つ台湾の有力者というイメージを使って、台湾統治のレジティマシー（正統性）を出そうとしていた。もちろん辜家も国民党を利用したのでしょう」

政治とビジネスとの間を浮遊しながら「密使」の役割を果たす。リチャード・クー自身も「そういう立ち位置が嫌いじゃないというのはあります」と述べたうえ、「いまは結局、アイデアの勝負の時代になっていることが大きい」と話を進めた。

何年か前、中国共産党の中枢に影響力がある中国の学者に、リチャード・クーは、こんな話をした。

「現代は容易に戦争ができない時代です。どんなに国家間で緊張関係があっても、軍隊を使えないなかで、一生懸命考えて、いいアイデアを出せば、多くのことが可能になる。それだったら私でもできる。こっちにアイデアがあるんだったら、積極的に提供もしていきたい。中国の人も知らない台湾のことを伝えることもできるわけですから」

日清戦争の勝利で台湾を領有したとき、日本政府は下関条約に基づいて、二年間、台湾の人々に日本国民になるかどうかの猶予時間を与えた。台湾の人は日本の統治が嫌ならば全財産を持って中国に戻ってもよく、結果的に台湾に残った人は、日本国民になると決めて残った人たちだった。日本にとってトラブルメーカーになる抵抗勢力の多くは、このとき中国に渡っている。

「相手は、そんなことがあったのか、知らなかった、と驚いてしまったんです。そういうことを知らないで、台湾に向かって「お前たちは中国人だ」と言ってもうまくいくはずがない。こういう歴史を知らない中国人がまだいるということは、私にもやれることはあるのだろうと思いました」

リチャード・クーは長男である。台湾に戻って家業を継いで欲しい、というプレッシャーを絶えず辜寛敏から受けている。しかし、その辜寛敏も、リチャード・クーが野村総研で世界に通用するエコノミストとして経済分析を手がけていることが、直接的にも間接的にも辜家にとってプラスになっていることは理解している。

辜寛敏とリチャード・クー。

かたや事業家、かたやエコノミストではあるが、どちらも歴史の表に出ないところで国際関係を左右する「密使」を務める人生を送ってきた。

それは、辜家繁栄の礎を築いた初代の辜顕栄が、命を賭して日本軍に向けて台湾民衆のメッセージを伝えたころから、何一つ変わっていない、辜家というファミリーに歴史が与えた宿命的な役割なのかもしれない。

世界はいまも、常識や知識のギャップ、誤解や偏見に満ちている。国と国、個人と個人の間にも、情報が届かない「見えない壁」がある。

そうしたものを、ひょいと乗り越え、ダイレクトにメッセージや知識を伝える役割を、辜家の人々は代を重ねながら、担っているのだ。

それは、故郷を失った者だからこそ、可能となる生き方に違いない。

コラム　台湾独立運動の今昔

台湾独立運動の淵源に関してはいろいろな意見があり、定論はない。日清戦争の敗北で清朝が日本に台湾を割譲して日本統治が始まった一八九五年、台湾で日本統治に反発する勢力が「台湾民主国」を設立した。しかし、旧清朝の高官を中心とする指導者が日本軍の台湾上陸を受けて次々と逃亡して早々に瓦解し、実質的な政治体制として統治するまでには至らなかった。この時点で「台湾」への共同体意識は薄く、あくまでも清朝の別働隊的感覚だった。

その後、植民地統治に対して、自らの参政権を求める台湾議会設置運動が展開された。独立という目標は掲げなかったが、中国大陸と自らを切り離したうえで「台湾」という政治主体を想定した運動であった点は注目に値する。また、共産主義運動の流れのなかで、台湾共産党を設立した謝雪紅(シエシユエホン)が台湾独立を目標に掲げた時期もあったが、あくまでも帝国日本からの独立という部分が強かった。

日本が台湾を放棄した一九四五年、台湾は一時的に無政府状態に陥りかけたが、台湾独立を掲げて動き出した人間は本書で触れた辜振甫ら以外ほとんどいなかった。大半の台湾の民衆は「中国」への復帰を喜び、熱狂をもって中華民国国民政府の接収を受け入れたのだった。

だが、腐敗と非効率を極めた国民政府の政治に対する失望から二・二八事件が発生し、その後も民衆弾圧が続き、台湾人による国家創設を目指す意識が生まれた。

台湾内部では厳しい統制によって運動が事

実上不可能なことから、日本や米国などで一九五〇年代から一九六〇年代にかけて、独立組織が相次いで生まれ、独立のための理論が構築された。

その主な論拠は台湾地位未定論だ。中華民国、中華人民共和国とも台湾が自国に帰属するものと主張している。国際法上、日本はポツダム宣言の受諾によって台湾の放棄を認めたが、その帰属先については明言していない。一九四五年以降、台湾を中華民国は接収したが、その政治的な帰属は、その後に中国大陸で起きた国共内戦のためにサンフランシスコ平和条約（中華民国も中華人民共和国も参加せず）などの国際的合意でも明確に確定されることはなかった。

日本では台湾共和国臨時政府を立ち上げた廖文毅（りょうぶんき）や、台湾青年社を立ち上げて「台湾青年」を刊行した王育徳などがおり、米国でも彭明敏などが活躍した。

民主化で台湾独立運動の活動家は次々と台湾に帰国して、政治運動のリーダーとなっていった。民進党は国内外の独立運動の影響を受けながら一九八六年に結成され、党綱領に「台湾共和国」の建国をその目標に掲げる。現実政治で民進党が台湾独立を進めることはないが、中国政府が民進党を独立志向だと警戒する要因になっている。

現在の台湾では従来の独立運動とは異なる独立意識を持つ若者世代が台頭している。民主化後に教育を受けた世代で、台湾が中国ではないと自然に考えており、「天然独」と呼ばれる。台湾はすでに独立した状態にあるので、独立のための運動や独立宣言は必要ないと考える人々である。

第二章　台湾で生まれ、日本語で書く

1　「江湖」の作家・東山彰良と王家三代漂流記

東山彰良（ひがしやまあきら）という作家を二〇一五年七月の直木賞受賞のニュースで知った。その後、本書の刊行までの間、四度にわたって東山と会うことになった。二度はインタビュー、二度は東山が参加するトークイベントの司会を務めた。司会は頼まれた仕事で、観察する機会が増えたという意味で運が良かった。

その度に、東山に対しては、アイデンティティや台湾観について質問をぶつけることを繰り返した。人物に迫る作業を城攻めにたとえると、外堀は埋まったかもしれない。内堀も多少は埋まったかもしれない。しかし、天守閣にはまだまだ遠い、というのが実

東山彰良氏、新宿にて

感である。

その天守閣なる「内面」に、想像をたくましくするような何かがある、と決めつけているわけではない。ただ、何かを守ろうとする頑なさがあった。

東山には、家族や友人への取材を頼んだが、断られている。そのあたりのガードの固さは、プライバシーを守りたい、という単純なものではなく、「大切なものには触れないでほしい」という強い意志を感じた。

こんなこともあった。二〇一六年、東山をゲストとするトークイベントで司会を務めたとき、東山の『流』の台湾版の翻訳に話題を振った。

私自身も、台湾で本を何冊か出していることもあり、台湾における日本語書籍の出版情報が黙っていても入ってくる。東山の『流』には台湾の出版社から版権取得のオファーが版権代理業社に殺到した。希望社は一〇社を超えたらしい。

普通は、日本側の出版社や作者本人が任意で決めてしまうが、村上春樹など大きな売り上げが約束された作者の作品については、入札で決めることもある。『流』の翻訳権にも異例の入札がかかることになり、業界内でもざわめきが広がった。その結果、かなりの高値で圓神という出版社に落札されたと聞いていた。

私は肯定的に台湾でも話題であることを伝えたつもりだったのだ。しかし、東山の反応は「冗談ではない」という勢いだった。

「各社に試訳を出させて決めています。お金で決めてもらったわけじゃありません」

会場が一瞬、静かになるほどの強い口調だった。

作家としてのプライドとブランディングへのこだわりなのか。試訳を行うほど、東山自身も台湾での出版に思い入れがあることもうかがえた。

『流』に隠された父親の詩

『流』は何度も読み込んだ。

「活劇」であり、「冒険小説」であり、「ミステリー」でもあるという読後感を持った。

東山は一九六八年生まれで私と同年齢だが、筆致には年齢以上の熟練が漂っていた。『流』を自伝的小説と紹介する記事もあったが、内容は完璧なほどに物語へと昇華されており、東山の内面への手がかりはないように見えた。

だが、しばらくすると、『流』の冒頭に置かれた奇妙な詩に気づいた。

「魚が言いました……わたしは水のなかで暮らしているのだから　あなたにはわたしの涙が見えません」

詩の作者は王璇(ワンシュエン)とある。東山の本名は王姓である。うかつにも二人が同姓であることにピンとこないで読み飛ばしていた。

東山の父親は王孝廉(ワンシャオリエン)という。台湾で七〇年代から八〇年代にかけて一世を風靡し、中国大陸でも知名度の高い作家だった。だが王璇が王孝廉のペンネームであることは知らなかった。王孝廉は中国神話の研究者や散文作家として文章を発表するときは実名を使うが、詩や小説では王璇になる。王璇名での作品は多くない。生涯で数作品といったところだ。

王孝廉は一九四二年、山東省昌邑県で生まれた。日中戦争の真っ只中であり、山東省も激戦地帯だった。国民党の敗北と台湾撤退に伴い、幼い頃に家族で台湾に渡っている。

中学生の時、いじめに遭った同級生をかばって激しい喧嘩となり、中学校を退学させられたことがあった。普段は口数少なく穏やかに見えながら、いざという時は実力行使を辞さない荒々しさは、東山にも通じる部分がある。

王孝廉は台湾の東海大学を卒業し、二十代で文壇にデビューした。作品は『廣陵散記』（一九七四）、『中國的神話與傳說』（一九七七）、『花與花神』（一九八〇）、『神話與小說』（一九八六）、『春帆依舊在』（一九八〇）、『彼岸』（一九八五）、『長河落日』（一九八六）、『魚問』（一九八七）など多数ある。神話研究、散文、詩、短編小説の各領域で作品は高く評価され、王孝廉文学に関する研究論文も数多く発表されている。

冒頭の詩「魚問」が収録されているのは、詩集『魚問』である。

王家二世代にわたり、台湾と日本の地で花開いた文学的才能は、どこにその淵源があるのか。そして東山の作品世界と一族の運命はどうつながるのか。

元遊撃隊の祖父

東山の『流』は戦後七〇年代の台湾を舞台にした小説で、元遊撃隊の祖父が突然、殺害される現場を主人公が目撃する。成長とともに破天荒な青春の日々を送りながらも、祖父の死に隠された秘密に導かれていく。謎解きと青春小説の両方の面を兼ね備えており、第一五三回直木賞では異例の満場一致で受賞が決まった。

東山は従来、エンタメやミステリーというジャンルを中心に小説を発表していた。二〇〇二年『タード・オン・ザ・ラン』で第一回「このミステリーがすごい！」大賞銀賞・読者賞を受賞した。二〇〇三年同作を改題した『逃亡作法 TURD ON THE RUN』を初出版。二〇〇九年『路傍』で第一一回大藪春彦賞を受賞している。

実力は評価されているが、知名度はこれから、という作家だった東山は、直木賞受賞によって全国区となった。作家としては遅咲きに属するだろう。

東山は一九六八年に台北で生まれた。父・王孝廉の研究のため一家で広島に渡った。このとき東山は五歳。二年後に台湾に戻るが、九歳のときに再び、王孝廉が福岡の西南学院大学で教鞭をとることになり、家族で日本に移り住んだ。

東山の家庭は国共内戦で共産党に敗れた国民党と共に台湾に渡った外省人だ。日本と直接戦争を経験した人々であり、台湾で日本の統治を受けた本省人とは、一般に、対日観はかけ離れたものになっている。

東山の周囲に存在していたのは外省人のコミュニティだった。

「両親が日本に留学を決めた時は周囲から、なんで日本なんだ、と言われたそうです。ひどいところに行く、と批判もされたそうです。ぼくも「日本人は魚を生きたまま頭から食べるらしいぞ」という話を聞かされて、そんなひどいことをする人たちが子供に優しいはずはないので、日本に行くのがとっても怖くなりました」

幼き日の東山は日本で暮らしながらも、台湾のことが忘れられなかった。夏休みのたびに台湾に帰った。

「台湾にいる日々が、すごく楽しくて、日本には帰りたくなかった。台湾にずっといたいと思っていました」

外省人である王一家の父方の出身は、前述のように中国の山東省だった。台湾では「祖籍」と呼ばれ、昔の台湾の身分証には書き込まれた。

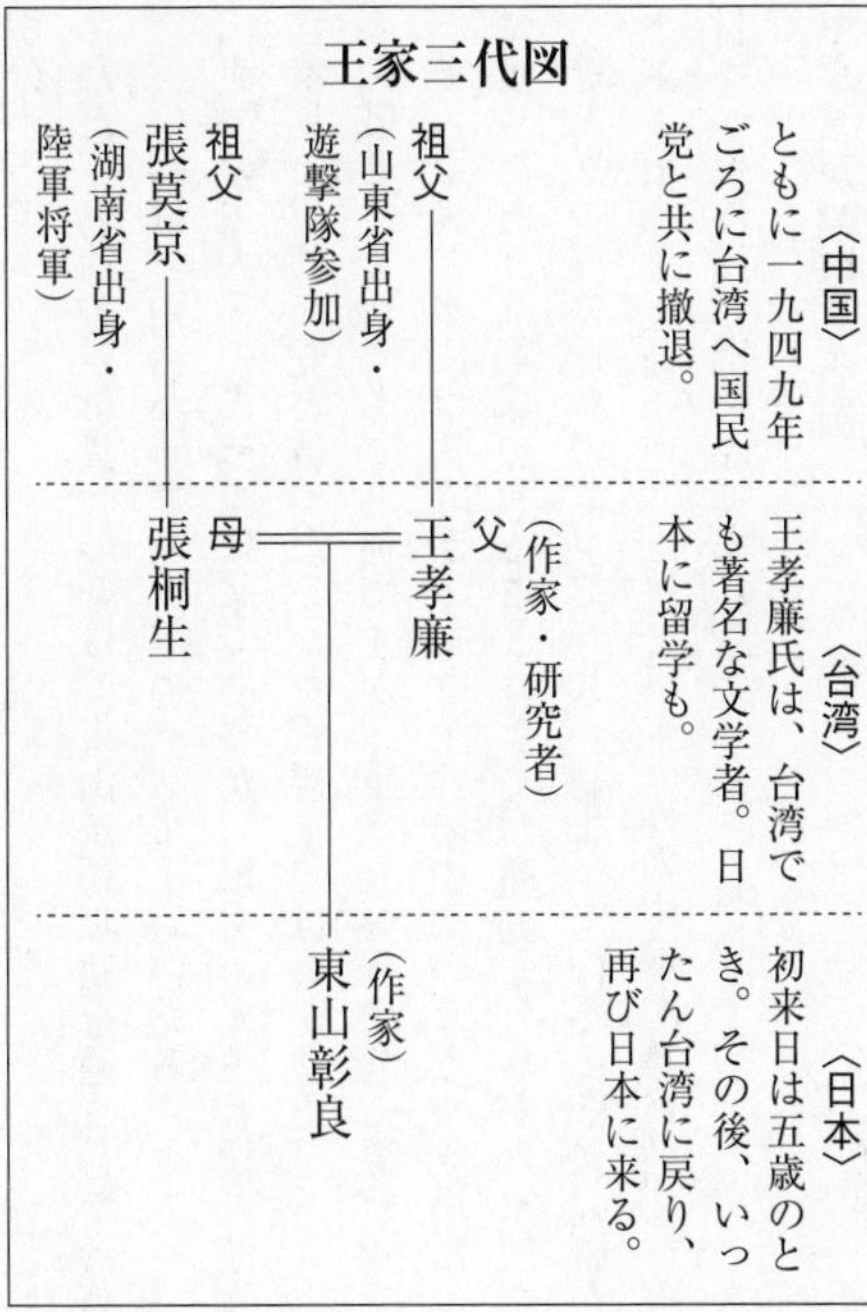

王家三代図

〈中国〉
ともに一九四九年ごろに台湾へ国民党と共に撤退。

祖父（山東省出身・遊撃隊参加）
祖父 張莫京（湖南省出身・陸軍将軍）

〈台湾〉
王孝廉氏は、台湾でも著名な文学者。日本に留学も。

父 王孝廉（作家・研究者）
母 張桐生

〈日本〉
初来日は五歳のとき。その後、いったん台湾に戻り、再び日本に来る。

東山彰良（作家）

東山はいまも台湾の中華民国籍を放棄しておらず、東山彰良は純粋なペンネームだ。東山という名前は、山東を逆さにしたものである。この点からだけでも、東山が、台湾アイデンティティといわれる「台湾は台湾、中国は中国」という理念とは一線を画した感性を持った作家であることが分かる。

ただ、名前の「彰良」の彰は、東山が幼年期を過ごした台湾中部の「彰化」から付けた。いわば、中台ハイブリッドのペンネームである。

『流』の主人公のモデルは父であるが、祖父の人生も投影されている。祖父は国民党軍に参加し、共産党と戦った。ただ正規軍ではなかった。

「山賊とまで言っちゃあ何ですが、軍人というより、遊撃隊です」

そんな風に東山は言うが、軍と土匪の中間のような立場だったのだろう。祖父は台湾に渡ったあとは軍隊に入ることはなく、商売をしながら家族を養った。

そんな一族の運命のエッセンスが詰まった作品には父の詩が収録されており、日本でベストセラーとなった。『流』は王一族の中国から台湾、台湾から日本への「漂流」の日々が生み出した作品である。

ヤクザが割拠する街

東山の母親で王孝廉の妻・張桐生（チャントンシエン）もまた、軍人の父を持っている。東山の家系は父方、母方とも軍人出身ということになる。ただ、王孝廉の父が名もなき下層の一兵卒だったのに対し、張桐生の父は、将星のつくエリート軍人だった。

湖南省は略称で「湘」と呼ばれる。「湘菜」といえば、四川料理よりも辛いとされる湖南料理のことだ。いまの台湾には湘菜料理の店が多い。湖南人の軍人ら有力者が台湾撤退のときに一緒に連れてきた料理人たちのおかげだ。

一方、東山の父方の出身地である山東の略称は「魯（ルウ）」である。

「本当は湖南省の湘と山東省の魯の一文字ずつ取って私は「湘魯」になるはずでしたが、親戚の誰かがどういう理由かわかりませんが反対して取りやめとなったらしいです。だから、幼名は魯魯でした。山東省のガキはよく魯魯と呼ばれるんです。台湾に帰ったらそれで呼ばれるし、メールアドレスも、台湾の友達がわかるようにluluにしてます」

ずっと東山のメールアドレスの一部にluluが入っているのが不思議だったので、本人のこの話を聞いて納得がいった。

現在も小説の執筆のかたわら、福岡県内の大学で中国語講師を務める東山は学校では王姓を使っており、学生たちは「王老師」と東山を呼ぶ。

東山は、母方の祖父母の家があった台北の廣州街で育った。そこには愛国新村という眷村があった。眷村は、外省人の軍人や教師の家族が暮らす場所だ。

当時の台湾では、言葉すら通じない外省人と、台湾出身の本省人との対立は深刻で、子供の世界もはっきりと分断されていた。

今日のように、外省人と本省人の通婚も珍しくない時代とは違う。親同士にあった警戒心や敵意は、子供にも当然、伝播する。

東山の記憶も鮮明だ。

「廣州街は東西に走っていて、その途中を南北に線路があって、東側が外省人で、西側が本省人の地域でした。我々のほうが少数派でしたね。住んでいたところは外省人が多かったので、本省人には偏見を持っていたと思いますよ。彼らは乱暴だとか、物を盗むとか。向こう側に遊びにいくと「危ない」って怒る外省人の親もいました。彼ら本省人のテリトリーに踏み込むなと。私たち子供も数では少数なので、追い掛け回されたり、水鴛鴦(シュイイシャン)という名前の爆竹を投げられたり。それはすごい爆竹で、火もつきやすくて、水の中にいれても爆発するぐらい強力で怖いものでした(笑)」

廣州街は、台北の中心の東西を横にぶった切るように走っている。中華路という大きな通りの交差点を境に、東が外省人居住地域、西が本省人居住地域に分かれる。本省人居住地域は「モンガ」と呼ばれる古い地域で、本省系ヤクザが割拠するガラの良くないところだ。

外省人居住地域の方は人口が減ったのか、台北の中心とは思えない、まるで時間の止まったような静けさに包まれている。それでも当時の面影は残っており、歩いていると、東山が好きだという「福州傻瓜(シャーグワ)乾麵」というお店が営業していた。「傻瓜」はバカを意味する。食べてみたら、かなり美味しい。ほかにも、古い店構えの「牛肉麵」や「乾麵」のお店をあちこちに見かける。

九歳まで過ごした廣州街での日々を東山はこう表現する。

「自分にとっての原風景みたいなものですね。あれから上書きされないまま、自分のなかに残っている感じです」

二〇一七年五月に発売された東山の著書『僕が殺した人と僕を殺した人』は廣州街そのものを舞台にした物語である。

廣州街は東山にとって出発点であり、ホームランドであり、いつでも空想のなかでたどり着くことができる「約束の土地」なのだろう。

台湾時代の東山氏（東山氏提供）

ホラを吹く大人たち

東山の家族の話に戻ろう。

王孝廉の一家と家族ぐるみの付き合いをしている台湾の大手出版社「聯經出版」発行人の林載爵と、妻で英語教育者の文庭澍（ウエンティンシュー）に、東山の家族について話を聞いた。とくに文庭澍は王孝廉の妻と親戚関係にあることもあって幼いころから付き合いが続いている。

王孝廉の妻・張桐生の父の名前は張莫京（チャンモージン）という。蔣介石が校長を務めた黄埔軍官学校で学び、中将まで昇進した。

湖南は毛沢東の出身地でもあり、歴史的に多くの軍人を輩出している。湖南省には各地に民兵組織が多くあり、清朝末期に弱体化した清朝の正規軍が頼りにならないとみて、湖南省出身の清朝高官だった曽国藩が結成したのが「湘軍」だった。

反乱を起こした太平天国を滅亡させる主要戦力となり、全国から有力な人材が湖南省に集まった。その後も国民党、共産党の双方に優秀な軍人を輩出している。上官にも恐れずに進言するガッツのある気風を持ち、中国軍人の中で湖南省出身者は一大勢力になった。

東山の母親である張桐生の一族は、湖南省の中の醴陵（リーリン）という地方の出身で、文庭澍の母親も同じ醴陵出身だった。台湾では戦後大陸から渡ってきた人々は外省人とひとくくりにされてしまいがちだが、実際は中国各地の異なる地方出身者の集合体だ。

台湾では出身地域に基づいて無数の人的ネットワークが組み上げられている。湖南省全体のグループが一緒にいるときは、湖南官話と呼ばれる省の中心の長沙方言で話し、醴陵の人々だけで集まれば醴陵なまりの言葉でしゃべるという具合だ。

湖南省は文人と軍人を兼ねた曽国藩の伝統から「能打仗、能讀書（文武両道。武術もできるし、読書もできる）」を重視する土地柄で、教育を大切にする。それが湖南人の誇りだという。

子供のころから文庭澍は友人の張桐生の家によく遊びに行っていた。外省人で将軍といえば、台湾の人たちは豪華で特権的な家族をイメージするが、かなり違っていた。

「廣州街にある日本式の小さな家に住んでいて、張莫京の奥さん（東山の母方の祖母）はとても料理が上手で、いつも辛い辛い湖南料理をつくってくれました。張莫京は将軍ではあったのですが、家の暮らしはとても質素で、素朴な家庭だったと思います」

キャンパスの花であった張桐生と、才子として学生ながらすでに頭角を現していた王孝廉は大学で出会い、恋愛の末、大学卒業後すぐに一家を成した。

母の張桐生は日本に家族で移住した後も、中国語で歴史物語を読み聞かせ、文学の栄養を息子の東山に与えた。それは『流』の中にある活劇的な非現実感につながっている。

「小児喘息だったので台湾人の医者に処方してもらったお灸を毎晩母親にしてもらい、そのあと、中国語を忘れないようにと西遊記を読み聞かせてもらいました。毎晩ワクワクしてました。そのせいか、荒唐無稽なものを受け入れやすいんでしょう。孫悟空は石から生まれた猿ですから。いいホラ話を聞かせてもらうと、いい気持ちになる、みたいなところがあります」

そう話す東山は、子供の頃から父方と母方両方の祖父たちが語ってくれる戦争の話を聞くことも大好きな子供だった。

「ぼくの周囲には本当なのかホラなのかわからないことで子供たちを騙すような口のうまい大人たちがたくさんいました。ぼくはそういう大人たちが大好きで、自分もそういう大人になると信じていましたが、なかなかホラを吹けない性格でした。でも『流』で少しはホラを吹けたかな、あの痛快な大人たちに近づけたのかとも思います」

父の断筆

父の王孝廉は酒好きだった。若いころから王孝廉はよく飲み歩いていて、文人仲間と一緒に「酒党」というグループを作っていた。酒党の飲み仲間の一人、国立台北芸術大学教授で演出家の邱坤良（チュウクンリャン）は、王孝廉について「豪快な山東人の気質がありながら、ロマンチストで夢ばかり見ているかと思えば、シャイなので自分のことは語ろうとせずにあいまいにごまかすところもあった」と評する。「酒党」の面々は台北の「紅玉」という文人バーでいつも酒を酌み交わした。ここには芸術家、作家、記者らが集まり、肴をつつきながら一晩中酒を片手に語り明かした場所だ。王孝廉は酒党の間で冗談半分で「日本大使」に任命されたこともあった。

王孝廉は、文学を手がけながら、中国古代の神話に関する研究者になるために一九八〇年代、日本に渡った。研究のための一次資料が、台湾より、日本に豊富にあるという理由からだった。当時、中台が緊張関係にあったため、資料が豊富な中国に渡航できる状況にはなかった。一方で、日本から台湾向けに執筆を続けた。出す本、出す本が台湾社会の耳目を集めた。多くのメディアでコラムを持ち、編集者が行列を作って作品を待つ、まるで現在の東山のような売れっ子だった。

王孝廉の友人で、幼いころの東山から「林叔叔（リンシュシュ）（林おじさん）」と呼ばれていた林明徳は、王孝廉の『春帆依舊在』という作品について、「当時は画期的だった報告文学（ルポルタージュ）という方法で、甲午戦争（日清戦争）の際に台湾割譲を決めた下関条約が交わされた、春帆楼を訪れた経験をもとに書いた本で深い感銘を受けた」と振り返る。繊細で陽性な文章は当時の台湾に必要なものだった。流行作家になった王孝廉は数多の文章を発表して、一九七〇年代から八〇年代にかけては文壇の若きヒーローとなった。

特に冒頭の『魚問』についてはいまなお評価が高い。

「王孝廉の文学的才能が最も発揮された作品で、当時の台湾文壇に衝撃を与えました。王孝廉の作品はロマンと批判精神に溢れており、国連脱退など時代の変化に揺れていた当時の台湾で読者の心を捉えました」（林明徳）

台湾は一九七〇年代に入ると、権威主義の時代から自由の匂いを感じ取る時代に入りつつあった。文学にも古典的な中国文人のスタイルを脱し、新しさを持った作家を求める風潮に合致したのが、王孝廉の登場だったのだ。

ところが、九州・福岡の西南学院大学で教鞭をとるようになった王孝廉は、作品の発表を減らし、台湾の文壇から次第にフェイドアウトしていく。

台湾の知人に「もう断筆した」と漏らすこともあった。

その理由は、はっきりしない。王孝廉と親交のある福岡の出版社「中国書店」社長の川端幸夫は、王孝廉をこう評する。

「口数は少ないけれど、友情に厚く、とことん一緒に飲んでくれる人です。よく自宅にも連れていってもらいました。中華料理店を友人たちと（福岡市早良区の）藤崎あたりで一緒に開いたこともあった。ぜひ作品集を日本語に翻訳して出版しましょうといつも頼むのですが、なかなかウンといってくれないんです」

王孝廉が次第に言論の第一線から退いていくタイミングで、まるで父に取って代わるように、息子の東山が作家活動を本格化させていく。

しかし、東山が歩んだ人気作家に至るその道のりは、決して平坦ではなかった。

逃げて、また逃げて

大学卒業後、東京で中小の航空会社に就職する。普通のサラリーマン人生を歩むかに見えたが、会社には馴染めなかった。ある日、通勤の途中の代々木上原駅で、見知らぬ相手と殴り合いの喧嘩を演じてしまう。

「肩がぶつかった程度の小さいことですが、友人から、それはストレスだよと言われ、このまま東京にいたらもっとひどいことをしでかしそうだと思って、会社を辞めようという気持ちが固まりました」

次に試みたのは研究者の道だった。日本の大学院で修士号を取り、博士号を取るために中国・東北地方の名門・吉林大学の門をくぐった。いまの東山からは想像つかない農業経済の専攻だった。日本の過疎地で耕作放棄の農場を国有化し、若い人に農業参加の機会を提供するプランを提案する博士論文の内容だったが、再び東山は挫折を味わう。

論文を書き上げられずに学業を中断し、日本に戻ったのだ。

「教授はとてもいい方だったんです。『年に一度、論文を書いて見せに来なさい』という言葉で、日本に帰ることを許してくれました。書いたものが先生の要求する水準に達しなかったんでしょうね。学問に生涯を捧げる覚悟がないことを見抜かれていたのかもしれません」

当時の東山には、学生時代に交際が始まって結婚した日本人の妻との間に二人目の子供も生まれ、家族を養わなければいけない。

三〇歳を過ぎて日本に戻って書き始めたのがミステリー小説だった。そのかたわら、福岡で中国語を教えた。

東山の中国語能力は、本人によれば「日本語ほどは意思伝達能力を発揮できない。語彙力が少ないのでどうしても幼稚な言葉遣いになります。ちょっといらいらしながら、痒いところに手が届かない感じです」というが、私には彼の中国語はネイティブのそれにしか聞こえない。

中国系密航者の取り調べで警察の通訳などのアルバイトもやった。ヒット漫画のノベライズの仕事も「断る余地はなかった」と引き受け、小説の技量を高めながら粘り強く作品を世に出し続けた。

「サラリーマンから逃げて、学問の世界に逃げこんだ。学問でものにならず、また逃げて。逃げるたびに状況が悪くなる。食っていけない。小説でデビューしたとき、石にかじりついてでもやるんだぞと考えました」

東山との対話のなかで、取材者として最もリアリティを感じたのは、この部分だ。東山には、小説家としてやり抜くんだという懸命さがある。冒頭に紹介した反発の一幕も、その懸命さの現れであると、いまは理解している。

大きな賞を獲得したあと、しばらく沈殿する作家と、多くの作品を出そうとする作家に分かれる。東山は後者だ。メディアへの露出、講演の依頼が引きも切らずに入ってくるが、その多くを積極的に引き受けながら、創作の勢いは弱まるどころか強まっている。直木賞受賞後にすでに『僕が殺した人と僕を殺した人』や『女の子のことばかり考えていたら、一年が経っていた。』の小説二冊を上梓している。

そこには「このチャンスは逃さない」という、長い下積みを経た人間ならではの貪欲さがにじみでている。

東山は作家として「ヒット狙い」の難しさを、こう語る。

「とにかく作家になって生活を維持しなくちゃならない。それには印税を稼ぐことが大事だから、映画化されれば本も売れるだろうと。文章の長さも内容も映画になりそうな話ばかりを書いていたんですが、一向に映画化の話が来ないんです。それでもうだんだんいいやと思うようになって、映画のことを考えず書きたいことを書こうと思いました。家族の物語をそろそろ書いてみたかったので、何も期待せずに『流』を書いたところ、思いもかけず大きな賞をもらって、本人が一番びっくりしてるんです」

これは東山のかなりの本音のところであろう。

東山と父・王孝廉の関係は、東山が社会人になる前までは疎遠だった。

「反抗期のようなものだったんでしょう。でも、社会人になってぐっと距離が縮まった」

東山の口ぶりからは、若いころは父親への反発心を持っていたことをうかがわせる。『流』の物語の骨格は、王孝廉からの聞き取りで形成した。もともとは祖父の物語を書こうと思っていたが、その前に父親をモデルに青春小説を書くことにした。

「青春小説に必要なものを全部盛り込みたかった」という作品は、直木賞受賞の快挙となった。受賞したときに電話をかけてきた前出の邱坤良に対して、王孝廉は「読んでいて、気分のいい作品だった。君もぜひ読んでくれ」と感想を伝えていた。

王孝廉は、東山の太陽であり、月のような存在なのかもしれない。

王孝廉の親友である林明徳は、親子作家としての関係をこんな風に見ている。

「二人の文章は、論理とロマンの両方を兼ね備えた点で、共通するところがある。しかし、王孝廉は随筆、詩集、散文、評論などあらゆるジャンルの本を書いたが、長編小説だけは書いていない。その意味で成功した長編となった『流』によって息子は父親を超えたことになる。王孝廉は父親として嬉しくもあり、作家としては悔しくもあり、複雑な気持ちだったのではないだろうか」

父・王孝廉氏

冷たい雨に打たれた台湾総統選

直木賞の受賞で東山の活動の幅は大きく広がり、受賞後、東山は「月刊文藝春秋」の依頼で二〇一六年一月の台湾総統選の現場ルポに出かけた。

ここでちょっとした事件が起きる。

東山はいまも中華民国籍を持っており、台湾のパスポートを使っている。一度も過去の選挙では投票したことがなかったが、台湾の未来を左右する今回の選挙では一票を投じようと考えた。ところが、台湾に行くと投票できないことがわかった。台湾では国民でも長期間戻っていないと戸籍が抹消され、投票権を失う。東山は自分の知らないうちに、国籍があるのに投票はできない「浮遊する国民」になっていた。

一方、台湾の独立を将来の目標に掲げる民進党の圧勝は、東山に複雑な感慨を抱かせた。発表した観察記のなかで、歓喜に沸く民進党・蔡英文の支持者が「台湾語を話そう」と書かれたシャツを着ているのを目撃したことについて東山はこう記す。

〈この場所では、台湾語はある種の符牒だった。それを理解できる者だけが、真の台湾人だと認められる。寄る辺のない孤独を噛み締めながら、私は雨に打たれていた〉

東山は、台湾のローカル言語である台湾語をほとんど話せない。

大陸出身の外省人の両親の下で育ち、少年期に台湾生活を打ち切った東山は、一九九〇年代の李登輝総統の登場に伴って動き出した「台湾本土化」「脱中国」「台湾アイデンティティの強化」といった時代の潮流から切り離されたまま大人になっている。

投票していたら、東山はどの候補者に入れていたのだろうか。

「投票できないと言われたので、考えるのをやめました。家族は国民党支持ですが、自分は……わかんないですね。ぼくの友人も投票する相手がいないって文句を言ってましたが、藍にも緑にも入れたくないから、親民党の宋楚瑜（民進党、国民党ではない第三の候補者で、かつての李登輝の腹心だった人物）に入れたという人もいましたね」

台湾では、国民党系の政治勢力を藍（ブルー）、民進党系の政治勢力を緑（グリーン）と評する。統一派のように熱心な親中的主張を唱えるのは「深藍」というカテゴリーになる。性急な統一は期待しないが、中国と台湾は特別な関係にあり、安定した友好関係が望ましいと考える穏健派は「浅藍」と分類される。東山はこの「浅藍」のタイプかもしれない。

東山はおそらく、民進党の蔡英文には入れなかっただろう。外省人の家庭出身の人間にとっては、蔡英文が好きか嫌いかという次元ではなく、独立派のにおいが漂う民進党には入れたくない気持ちがある。

ただ、東山は『流』の台湾版翻訳の発売にあわせて台湾を訪問した際、総統就任直後の蔡英文と会っている。翻訳を出した出版社の社長が蔡英文の有力後援者という事情があったようだった。蔡英文に対する印象を聞くと、安全運転のコメントにとどめた。

「かわいいおばさん。二人とも猫が好きなので、猫話で盛り上がりました」

台湾選挙への訪問で見せた東山と現代台湾との距離感は、その父親・王孝廉が台湾で作品を発表しなくなったこととつながっているかもしれない。

王孝廉が過去、日本から台湾のメディアに寄稿した文章には日本に対する厳しいスタンスの文章が少なくない。

日本の歴史教科書の「侵略」という記述が「進出」に書き換えられたとの報道がアジアに反響を拡げた一九八二年には、台湾の日刊紙「聯合報」に「借屍還魂的軍国主義幽霊（死者を借りて魂を呼び起こす軍国主義の亡霊）」という長文の評論を発表している。中国が日本との戦争に勝利した四〇周年を迎えた一九八五年にも「長江落日」というタイトルで、日本の教科書問題や南京虐殺事件への否定論への批判を展開している。

そこは抗日心理を強く持っている外省人作家らしい部分だ。抗日といえば、いまの日本人では中国共産党のプロパガンダ的な抗日史観を思い浮かべる人が少なくないが、日本との戦争を生身で経験した人々が、日本に対して一定の警戒心や反発心を抱くことは避けられるものではない。自分の父親や母の父親が日本と戦った軍人の一族としては不自然な対日観ではなかったはずだ。ただ、価値観が「中国」から「台湾」へ移行した今日の台湾で王孝廉の文章は幅広い読み手に伝わるものにはならないだろう。

浮遊するアイデンティティ

東山は自らのアイデンティティの問題についても、常に慎重な発言に徹している。私は最初、それが余計なトラブルを避けるために政治的に無難なところを狙ったものかと思ったのだが、東山と対話を重ねるうちに、日本人、台湾人、中国人という符号のどれにも属せず浮遊する存在ゆえの、本音レベルの困惑なのだと気付いた。

東山は特定の国家や共同体に対する帰属意識を持てない、と話す。台湾に行く時も台湾に帰る、日本に行く時も日本に帰る、という感覚が東山にはある。

それは、故郷を失った漂流者には自然なことなのだ。逆にいえば、故郷を日本と台湾の二つ持っている、ということも言える。

「日本は圧倒的に暮らしている時間が長いという意味では故郷です。台湾は自分に流れている血という意味で故郷です。自分を日本人とも台湾人とも定義したことがない。自分をみんなしてくれるといいのですが……。ですから「台湾人としてどう思うか」と聞かれても、こまっちゃうんです。かといって、日本人かと言われても違う。こんな風に一事が万事、曖昧な状態なので、うまく定義できないんです」

しかし、そんな東山だからこそ『流』という傑作が生まれたのである。

『流』を読んだとき、最初に想起したのは中国語の「江湖」という二文字だった。日本語に訳すと、世間や渡世ということになり、裏社会というニュアンスもある。

爽快な暴力。破天荒な主人公。交錯する生死。中国大陸に長く根付いてきたアウトローの江湖文化の匂いが、色濃く『流』の行間から立ち込めてくる。

「江湖」の概念を説明するのは難しいが、江湖文学とも言える『水滸伝』の浪人たちの権力との戦いや『三国志』で劉備玄徳、関羽、張飛が行う義兄弟の誓いを思い浮かべればいい。国家権力とは別の次元の俠たちの世界である。

そうした中国の物語で活躍する「江湖」の人びとの内面を描き続ける作家・北方謙三が『流』を「二〇年に一度の傑作」と激賞したのは、あるいは自らの価値観の後継者を見つけた思いだったのかもしれない。

東山自身にも、どこか江湖の気風を漂わせる「圧」を感じさせる。それは、いまの作家に珍しい無頼的な荒々しさであり、東山という台湾生まれの作家の存在感に日本の読者が惹かれる一因ではないだろうか。それは紛れもなく中国大陸のＤＮＡを保存してきた東山の「血統」が生み出すものである。

東山自身、その点をいささか誇らしげに語る。

「兄弟分の世界、ぼくはそこにあこがれがある。「義気（義理人情）」や「俠気」という考え方があるのですが、それを重視するのが正しいと考える家系だと思いますね。父親もそうですし、ぼくもそうです」

父方の祖父が亡くなったあと、祖父の知人から「あんたのおじいちゃんはこんなヤツだった」という話を聞かされたことがあった。

「死んだ兄弟分の子供を「箸が一膳増えるだけだ」と引き取って育て、祖母には買い物するお金はあげないのに死んだ兄弟分の奥さんにはお金を届けていたとか、虚像のところもあるかもしれないけれど、そんな祖父の物語はいつかまた書いてみたい」

中国語に翻訳され、台湾で出版された『流』は、台湾でも話題になったが、日本ほどの反響は呼んでいない。

「売り上げ部数は二、三万部ぐらいです。龍應台の『大江大海一九四九』は二〇万部らしいですから、それに比べればふがいないです」

龍応台は台湾きっての著名作家・評論家で、作品はどれもベストセラーになり、中国大陸や香港でも非常に知名度が高い。華人社会のなかで最も力のある作家の一人で、『大江大海一九四九』はその彼女の作品のなかでも最大のヒットとなった作品である。

東山からは時折「野心」を感じる。小さなプライドではなく、気宇壮大さと形容していいだろう。

『流』に対する評価が台湾で日本のそれに及ばなかったとすれば、背後には、台湾社会の脱中国化が関係していると私は考えている。総統選の台湾コールのなかで、東山の感じた疎外感にも通じる部分である。むしろ、東山文学は江湖の価値観を多少は残している中国大陸や日本に、読者の裾野を持つものかもしれない。

東山の作品世界は、表社会と裏社会のはざまで命を燃焼する大陸的アウトローたちのハードボイルド活劇であり、古き良き中華の伝統と価値を鼓動させている。

それは、中国大陸から台湾、そして日本へと、江湖の気概を守りながら渡り歩き、武ではなく、文の世界でその経験を語り継いでいく王家三代の百年にわたる漂流史の結晶なのである。

コラム　外省人と本省人、あるいは台湾人と中国人について

台湾理解において、複雑な社会構造とアイデンティティの問題は避けては通れない。

戦前の日本統治時代、台湾の人々は「本島人」と呼ばれ、「内地人」と呼ばれる日本人と区別された。沖縄の人々が自分たちを「ウチナーンチュ（沖縄人）」と呼び、日本本土の人を「ナイチャー（内地人）」と呼ぶことと似た構造である。台湾の人々は日本という存在に自らを照らし出すことで、初めて台湾という一つの主体を意識したと言われている。

一九四九年前後の台湾には、国共内戦で敗北した国民党の撤退に伴って一〇〇万とも一五〇万とも言われる大陸出身者が流入した。台湾は「台湾省」となり台湾育ちの人々は「本省人」というカテゴリーに分けられ、台湾省の「外」から来たという意味で、大陸出身者が「外省人」と呼ばれた。

政治的に少数派の外省人が多数派の本省人の上にくる形となり、二・二八事件などの住民弾圧もあり、両者の感情的なしこりが強く残り、両者の関係は「省籍矛盾」と呼ばれた。

大陸反攻を掲げていた国民党体制は台湾の人々を「中国人」と認識させる教育を進めた。そこでは中国人という大きなカテゴリーの下に、台湾人というマイナーなカテゴリーが存在する形となった。それは、中国人のなかに上海人や広東人が入っている、あるいは、日本人のなかに名古屋人や関西人が入っているのと同じ「サブ・エスニック（下位集団）」的な定義である。

しかし台湾が民主化を始めると、台湾には

「台湾大」の政治意識が生まれ、サブ・エスニックな「台湾人」が一つの独立した集団として認識され、台湾アイデンティティ（または台湾意識）が社会のなかで急激に広がった。

　その台湾アイデンティティでは、本省人も外省人も、あるいは先住民（原住民）もすべて同じ台湾人であると考えており、台湾海峡をはさんだ中国大陸の「中国人」とは異なる政治主体として浮上している。

　現在、台湾の世論調査では、自らを「台湾人」と考える人口は六割近くに達する。「中国人であり、台湾人でもある」という人は三割、「中国人である」と考えるグループは一割にも満たない。「台湾人である」と自らを考えるグループには当然、外省人の第二、第三世代も含まれ、「省籍矛盾」は解消の方向に向かいつつあると見るべきだろう。

　この台湾の変化に対して、懸念を深めているのは中国だ。台湾はすでに大陸反攻を捨てているため、中国からあえて何らかの理由を見つけて武力行使に出ない限り、台湾の現状を変えることはできない。しかも、アイデンティティは基本的に一人ひとりの心の中の問題であるため、中国の対台湾工作上において、有効な対策を講じることが難しくなっている。

　そのため中国は、台湾の若者の中国への就学・就職を大幅に優遇することによって、経済成長著しい中国市場に台湾の人々にどんどんアクセスしてもらい、中国との心理的絆を取り戻して欲しいと考えている。習近平体制になってからも「両岸一家親（中台は一つの家族）」というスローガンを打ち出し、離れかけた台湾の人々の心を繋ぎ止めようとしているが、十分には功を奏していない。

2 おかっぱの喧嘩上等娘、排除と同化に抗する温又柔

名前も外見も穏やかそうに見えるが、いつでも「戦闘モード」にスイッチが入る。話していても、反応の一つひとつに、妙な鋭さと、緊張感が、匂ってくる。

台湾出身の「ニホン」語作家・温又柔。

日本語では「おんゆうじゅう」。本人いわく「おまんじゅうに似た響き」。中国語では「うぇんようろう」となる。こちらも可愛い響きだ。しかも、中国語の「温柔」は「優しい」を意味する。「キラキラネームみたいです」。これも本人の弁だ。

彼女との出会いは、二〇一二年だったと思う。台湾文学関係のイベントでゲストとして同席したときのことだった。温又柔は『来福の家』を発表した作家として、私は台湾社会や歴史に詳しいジャーナリストとして、ともに登壇した。

おかっぱの小さな女の子がいて、人当たりも丁寧だな、という印象しかなく、彼女の根っこにある文学的闘争のエネルギーに気づくことはなかった。

しばらくしてから、温又柔のエッセイ『台湾生まれ 日本語育ち』を手に取った。中国語の言語環境における表現の「揺らぎ」をテーマに、言葉と人間の関係に深く切り込

んだ文章に、いままでにない独特な視座を感じた。

温又柔は家庭で使われていた「日本語」「中国語（北京語）」「台湾語」の三言語の世界で、複数言語を行き来することを楽しむセンスを自然に体得しており、なかでもリズミカルで楽しげに聞こえる台湾語の音を巧みに文章化していた。

台湾、香港、アモイ、シンガポールといった、北京語、福建語、広東語などが入り乱れた複雑な中国語環境でそれなりに長い生活歴のある私が、実は長年書きたいと思っていた話を「先にやられてしまった」といういささかの悔しさもあった。

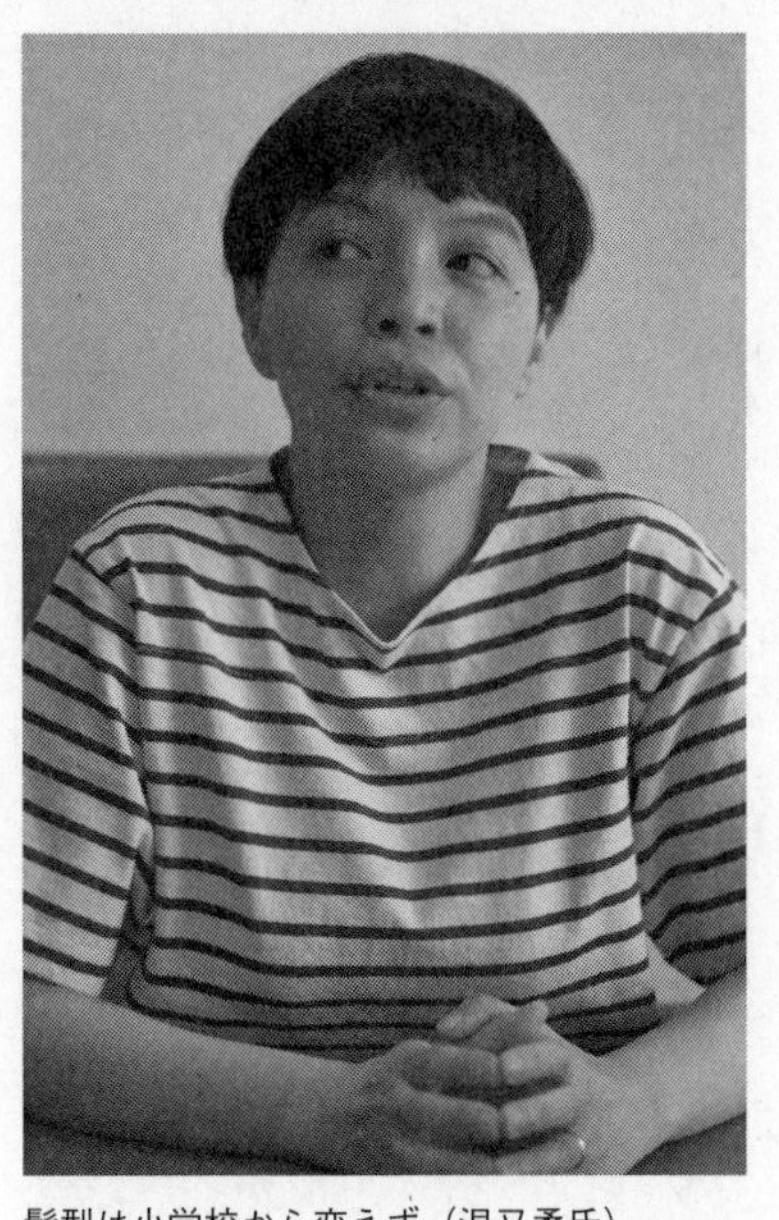
髪型は小学校から変えず（温又柔氏）

この本とは別のところに温又柔が寄せたエッセイには、こんなくだりがある。
〈日本語では、タイワンと尻下がりのイントネーションで発音するのがふつうだろう。タイワンの「ワン」を、ワーンと平らに伸ばして長めに発音すると、途端に中国語っぽくなる。「タ」を少々濁らせて、「ダイ」と「ワン」をそれぞれ低く抑え込みながら言えば、もう立派な台湾語〉(「音の彼方へ」／「すばる」二〇一二年八月号)

これは、台湾や香港、あるいは海外華僑・華人などが使う「辺境の中国語」に触れるチャンスがないと分かりにくい世界だ。そして、中国語世界から離れて生きている人にとってはまったくどうでもいいことかもしれない。しかし、台湾とそれなりに近いところで生きている私のような人間にとっては、けっこう切実で、身近で、楽しい問題である。

台湾という、ともすれば重苦しい論述になってしまいがちなテーマで、こうした微妙なところを、さらりとエッセイにできる作家の登場に私は身震いするところがあった。『台湾生まれ 日本語育ち』はのちに日本エッセイスト・クラブ賞が与えられた。

怒りこそ創作を生む

温又柔のエッセイを読んでいてわかったもう一つのことは、この作家の表面的なイメージに、やすやすと騙されてはいけない、ということだ。

小学校の頃から基本的に変えたことがないというキノコのようなおかっぱの髪型。外見的にはどうしても警戒心を解いてしまいそうになるが、実際のところ、彼女は、優しさの対極にある「怒り」をエネルギーに創作に向かう。『台湾生まれ　日本語育ち』を読んでいて、そのことに気付かされた。

その「怒り」の根源にあるものと、向けられる対象を考えることが、私にとっての温又柔という人物理解のアプローチとなった。

温又柔には怒りを向ける相手を常に探している「意地の悪さ」がある。それは、自分の文学が「敵」とするものがわかっているからだ。

インタビューで本人にその点をただしてみると、嬉しそうに「そこを見てくださって、ありがとうございます」と、満面の笑みをもらった。

人畜無害な外見と地雷つきの文学。この落差が温又柔の持ち味である。

温又柔の家庭にはそれほど複雑な要素がない。両親は、娘いわく「ばりばりの本省人。職人だった祖父は国民党が大嫌いで、台湾社会ではマジョリティの人々です」。

父は、知人や家族と電子部品関係の会社を立ち上げ、日本での仕事を受け持つことになり、温又柔が三歳のときに日本に渡った。両親とも日本語能力はないに等しかったが、台湾の人たちは、それでも日本に気軽にやってくる。日本と台湾の距離は、特に台湾の人たちにとって、日本人が想像するよりはるかに近い。

やがて廉価な労働力から会社が生産拠点を置くようになった中国へ、父は長期出張を重ねるようになる。これも台湾人家庭の一つの典型でもある。

幼い頃は自然に中国語と台湾語を使いこなした。家庭では、中国語と台湾語が混ざったうえに、日本語が重なる言語環境で育った。温又柔にとっては母語という感覚はあいまいだ。人生のなかで、最初になじんだのは中国語と台湾語だった。

しかし日本で暮らすにつれ、次第に日本語が頭の中に「侵入」を始めた。中国語や台湾語は、ますます台湾人らしくなくなり、日本語が「言語」の中心にどっかと座るようになった。楽に話せるのは日本語になり、文章も日本語で書く。

中学三年で選んだ進学先の高校は中国語が学べる新設校。そこで使ったテキストは簡体字という中国大陸で使用される文字だった。台湾の繁体字という旧字体ではなかった。母親は温又柔のテキストを読むことすらできなかった。

温又柔にとって、しばらく離れていた中国語世界との再会であり、同時に、最初の中国語世界との「ずれ」との出会いでもあった。

南方の訛り

どこに行っても、なぜか温又柔は一期生になる。

法政大学に新設された国際文化学部に進学した。海外留学を義務付ける学部で、上海外国語大学へ二年生のときに留学することになっていた。大学で最初にまた「ずれ」に直面した。

「あなたの中国語は、南方の訛りがありますね」中国語の教師から、いつも指摘された。「私は台湾人なので……」と答えると、たいてい教師は「なるほど」という表情を浮かべた。そこに侮蔑の気持ちはないのかもしれない。しかし、温又柔の心には小さな傷が刻まれ、反発が芽生える。

北京仕込みの中国語がすべてだと考えている北京至上主義タイプの日本人から南方訛りを指摘されると、余計に腹立たしかった。

「特に日本人に言われるのが、ルサンチマンになっていますね。女子供の話す台湾の言葉だね、みたいに言われて。当時、私は中国語を耳で覚えているけど、口には出せなくて、全部忘れていたつもりで勉強を始めたんです。でも、やっぱり幼い頃の記憶は残っていた。そうなると、自分の中国語が何物なのかわからない。自分の言葉とは何だろうかという問いで頭がぐるぐる。それが最後は、日本語のほうに向かっていって、小説を書くことにつながっていったんだと思うんです」

中国では公用語を「普通語」と呼ぶ。北京で使われてきた北京官話と呼ばれる言葉である。それ以外の言葉は「普通ではない」として排斥する普通語の普及運動が戦後の中国で展開された。そのせいもあるのか、中国で特に北京など北方出身の人は南方訛りの中国語を一段低く見てしまう人が少なくない。

私の中国語も、主に香港、台湾、福建などの土地で磨いたものだけに、南方訛りがはなはだしい。指摘されるたびに、少し傷ついた時期もあったが、関西弁や九州弁なまりのある外国人のようなもので、かえって個性的でいいではないかと考えるようになり、最近は「それで？　南方で学んだからね。何か問題でも」と言い返すことにしている。

例えば「とても大きい」を、中国語では「很大（ヘンダー）」と表現することが多い。南方では「好大（ハオダー）」という。これは福建や広東の南方方言では「とても＝好」だからなのだが、北方ではこの言い方は失われつつある。日本語の「とても大きい」と「ごっつ大きい」の違いのようなものだろうか。

ちょっとした差なのだが、自分たちが標準、自分たちが正統、という世界観に慣れきった人々は、即座に「普通じゃない」と断を下す。そこが問題なのだと温又柔は考える。家庭や親戚では当たり前だったことが、外の世界では「普通じゃない」と知らされるショック。大学時代の温又柔はその視線に、怯え、身構え、打ちのめされた。

温又柔は、いまでも中国語を話すことに、いささか躊躇がある。

「子供のころに覚えた「国語（グオユウ）」が普通語の習得を阻んでいるんです」

「国語」とは、「台湾華語」とも呼ばれる台湾で話されている中国語だ。台湾でナショナルランゲージを意味する「国語」と中国大陸にとっての「普通語」の間に横たわる深い溝につまずいた温又柔を救ったのは文学であった。

子供のころから小説が好きだった。『ドラえもん』の世界に憧れた。身近な生活のなかで、現実を超えた冒険に出会えるところにひかれた。とにかく冊数は少なくても、一つの本をじっくりと時間をかけて読み続け、頭のなかで空想を広げていくタイプの読書を続けた。ものを書く仕事をしたい、漠然とそう考えていた少女時代だった。

大きかったのは、進学した法政大学国際文化学部で、作家・リービ英雄に出会ったことだった。温又柔はその出会いで得たものをこう表現する。

「書くという行為そのものに引きずられながら日本語を手探りする感覚は、リービさんから教わった」

米国生まれのリービ英雄は、日本語が母語ではないが、日本語の美しさに魅せられ、日本語小説を書いている。そのかたわら、法政大学で教えていた。温又柔にとって格好の師匠となったことは想像に難くない。

もう一人、温又柔にとって、文学の導き手になったのは、在日韓国人作家の李良枝（イヤンジ）である。韓国にルーツがあり、日本で育った作家で『由熙（ユヒ）』という作品がある。由熙という在日韓国人の女性が韓国に留学し、祖国の言葉・韓国語の習得に挫折する苦悩を描いている作品だが、言ってみれば、温又柔作品の韓国版である。

この作品のなかで、由熙が朝起きて「ああ」という言葉を吐いた時、それが日本語の「あー」なのか、ハングルの「あー」なのか、いつもわからなくなるので、「言葉の杖がつかめない」という表現で言い表していた。

温又柔はこの作品を読んだとき、日本語しかできないけれど日本人ではなく、台湾人なのに中国語ができないというダブルの劣等感を抱えながら、自分探しを続ける自分の居場所を、文学という場所に、とうとう見出すことができた、という。

「日本語しかできないけれど、日本人ではないというコンプレックスが創作の燃料に転じたんですね」

すでに、なぜ書くのか、の答えを見つけている温又柔には、迷いがない。

私が書かなければ、誰が書くのか

芥川賞にノミネートされた小説『真ん中の子どもたち』では、日本人の父親と台湾人の母親のもとに生まれ、日本で育った一九歳の「私」が、中国語を勉強するために上海へと旅立ち、台湾人の父親と日本人の母親を持つ仲間と出会う。

一年間の漢語学院での日々を通して、日本、台湾、中国という三つの「国」の「真ん中」で、言語とアイデンティティが複雑に絡まり合った境遇を否応なしに生きる「子どもたち」の姿を、鮮やかに描き出してゆく。

『真ん中の子どもたち』で登場する主人公のモデルは自分自身だ。小説のなかには、同じ境遇の仲間たちがいた。だが、実際の温又柔はもう少し孤独だった。仲間はおらず、もやもやした思いを、上海で、自分のなかにためこんだ。

温又柔の作品のなかに登場する主人公は、常に「日本で育った台湾出身者」である。この点について、彼女はとても自覚的だ。

「私が書いているのは、私が書かなければ、誰も書かないであろう、という話です。そして、自分にとっては書きたいテーマでありながら、ほかの人は書かないということは、創作者としてすごく幸運じゃないかと思う」

日本語と中国語、台湾語との間にある「揺らぎ」に着目した温又柔の作品は、確かに彼女にしか書けない話かもしれない。それが、いま日本の文学界に新しい風を吹き込んでいる。その新鮮さは芥川賞へのノミネートという形で現れた。

ノミネートの際、集英社の編集者から電話があった。

「もうすぐ重要な電話があるので、必ず出てください」

温又柔は、普段は携帯電話にすぐには出ない。

編集者の話はそれだけだったので、何か別の文学賞ではないかと勘違いした。池袋のジュンク堂で本を見ている時、ノミネートの連絡を受けた。芥川賞を含めた他の文学賞でも、ノミネートや受賞の際には「受けていただけますか」と質問される。それを知らなかった温又柔は、どう答えていいかわからず、口ごもってしまったという。

受賞発表の日、新宿にある台湾料理の老舗「青葉」で、いわゆる「待ち会」を担当編集者たちと開いた。待ち会は、自宅でやる作家もいれば、外食しながら連絡を待つ作家もいる。もちろん一人で過ごす作家もいる。

この日は、『真ん中の子どもたち』の初版が刷りあがる日だった。出版元の集英社の編集者が、著者配本分を手に店に現れた。

受賞は逃したが、温又柔はさばさばしていた。本人にも「まだ早すぎる」という気持ちもあったのかもしれない。私も、作品を読んだ感想としては、エッセイで提起されたテーマをもっともっと練り上げたものを読んでみたい、という印象を持った。

「対岸の火事」騒動

ノミネートの件もこれで一件落着、温又柔はまた次の作品へ向かう、はずだった。

受賞に漏れた数日後、虎ノ門の台湾文化センターで温又柔のトークイベントが開かれ、私がコーディネーターを務めた。その翌日、発売直後の「文藝春秋」を手にした。そこに掲載された芥川賞選考委員の作家・宮本輝による講評を読んだ私は、温又柔に連絡を取ろうかどうか、迷った。かける言葉としては「気にするな」というぐらいだっただろう。

意味がないと思ってやめた。その数時間後、フェイスブックで見つけた温又柔の、火花を散らすようなコメントに、私は改めて彼女の本質に気づかされた。

温又柔は、ここで黙っているような人間ではなかったのである。「排除」に対する反抗心のスイッチが入ったのだった。

宮本輝の批評はこんな内容だった。

〈これは、当事者たちには深刻なアイデンティティーと向き合うテーマかもしれないが、日本人の読み手にとっては対岸の火事であって、同調しにくい。なるほど、そういう問題も起こるのであろうという程度で、他人事を延々と読まされて退屈だった〉

温又柔はフェイスブックとツイッターでコメントを断続的に投げかけた。

〈どんなに厳しい批評でも耳を傾ける覚悟はあるつもりだ。でも第一五七回芥川賞某選考委員の「日本人の読み手にとっては対岸の火事」「当時者にとっては深刻だろうが退屈だった」にはさすがに怒りが湧いた。こんなの、日本も日本語も、自分＝日本人たちだけのものと信じて疑わないからこその反応だよね〉

その後の反響は、主にネット上で「炎上」と呼んでよいほどの賑わいを見せた。

温又柔のコメントへの反応は、主に三つに分けることができる。

一、過剰反応。文学賞の選評はけなしてナンボで反論してもしょうがない（冷笑派）

二、温作品を「対岸の火事」ととらえる感覚こそ、日本人が乗り越えないといけない内向きの感覚である（賛同派）

三、そのような人権的な反発は左翼の妄想である（批判派）

温又柔は、ツイッターとは別に、フェイスブックの友達限定のコメントでもう少し詳しく、宮本輝の選評に反論を加えている。

〈「日本人の読み手にとっては対岸の火事」はない。「当時者にとっては深刻だろうが、他人事を延々読まされて退屈だった」はない。わたしや、わたしの作品に対してではなく、東アジアの近現代史、いま、日本社会で生きている隣人たちへの冒瀆じゃない？今のところ日本一有名な文学新人賞の選考委員のうちのひとりが、これほどまで歴史や他者にたいする意識が低いことに、そしておそらく御本人はそのことを微塵も恥じてもいないという態度に、少なからずショックうけてる。ってかこれ、文芸批評なの？

別の選考委員は、「みずからが依って立つ足場の確認を繰り返し行うことにこの作者はそろそろ飽きなければならない」とやる。飽きる？ あぁ、あぁ、もう。こんなやつらに評価されるような小説が、よき日本文学、というのなら、わたしは小説も日本文学もだいっきらいだ〉

芥川賞の選評にこっぴどく叩かれるのは、どの作家にしても一つの通過儀礼のようなものだという見方もある。温又柔のように、選評に打ち返す反発力を無謀と思う人もいるかもしれないが、私はむしろ、温又柔がその過程の中で生き生きと持論を展開し、世の中の支持も反発も、さらなる自分の文学のエネルギーに転換していると感じた。なぜなら、彼女には「怒り」こそがエネルギーだからである。

「在日」の意味を問う

温又柔と私の対話は、一つひとつの言葉の定義を確かめるところから始まり、それで終わるようなところがある。

「温さんの母語はなんですか」と尋ねると、「私にとっての母語は、中国語と台湾語と日本語が混じった言葉です」という風に、温又柔は母語問題をするりとかわす。

肩書問題についても同様である。「在日台湾人作家」と呼ばれることもあるが、温又柔は「在日」という呼ばれ方が嫌だという。

「日本にいる日本人はみんな在日じゃないですか。日本にいることを説明しなくていいのは日本人だけの特権のようでなんだか好きになれない言葉なんですよね。台湾系の日本人、ブラジル系の日本人、朝鮮系の日本人。様々なルーツのある〝日本人〟がこの国にはいっぱいいる。そんな風にみんなが自然に感じられるようになればいいと思うんです」

外国人＝在日＝短い間しかいない人々、というニュアンスが確かにある。そんなことは、私もあまり考えたことはなかった。

「いままでは一生懸命考えて答えていたのですが、相手にも考えてもらうために逆に問いかけるようにしています。本当の答えはありません。でも、求められている答えを語りたくない気持ちもある。例えば、「愛台湾（台湾が大好き）」という言葉があります。あなたは台湾人だから「愛台湾」と言うんだろうと期待されているときは、ついつい、わざとはぐらかしてしまいます」

そして、こうも付け加えた。

「自分は本当の台湾人とは違う。でも日本人でもない。日本人でもないし台湾人でもないと思うときもあるし、日本人でもあり台湾人でもあると思うときもある。そのはざまで揺れている感覚が強いかもしれません」

自分にもわからないことを聞かないで欲しいと言われているようだ。

以前、こんなことがあった。ある文学関係者の年配の男性が温又柔にこう話した。

「あなたのような方が、我々の日本文学に関わってくれるのは大変光栄です」

悪意がないことはわかる。だが、見過ごせない何かがある。

温又柔は考え込む。

「我々の」とはいったいなんなのか。

「あなたのような方」っていったいどういう人なのか。

この男性の発言は、温又柔の口から聞くと、分別のない言葉のようにも聞こえるが、いつ私がこう語ってもおかしくない。マジョリティという立場に身を置いているという自覚がなければ、いつでもマイノリティは「あなたのような方」なのである。

温又柔はいう。

「たぶんこのひとは同じことを日本人の作家には言わないはずで、「我々」とは「日本人」のことで、私は「外国人」で、「我々」のなかには含まれるべき存在ではないんです。なぜ、このとき、私のような日本人もいるとは考えてくれないのでしょうか」

法的な身分でいえば、温又柔の国籍は中華民国であり、日本人の夫がいる。両親は台湾人であり、温又柔の日本での在留資格は「永住」となっている。

一方、母語は日本語で、日本語で小説を書き、日本語のなかで生きている。中国語も台湾語もネイティブではない。

このような人は本当に「台湾人＝外国人」なのか。

我々は立ち止まって考えるべきである。

日本の国籍を有する日本国民であることと、民族概念である日本人であることは本来、同じではない。

しかし、日本においては、しばしばその境界線が融合してしまうことがある。法律ではそういう風にはなっていないのに、人の心のなかでは日本国民＝日本人なのである。

そして、「そうではない」という意見を、文学という銃に言葉という銃弾を込めて撃ち続けるのが、日本文壇に登場したニホン語作家の役割なのだ。

温又柔によれば、最初の小説『来福の家』を発表した頃は「在日の作家」「非母語話者」などと呼ばれることがあった。

それが最近では「台湾籍の日本語作家」という風に変わってきているという。「そもそも『真ん中の子どもたち』は、日本人とは何か、母語とは何か、ということを徹底的に書いた本ですから」

日比谷公園が見える都心の高層ビルで会った温又柔はまた、少し意地悪そうな表情を浮かべた。温又柔は週に一度、日比谷で台湾語のクラスに通っている。

幼い頃の温又柔にとって、台湾は里帰りのときに行く台北のマンションだけしか記憶にはない。だから、台湾も温又柔にとっては他者なのだ。

しかし、台湾で本が出版されると、里帰りのように、歓迎される。台湾の人々には、目の前にいる人間に台湾の血が流れてさえいれば、そして本人がそのことをポジティブに捉えている限り、「台湾人」のカテゴリーに入れてしまうおおらかさがある。ゆるりとした人間同士のつながり様は、温又柔にとって心地いいものだ。台湾に対して距離感はあっても、台湾のことに関心がないというわけではない。

温又柔には台湾の選挙権がある。もともと政治にも興味があった温又柔は二〇一二年の台湾の総統選挙に勇んで投票に出かけようとした。母などは反対したが、選挙に参加したいという意志は固かった。

だが、先に台湾に戻っていた父親から「今回は投票できない」との連絡が入った。温又柔が二年以上台湾に戻っていなかったからだ。
台湾の法律では、二年間以上海外に行っている国民は、戸籍を一時的に取り消され、投票権を喪失する。前述の東山彰良もそうだった。戸籍の取り消しは深刻な事態のように思えるが、戸政事務所という窓口で復活の手続きをすれば投票もできるようになる。戸籍の復活手続きを済ませた温又柔はようやく、二〇一六年の選挙で念願の投票を果たした。「投票先は?」という質問に対して、温又柔は「蔡英文です」とあっさり言い切った。

このあたりの清々しさもまた、温又柔らしいところなのだ。

ただ、温又柔が、「深緑（シエンリユー）」、つまり民進党の熱心な支持者にありがちな台湾独立論者であるかというと、そうでもないところが面白い。特に、日本の保守派にありがちな台湾愛を前面に出したような台湾観には、拒否感が強い。

同じ総統選において、投票できていたらおそらくは蔡英文には入れなかったであろう東山と、蔡英文に入れた温又柔の投票行動は違っている。しかし、ほぼ同じ時期に頭角を現したタイワニーズ作家として、シンポジウムなどで同席することも珍しくない東山を、温又柔は「哥哥（お兄さん）」と呼んで慕っている。それは「台湾は親日だ」と決めつけるような言説に距離を置いている感性が通じている部分も関係しているからではないだろうか。

蓮舫に言ってほしかったこと

私が取材で聞いた温又柔の言葉のなかで、最も共感したのは「蓮舫さんにも、ここは私の国でもあると言ってほしかった」という一言だった。

温又柔には、芥川賞ノミネートの際、受賞した場合に狙った「計画」があった。温又柔はそれを「電波ジャック」と呼んでいた。受賞は果たせずに「未遂」に終わったが、実現していたら、反響を呼んだにちがいない。

芥川賞の発表直前の時期は、民進党代表として蓮舫は最後の時期を迎えており、都議選の敗北を受けて、党内から二重国籍問題への対応が改めて批判を受けていた。

第一章で書いたように、蓮舫の二重国籍問題は、日本の台湾出身者に大きな衝撃を与えた。国籍という法的認定と、どのようなアイデンティティを持つかは、本来、別々の問題である。温又柔は、二重国籍＝売国奴といったニュアンスを感じさせるタイプの批判に対して、特に強い不満を持っていた。

台湾出身者として煮え切らない対応をみせている蓮舫にも、ストレスを感じていた。蓮舫が政治家として自由にこの問題を語りにくいのはわかる。「彼女が言えないなら、自分が言いたい」と考えていたのだ。

「日本は私たちの国でもある」という一言だ。

蓮舫は「自分は生まれたときから日本人です」とメディアに向けて語った。政治家としてやむをえなかった部分もあろう。しかし、台湾というルーツを蓮舫があまりにもあっさり断ち切ってしまったように見えた。

温又柔はそのときの気持ちをこう説明する。

「子供時代に両親が事務的に処理をした国籍の問題を細かく問いただされているような境遇の彼女をすごく励ましたくなりました。蓮舫さんは二重国籍であろうとなかろうと、政治家になってから日本のために努力した。それで十分ではないのかと思っていたんです。移民出身の政治家が活躍できる国というのは、移民にとってだけではなく、その国にいるあらゆる人にとっても暮らしやすいのではないかと考えてしまうんですね。だから、日本は私たちの国でもあると、台湾出身者を代表して言ってほしかった」

だが、蓮舫からそうした言葉は語られることもなく、日本社会からの圧力に打ち勝つことはできなかった。

「政治家として蓮舫さんが言えないなら、私が言ってやろう。そのときは、日本は私たちの国でもある、日本語は私たちの言葉である、と」

そんな思いは、芥川賞の落選によって、叶わなかったのだけれど。

台湾自体が、中国的なようで、中国ではない。日本的なようで、日本でもない。日本からも中国からも等距離にあり、他人でもなく、自分でもない存在だからこそ、温又柔

読者を前に講演する温又柔氏

も「そんな台湾に、私はすごく親近感がありま
す」と言い切る。

自分のいる場所が「真ん中」であると考える温又柔と、台湾の立ち位置は似ている。

自分はアウトローではない。アウトロー気取りで「周縁」の傍観者に甘んじている人を、温又柔はむしろ傲慢だと感じる。自分はマイノリティではない。しかし、マジョリティとも考えない。自分は自分であり、社会の承認を得るために、多数派に擦り寄るような生き方は望まない。そんな思いが「真ん中」宣言に込められている。

日本語を話さない日本人もいれば、日本語しか話せない台湾人もいる。それでいいではないか。

日本と台湾の境界に身を置くタイワニーズだからこその視座であろう。

「自分は自分なので、他人からどう思われても、自分は自分のままで生きてやる、そんな風に考える人が、実は、いちばん強いのではないかと思っています」

日本人とは。日本語とは。日本文学とは。

温又柔が問いかけるのは、それらを所与のものとして疑わない我々の常識だ。その無自覚の常識を揺さぶろうとする作品を、この強い意志を持った「境界の作家」は書き続けるのだろう。

境界にいるが故に、常に「排除」や「同化」に巻き込まれざるをえない。それを拒否することが自分の役割だと、温又柔は信じきっている。

芥川賞の選評のように、それらを既視感があると評する声があるかもしれないが、それは温又柔にとって余計なお世話に過ぎない。

温又柔のエネルギーを生み出す「怒り」。そのきっかけとなる古臭い常識は、いまもこの日本社会にあふれているからだ。

コラム　台湾人と日本語文学

台湾には「日本語文学」の伝統がある。台湾人の筆によって生み出された日本語によって成り立つ文学のことである。日本文学、台湾文学のどちらにも属しながら、属していないような存在で、台湾と日本との間に生まれたまさにハイブリッド文学である。

日本は台湾を一八九五年から統治した。日本語教育を受けた台湾人作家から日本語文学が生み出されたのは、統治から三〇年以上が経過してからだった。

台湾人にとっては、本来は外国語であるはずの日本語が、日本統治という歴史によって母語化され、文学を生み出したのである。一方で、台湾には、日本統治下ながら、中国語の文学も生み出されており、文学において台湾は分裂の状態にあった。

一九三二年には日本語を中心とする文学同人誌「フォルモサ」が発刊。日本の文芸誌でも入選する楊逵（一九〇五―一九八五）のような作家も現れる。

楊逵の著した『新聞配達夫』はプロレタリア文学の名作との評価も高い。台湾・台南出身の葉石濤（一九二五―二〇〇八）は遅咲きの日本語文学作家であるが、これらの作家は基本的に日本の台湾統治への反発をエネルギーとする文学運動の担い手たちだった。

一方で、日本の統治のなかで「皇民文学」と呼ばれる親日的な作品も生み出された。日本人の作家である西川満（一九〇八―一九九九）が主宰する「文芸台湾」という文芸誌に作品を発表していた周金波（一九二〇―一九九六）のような作家が現れた。

日本統治は一九四五年をもって終結したが、日本が台湾に残した言葉は生き続け、台湾文学において複雑なプリズムを作り出した。日本語でしか表現できない作家たちが、中国語を母国語とする国民党政府の新体制で表現活動に取り組まなければならない事態である。

その状況が解消されるのは、中華民国体制の中国語教育が定着する一九七〇年ごろまで待たなければならず、その間は、主に外省人作家がその中枢を担っていくことになる。

しかし、日本語で表現する台湾人の作家がいなくなったわけではない。その過渡期ともいえる時期に出現した作家が、第五章で述べる邱永漢や陳舜臣だったのである。

邱永漢の作品を台湾文学と分類するかどうかはなお議論が分かれている。ただし、邱永漢は台湾の血統を持ち、日本語を母語として、台湾のテーマを日本語で書き続けた。

体制は日本から中華民国に変わっていたとはいえ、邱永漢もまた、台湾における日本語教育が産み出した「台湾の日本語文学」の担い手の系譜に位置している。

一方、陳舜臣になると日本統治下の台湾で育ったわけではないので、少し状況は複雑だ。陳舜臣も、台湾から日本に渡った家族の一員であり、日本の教育を大学まで受けた。だが、教育を受けた場所が台湾と日本で違っているだけで本質的には邱永漢と変わらない。邱永漢、陳舜臣は広い意味で、日本統治時代のなかで「日本人」として日本語と日本人の教養を身につけた「日本語世代」だった。

李登輝・元台湾総統もそうだが、日本人以上に日本語に親しみながら、中華文化の素養も身につけ、同時に台湾的土着性も失わない。

日台の歴史の産み落とした特異な才能だった。

なお、邱永漢や陳舜臣が「植民地」を背負った作家であるとすれば、第二章で取り上げた東山彰良と温又柔の二人は「戦後」を背負った作家である。

東山も温又柔も日本に外国人として渡った一家の系譜にあるので、その本質は移住先の国における多元的な背景を持った人々が作り出す「移民文学」であろう。

複数の場所を移動し、異なる文化やアイデンティティに触れることによって生じる葛藤や対立をテーマにすることが多い移民文学の存在感は、二一世紀に入って進んだグローバル化とともにますます高まる方向にある。

日本統治下の台湾人エリートである邱永漢の作品には、日本にも中国にも失望する喪失感が原点にある。陳舜臣の作品には伝統的な中国世界を理想化する華僑的な世界観にあふれている。外省人家庭と本省人家庭という違いはあっても、いずれも戦後の日本で育った東山や温又柔の作品は、この先達者二人とは大きく違っている。その違いもまた台湾社会の重層的な多様性を物語るものだ。

ちなみに、東山という作家を世に出した直木賞は、不思議に、台湾と縁がある文学賞である。東山の前には、一九五五年に『香港』で受賞した邱永漢と、一九六八年の『青玉獅子香炉』で受賞した陳舜臣がいた。

日本の言論・文学界でそれぞれのスタイルで異彩を放ち、巨大な業績を残した二人が近年相次いで物故した折に、同じタイワニーズの東山彰良が直木賞を受賞したことに直木賞をめぐる不思議な巡り合わせを感じないわけにはいかない。

第三章　芸の道に羽ばたく

1　究極の優等生への宿題　ジュディ・オング

一九六八年生まれの私のような世代は、どうしたって、ジュディ・オングという伝説の洗礼を受けている。

「魅せられて」のレコード大賞獲得。白い羽のようなドレス。日本中が台湾出身の歌手に文字どおり魅せられた瞬間だった。一二月三一日、こたつに入り、家族で眺めたレコード大賞は、我々の集団記憶である。

時は一九七九年。日本の高度成長はバブルへと移行しようとしていたが、誰もそのことに気づいてはいなかった。バブルという概念すらなかった。成長神話が悪夢のバブル崩壊に変貌するまでの黄金の一九八〇年代は、この歌と同時に始まった。

エーゲ海。青い海。白いドレス。「女は海」という歌詞。

そして、国際色を漂わせる「外」からの歌い手。

本人も、レコード会社も、誰も予想しなかった二〇〇万枚のヒット。日本の歌謡史に刻まれたジュディ・オングという歌手の人生は、戦後日本と、日中台の近代史という二つの時間軸に投射されながら、華やかで理想的であるがゆえに、寂しげな色彩も帯びている。

「他人の三倍生きてきた」

台湾南部の中核都市・高雄郊外にそびえる圓山大飯店。第一章で紹介した蓮舫一家が定期的に投宿したホテルである。

ホテルのロビーを一緒に数十メートル歩いている間に、五、六人から次々と「翁倩(ウォンチエン)玉(ユィ)さんですね」と声をかけられた。

翁倩玉はジュディ・オングの中国語名である。「翁」という姓は中国語で「ウォン」だが、故郷の台湾語では「オング」と読む。ジュディという英語名は、日本で通ったアメリカンスクールで教師につけられて使い始めたものだ。

この日は休日だったので、ホテルでは披露宴が何件も開かれていた。遠くからスターを目ざとく見つけた花嫁の一人が、純白のドレスのすそをたくし上げながら駆け寄り、撮影をせがんだ。

「一緒に写ってください。結婚がうまくいくように「福気(フーチー)」を分けて欲しいの」

「福気」は日本語に翻訳が難しい中国語だが、「パワー」や「ラッキー」を一緒くたにしたような意味がある。

「どうして、こんなにいつまでもキレイなんですか」

ジュディはとうに還暦を迎えている。花嫁の質問に一瞬、苦笑いを浮かべ、「みんなの応援のおかげよ」と、芸能人として一〇〇点満点の言葉で応じた。

ただ、花嫁の感歎はお世辞ではない。目鼻がはっきりしすぎるほどはっきりしている顔立ちは、若いころは日本人的にはやや濃すぎるきらいがあった。いまのジュディはルックスと年齢、そして人格の成熟が、ぴったりとシンクロしているように映る。

一九八〇年代のある雑誌に、ジュディの人相を占った記事があった。櫻井大路という著名な人相術の専門家が、こんな「見(けん)」を残している。

「額、鼻、頬、エラ、口とすべてがたくましい。生まれも、育ちも、頭脳の働きも抜群。女優や歌手が場違いと思えるほどで、女性実業家として大成する。ただ、結婚だけは避けた方がよさそうだ。どんな男と結婚しても、才能を吸い取られる運命にある」

占いではあるが、現時点で見る限り、かなり当を得たものだった。

母・劉雲娥氏、父・翁炳栄氏とともに

圓山大飯店のロビーで、私とジュディを待っていたのは、ジュディの両親だった。両親はこのホテルの近くにある澄清湖という美しい湖のほとりの高層マンションに暮らす。このあたりは高雄きっての高級住宅街だ。

ジュディには東京で数回、母親の劉雲娥（リュユンア）には台湾で一度会っていたが、父親の翁炳栄（ウエンビンロン）をふくめて三人が同席した様子が見たかった。ジュディ・オングという個性を理解するには「血脈」が重要なキーワードになると踏んでいたからだ。

劉雲娥はこの取材の直前に感染症をこじらせて軽い手術を受け、退院した直後だった。母の治療にあたった医師や看護師にお礼を言うため、ジュディは日本での忙しい日程を縫って、台湾に戻っていた。

台湾社会の家族の強固な結束は日本人の想像の及ぶところではない。

「母親がお世話になったのだから、やらなければならないことです」

すべてにおいて優先される親への「孝」。台湾社会にいまも色濃く伝えられる儒教の理念であり、ジュディにとっては家族以上に大事なものはない。

三人を包むように、穏やかで親密なオーラが流れている。私にも優しく接してくれてはいても、その間には永遠の距離がある。

一家の会話は言語がめまぐるしく変わる。

ジュディはよく知られたマルチリンガル（多言語使用者）で日本語、中国語、台湾語、英語を母国語並みに使い分ける。スペイン語も日常会話は問題ないレベルにある。

父の翁炳栄は中国語、台湾語、英語を操り、母の劉雲娥は中国語、台湾語、日本語をしゃべる。三人の共通言語は台湾語ではあるが、ジュディが母親と話すと日本語が多くなり、父親とジュディの会話は中国語のなかに英語が混じってくる。

スペイン語以外のジュディの言葉はいずれも耳にしたことがあるが、話しぶりが最も自然なのは家庭で使っていた台湾語だった。次に長く生活で使ってきた日本語、その次は中国語と英語という順番に見える。英語の発音の良さには目をみはるものがある。

天性の耳と勘の良さがジュディを「語学の達人」たらしめているのだろう。

ジュディと話すときは、日本語と中国語を入れ替えて質問するようにした。ジュディの中国語は日本語よりボキャブラリーでやや劣るが、日本語より素直に話す印象だ。

そんな感想をジュディに伝えた。

「母のしつけが根底にあるのでしょう。母には日本では外国人である以上、あなたが言うことは台湾を代表していることになる、常に礼儀正しくなさいと厳しく言われました。日本語では注意深く考えながら話すようになり、つい半歩遅れたテンポになるんです」

ジュディはこれまで半世紀を超える芸能生活を歩んできた。

「魅せられて」のイメージが強いが、日本、台湾、中国などの第一線で、時には歌手、時には俳優となり、そして日展などで入賞を重ねる版画家でもある。

日本や台湾で発売したアルバム、シングルは六〇枚以上。出演した映画やドラマも一〇〇本を超える。

日本ではレコード大賞、台湾でも国民栄誉賞に相当する華光奨章を受章した。中国美術の本、健康的な食生活の本、美容の本なども書き、企業や団体の講演に招かれることも多い。

「他人の三倍生きてきた」

ジュディは感慨を込める。あながち誇張とも思えない。

巨大な使命感につき動かされているように、半世紀にわたって芸能界で光を放ち続けるエネルギーの源はどこにあるのだろうか。

袁世凱暗殺を企てた祖父

父親の翁炳栄は九〇歳を超えた年齢で、やや耳が遠くなっているが、思考は鋭く、落ち着いた雰囲気の「文人」ぶりが際立つ。

四川省の大学在学中から「日中戦争の最中は英語放送を聞いて、壁新聞を作っていました」という早熟で愛国的な若者だった。日本の敗戦で国民政府が台湾を接収すると、国営ラジオ「中国広播公司」に就職し、台湾で同郷の劉雲娥と結婚する。

一九五一年からは日本に派遣され、ＧＨＱ（連合国総司令部）心理作戦部で中国語宣伝放送に従事した。共産圏に対するプロパガンダ放送の仕事である。のちに中国広播公司の日本支部トップも務め、ラジオやテレビ黎明期の日本放送界とも太いパイプを作った。

台湾に戻ったあとは、放送作家や作詞家を兼ねながら、台湾の放送事業の発展に貢献した。現在の政界やメディア界にも翁炳栄を慕う者は少なくない。ジュディの中国語の曲の多くは翁炳栄の作詞による。ジュディが作り出した版画作品の命名も行っている。

日本語の民謡「竹田の子守唄」のメロディーに中国語の歌詞をつけてジュディが歌った「祈禱（チーダオ）」という歌は、いまも台湾で歌い継がれる定番ナンバーになっている。

ジュディの祖父、翁俊明（ウエンジュンミン）は父以上に伝説的な人物である。

日本統治が始まる直前の一八九三年、台湾・台南で生まれた。地元エリートとして台湾総督府医学校に進んだが、在学中に神戸まで革命指導者、孫文に会いに行き、中国同盟会の台湾支部を設立して清朝打倒の呼びかけに加わった。

歌をたしなみ、絵画を愛好する文化人で、翁炳栄は「ジュディの音楽や芸能の才能は、父のＤＮＡを受け継いでいる」と話す。

翁俊明が歴史に名前を留める最大の理由は、一九一一年の辛亥革命後に、孫文と対立していた守旧派・袁世凱を暗殺するため、北京に潜入したことである。医学の知識を生かして自ら培養したコレラ菌を袁世凱の邸宅の飲料水に混入させようとしたが、邸宅周辺の警備が厳しかったこともあり、暗殺計画は未遂に終わった。上海から逃亡しようとして逮捕されたが、孫文周辺の尽力で無事救い出されたとされる。

翁俊明と一緒に暗殺計画の実行犯になったのが、杜聡明（トウツォンミン）という台湾人で、薬物学の専門家であった。台湾でのちに医学界の大物となり、戦後の台湾医療に大きく貢献した。

杜聡明の息子であるコロラド州立大学教授・杜祖健（アンソニー・トゥ）は、父と同様に化学の専門で毒物学の権威となり、オウム真理教が開発を進めたサリンをどのように上九一色村の土壌から検出するかで悩んでいた警視庁に対して、米軍で使われている最新の検出方法を指南した。それによってサリン成分の検出が可能となり日本警察は強制捜査に踏み切り、オウム真理教によるサリン大量散布を未然に阻止することにつながった。杜祖健は日本を救った功労者なのだ。歴史の糸は思わぬところで絡まりながら今につながっている。

ジュディの祖父、翁俊明自身は、アモイや香港、上海、四川などで医師を務めながら国民党の幹部として政治活動を続けていた。

ところが、一九四三年のある日、外食から自宅に戻ったとき、「気分が悪い。毒を盛られたようだ」と言って倒れ、そのまま息を引き取った。暗殺だと考えられている。

政治には関わらない

翁俊明があと二年ほど長く生きていれば、日本から国民政府が接収した台湾へトップとして送り込まれていた可能性も高かった。台湾社会を揺るがした一九四七年の住民弾圧二・二八事件は、翁俊明亡きあとに派遣された陳儀という国民政府の政治家が腐敗を放置したため

ジュディ・オングの家系図

翁俊明（国民党幹部）——翁炳栄（放送業界ＯＢ）＝劉雲娥

翁炳栄＝劉雲娥の子：
- 翁祖模　兄
- ジュディ・オング（翁倩玉）（歌手・俳優）

に台湾社会に不満が蔓延し、民衆蜂起につながった。翁俊明の暗殺がなければ、台湾の歴史はまた別のものになっていたかもしれない。

翁俊明暗殺の下手人は、国民党内の対立するグループか、共産党か、あるいは日本軍か、諸説さまざまだ。息子の翁炳栄によれば「母は父の死が政治に関わったことが原因だと信じていて、以後、一族の者は絶対に政治に関わってはいけないという掟を決めたのです」という。

芸能と政治において、相互利用の関係は珍しくない。特に中国や台湾の芸能人は政治宣伝の一翼を担わされる伝統が、今日まで続いている。

台湾で国民党の宣伝に利用された歌手テレサ・テンはその代表格だと言っていい。総じて、台湾のタレントに国民党系が多いのは、戦後の国民党一党専制時代の名残であり、『巨人の星』『あしたのジョー』などの漫画原作者である梶原一騎の元妻でタレントの白（パイ）冰冰（ピンピン）や、ジュディと並んで日本でヒットを連発した歌手の欧陽菲菲（オーヤンフィフィ）などはいずれも熱心な国民党支持という政治態度を見せていた。

ジュディには日本や台湾で政治家の知人も多いが、過去において、政治に踏み込んだ形跡はない。その徹底ぶりについて、翁炳栄の話を聞いて得心がいった。

母親の劉雲娥は一九二七年、台湾南部・台南の柳営という地域一帯に根を張った地方豪族として知られる劉家の娘として生まれた。

劉雲娥が育った柳営の巨大な劉家屋敷跡は現在、観光地として当時のまま保存されている。中国風の四合院と呼ばれる構造の建築が見事な邸宅で、科挙に合格した挙人を出した家にだけ許される高さ一〇メートルほどの「挙人竿」が天空に伸びていた。

このあたりは、アヒルの頭を煮た料理である鴨頭（ヤートウ）が有名で、劉家屋敷跡の真ん前の鴨頭の屋台で店番の女性は「見渡す限り、ぜんぶ劉家のものだったよ」と話し、手をぐーっと広げるジェスチャーをしてみせた。

日本統治時代、劉家は日本の支配層とも関係が深く、劉雲娥は日本人子弟が多く通う学校で日本語教育を受けた。台湾は中国大陸と違って女系社会的な傾向があり、女性の発言権がおしなべて強い。劉家も当主である劉雲娥の父、劉北鴻の体が弱く、特に勝気な娘として有名だった劉雲娥は家族のビジネスや相続問題を若くして取り仕切っていた。

「静」の父と「動」の母。

中国的で、アメリカナイズされている父と、台湾的で、日本統治の影響をとどめる母。

中国革命に命を捧げた父の一族と、台湾土着の名望家の母の一族。

特別な「血」をもって生を受けたジュディは、やはり特別な子供であった。

ジュディが生まれたのは一九五〇年。日本には父の赴任に伴い、三歳で渡った。最初は東京中華学校に通ったが、国際性を身につけるため、小学校四年のときにアメリカンスクールに転入。英語とスペイン語はそこで習得した。スペイン語に堪能だった米大統領夫人のジャクリーン・ケネディを尊敬していた母の劉雲娥がスペイン語の習得をジュディに強く勧め、ジュディも熱心に学んだ。

九歳のとき、友だちに誘われ、劇団ひまわりに入団しようとしたが、翁炳栄は猛反対だった。その理由を、本人はこう説明する。

「私は業界のことを裏の裏まで知っている。芸能人がどれほど苦労し、仕事は大変で、徹夜もあれば酒も飲む、どれほど汚いことがあるかも。父として、それを知っていて、どうして娘にその道を歩めと言えますか。私は、一般人の幸福な人生を歩んでほしかった」

学校を卒業したら、三年ぐらい銀行に勤めて、結婚して家庭を築いてもらいたいと、翁炳栄は考えていた。

ところが母・劉雲娥はやらせてみようという考えだった。

「ある日、一緒に歩いていたら、桜の花びらが落ちてきてジュディの頬にくっついたんです。ジュディが「あら、桜にキスされちゃった」って言ったのよ。私、この子のセンスは芸能界でやっていく素質があると確信したのです」

以後、劉雲娥は今で言うステージママとなり、特に子役の時にはアメリカ製の高級車で学校までジュディを迎えに行き、ロケ場所に向かった。

芸能人の社会的地位は当時、決して高くなかった。一般の日本人には手が出ない豪華な車に乗って「名家の出身」というプライドを示そうとしたのだった。

　その後も劉雲娥は自立を望むジュディとしばしば衝突を繰り返しながら、イメージ戦略、仕事のチョイス、芸能メディアの取材対応など、マネージメント全般を取り仕切り、ジュディが四〇歳を超えても大事なところでは口を出し続けた。

　驚いたのは、劉雲娥が私との一対一のインタビューのとき、「あの子は、私の作品なのよ」と言い切ったことだった。

　娘を「作品」と呼ぶ母の存在が、娘にとって不幸なのか、幸せなのかはわからない。ただ、母の発言を伝えると、ジュディは苦笑いしながら「父は私の教師、母はプロデューサー。彼女ならそう言うでしょうね」と、納得した表情を浮かべた。葛藤などという表面的な言葉では測りきれない、親子にしかわからない領域があるのだろう。

日米合作映画でブレーク

　芸能界に入った一九六〇年ごろのジュディの言動は、記録に残っているだけでも異常に大人びている。将来の夢を聞かれると「国際女優になる」「ドリス・デイのようになりたい」と堂々と話し、日本の同世代の女の子とは桁違いの早熟ぶりを見せた。

　物怖じしない明るい性格。周囲の意向を察する聡明さ。くりくりした大きな瞳。ジュディは子役の必要条件を兼ね備えていた。フジテレビの開局なども重なり、天性のサービス精神の持ち主であるジュディは、草創期のテレビに大歓迎された。

日米の合作映画『大津波』に一一歳で出演した後は仕事が急増し、『三太物語』では、ヒロイン花子役を務め、平均三〇%という高視聴率をたたきだす。『かっぱ子物語』『グーチョキパー』『あしたの家族』などの連続ドラマに、どんどん出演依頼が舞い込んだ。

猛烈に忙しくなったジュディに対して、当時複雑な思いを抱いていたのは一つ違いの兄、翁祖模だった。

米国で建築学を学んだ翁祖模は、台湾新幹線の駅をいくつも設計するなど建築家としても成功を収めている。

「子供時代、ジュディはライバルでした。母親は彼女にかかりっきり。嫉妬しましたよ。しかし、確かに妹の努力はすさまじかった。子供の頃から尋常ではなく向上心が強い。テレビの台本の暗記も学校の宿題も移動の車中でやっていました」

台北市内の事務所で、翁祖模はジュディから届いたメールを開いてみせた。

「いまでは毎日のようにメールのやり取りをしています」

ジュディのよき相談相手として、ジュディが苦手とする企業経営や台湾社会の知識について聞かれることが多い。

ジュディは子役として活躍する一方、一六歳で歌手デビューも果たす。四枚目のシングル「たそがれの赤い月」がヒットしてセールスは五〇万枚を超えた。

ジュディは十代後半になると日本での成功をひっさげ台湾に凱旋し、国を挙げた「翁倩玉ブーム」が起こった。

日本は台湾にとってかつての統治者であると同時に、国民党政権にとってはかつての戦争相手でもある。愛憎入り交じった複雑な対日感情が台湾には横たわっている。ジュディのような日本での成功者には、「国の誉れ」的で声高な賞賛が送られる。

当時の台湾の新聞はジュディの一挙手一投足を詳細に伝えた。

帰国自体がニュースとなり、メディアは空港で少女を待ち構えた。新聞の見出しには「翁倩玉回来了！（ジュディが帰ってきた！）」という題字が躍った。ジュディの顔写真が印刷されたお年玉袋は飛ぶように売れたという。

野球の王貞治、囲碁の林海峰と並んで日本で活躍する台湾出身の三人は「華僑三宝」と呼ばれるようになった。

戦後、台湾の芸能人は、マーケット規模ではるかに台湾をしのぐ日本での活躍を極めて重視した。欧米のタレントとの違いは、彼ら彼女らが日本語を話し、日本語で歌う「現地化」によって幅広い人気を獲得した点だった。中国大陸とは政治的に緊張関係にあったため、海外進出イコール日本という事情もあった。

ジュディと近い時期に日本で売り出した台湾のスターには前述のテレサ・テンがいる。日本でのデビューはジュディが早く、後に三歳年下のテレサが甘くとろけるような歌声で日本の音楽シーンを席巻した。ジュディとテレサは互いに連絡を取り合って仕事や生活で相談相手となり、愚痴も言い合う親しい間柄になるが、ライバルでもあった。

「そりゃあ意識はしました。歌の種類は違うけど、一応、日本では私が先輩。味方が増えた思いもあるけれど、彼女がヒット曲を出すと、私もはやく売れなきゃ、役者としても頑張らなきゃって気持ちが芽生えますよね」

やがてテレサは華人世界でのスターを志向して日本での活動を減らし、子役の頃から日本でキャリアを積んできたジュディはより深く日本の芸能界に根付き、二人の道は分かれていく。テレサはアジアのスターとして高く羽ばたいたが、その分、大きくバランスを崩し、悲劇ともいえる最期を迎えた。

日華断交で国籍変更

二〇歳を過ぎたころ、順風満帆な芸能生活を送っていたジュディを突然の病魔が襲った。肝臓と卵巣に病気が見つかり、一年以上の療養生活を余儀なくされた。子供の頃からの無理がたたったことは誰の目にも明らかだった。

さらにこの時期、ジュディの身辺は慌ただしかった。

ジュディの一家が日本に帰化し、ジュディは戸籍上、「翁玉恵（おきなたまえ）」になった。

一九七一年、中華人民共和国の国連加盟が認められ、台湾の中華民国は国連を脱退。

翌年には米大統領ニクソンによる突然の訪中、日本政府が中華人民共和国と国交を樹立して中華民国とは断交した。台湾の命運は風前の灯火のように誰の目にも映った。日本国籍取得と同時に、東京のジュディ一家の家具はすべて中華風に模様替えされた。中華民国としての誇りとアイデンティティを忘れないようにするためであった。

当時、あたかも「中国による台湾統一」が目前に迫ったかのような国際情勢は、極めて厳しい選択を日本の台湾出身者たちに突きつけた。

ジュディの一家は「国籍は日本、心は台湾」という道を選んだのだった。

二十代のジュディは日本で時代劇を中心に俳優としてのキャリアを重ねていった。一九七〇年代はテレビ時代劇の黄金期。一九七四年の『おしどり右京捕物車』で、はな役を好演。一九七五年の『賞金稼ぎ』の陽炎役、一九七六年の『必殺からくり人』でのとんぼ役と、大きなドラマで主役級に次々と起用された。

外国人が時代劇で活躍するのも不思議な話だが、ジュディは完全に時代劇の世界に溶け込んだ。当時のことをジュディは「外国人って得ね、日本では今さらって思われるようなことも、どんどん教えていただくことができました」と楽しそうに振り返る。

真綿に水が染み込むように時代劇の演技を吸収し、先輩役者の山田五十鈴や若山富三郎からは「時代劇役者になりなさい」と勧められた。時代劇の巨匠、三隅研次には「いま、女性の立ち回りではジュディが日本一だ」と賞賛された。

一方、台湾でも一九七一年に撮られた映画『真假千金（ニセのお嬢さん）』で一人二役を演じきって台湾映画の最高賞「金馬奨」の主演女優賞を獲得した。一九七三年に大ヒットしたミュージカル映画『愛的天地』では主演と主題歌の両方をこなし、各賞を総なめにした。私が見たジュディの映画のなかでは、若い頃の明るく奔放な魅力があますところなく発揮されている『真假千金』の演技は特に光を放っていた。

その『真假千金』などジュディの出演する映画を何本も撮った監督の廖祥雄に台北で会った。廖祥雄は台湾映画界の大御所で、日華断交後の台湾の大使館にあたる亜東関係協会東京弁事処（現・台北駐日経済文化代表処）の広報部長として日本に派遣されていた。廖祥雄の台北の自宅の壁には、ジュディが台湾で初めて出演して自身がメガホンを執った映画『小翠』のポスターが飾られていた。

ジュディの演技について、廖祥雄は回想する。

「飲み込みの速さは驚くほどで、何を教えてもすぐに吸収していった。頭がものすごくいいのでしょうね。特に、涙を流すシーンが抜群によかった。若いのに、じわっと、美しく、泣いていくんです、一発で。鳥肌が立ちました」

分かれ道は「魅せられて」

日本では時代劇、台湾では映画と、幼いころに夢見た国際女優への道が開かれていくまさにその時に、ジュディに大きすぎる転機が訪れる。

一九七九年にCBSソニーからリリースされた「魅せられて」のヒットである。二〇〇万枚を超えるメガヒットとなり、ジュディはその年のレコード大賞に輝き、NHK紅白歌合戦の初出場も飾った。日本人は「魅せられて」を聴きながら、一九七〇年代までの堅実な高度成長に別れを告げ、狂瀾の一九八〇年代を迎えた。

伊豆高原のジュディオング資料館

東京から車を飛ばして伊豆高原に向かった。

日本を代表する保養地の一つ、伊豆高原の町は急勾配の斜面に張り付くように高級別荘や美術館、レストランが軒を並べている。その一角の別荘地に溶け込むように、ジュディオング資料館は建っていた。

資料館は一九九五年にオープンしたもので、伊豆を熱愛するジュディの母・劉雲娥が購入した別荘用の土地に、二億円を費やして建てた。スペイン風の建築で兄・翁祖模が設計したものだ。母の土地に兄の設計で妹の資料館。ジュディ一族の夢の館のような趣である。

入り口にはジュディが制作した版画の作品がずらっと並ぶ。フロアの中央には、羽ばたくようなフォルムの白いドレスが、ガラスケースに飾られていた。テレビでは、レコード大賞の映像ではなく、別のコンサートでドレスを着て歌っている姿が映されている。

私の記憶は三十数年前の大晦日に飛んだ。

受賞を決めたジュディが号泣しながら「魅せられて」を歌い、白いドレスを孔雀のように広げていた。「なぜ外国人がこんな最高の賞を取れるのだろうか」という疑問を漠然と感じていたような気もするが、深く考えることはもちろんなかった。

この年の音楽業界は、稀に見る当たり年の一年だった。

レコード大賞ノミネート作には、八代亜紀の「舟唄」も含まれていた。「魅せられて」に敗れた八代亜紀は翌年、「雨の慕情」で念願の受賞を果たす。ほかにも、さだまさし「関白宣言」、小林幸子「おもいで酒」、岩崎宏美「万華鏡」、山口百恵「しなやかに歌って」など、昭和歌謡の名曲ぞろいだった。西城秀樹の「ＹＯＵＮＧ ＭＡＮ」も大ヒットしたが、外国曲のカバーなので受賞対象から外れた。

当時のレコード大賞はまさに絶頂期。視聴率五〇％を稼ぎ出し、レコード会社と芸能プロダクションが接待やわいろの裏工作に励んでいるとの噂も絶えなかった。

ジュディが所属するＣＢＳソニーは当時の音楽業界では新参者で、レコード大賞の受賞は社の悲願だった。ジュディの受賞のために活発な根回しを行ったとされ、その中心には花形プロデューサーとして名を馳せた酒井政利がいた。「好きな男の腕の中でも違う男の夢を見る」という当時としては刺激的な歌詞は阿木燿子が書き、ドラマチックで壮大なイントロは「歌謡曲の鬼」と言われた筒美京平が担当した。ワコールの下着のCMソングとして流れて火がつき、一日で二〇万枚を売ったとされることはいまでも語り草だ。

酒井政利の半生を描いた本『プレイバック』によると、酒井はこの歌を映画のシーンのような「ビジュアルな歌」にしたいと考えていた。ワコールの下着に合わせるのではなく、あくまでエーゲ海をイメージした曲にする――。

「魅せられて」において、ジュディは酒井のイメージを見事に表現し、歌手という役割を超えて歌の中で一人の成熟した女性を演じきった。

ジュディの堪能な英語、日本人的でないエキゾチックな容姿、先鋭的な詞と曲、バブルが膨らむ一九八〇年代を前にした華やかな時代の気分。どれかが欠けても、これほどのヒットにはならなかっただろう。「魅せられて」はその後の歌謡曲の「魅せ方」にも大きな影響を及ぼした。

「魅せられて」の大成功は、紛れもなく巨大な金字塔であったが、ジュディにとって重い十字架を背負わせることになった。

当時のジュディはまだ二十代。俳優のキャリアも確立しようとしていたが、メガヒットの後、歌手としての定位置が与えられ、役者のオファーは制限されていく。ジュディが九歳で劇団に入ってちょうど二〇年という節目にあたる一年であった。この一曲でジュディは日本社会を震撼させ、「睡眠は一日三―四時間、三度、救急車で運ばれる」という猛烈な忙しさに身を置いた。

予定されていた米ドラマ『将軍』への出演も取りやめとなる。時代劇もできる。英語も達者で、日本の習慣も身につけている。そんなジュディには制作側から早くもオファーが届いていた。

ところが、クランクインと年末のレコード大賞の賞レースのタイミングが重なってしまったのだ。ジュディの代わりに島田陽子が出演した。

「芸能生活で、あれだけ悩んだことはなかったと思います。お世話になったCBSソニーの人たちをほっぽって、アメリカにドラマを撮りに行くことはありえなかった」

その年のレコード大賞はとにかく激戦で、CBSソニーは社をあげて大賞を取りに行っていた。台風のような騒ぎのなかにあって、一人で抜け出すことは、義理や調和を重んじるジュディにできないというのは、当然の選択だった。

よくも悪くもジュディ・オングというたぐいまれなる個性は「魅せられて」に縛り付けられたのである。ジュディにとって、一つの分かれ道だった。ジュディは歌も歌うし、には思える。

演技もできる。ただ、役者としての才能は、歌手としての才能を上回っているように私には思える。

背の低いジュディが、画面のなかではなぜか大きく見える。台湾で彼女が主演した子役時代の作品も複数みたが、スクリーンで躍動し、光り輝いているオーラを感じさせた。

ジュディに聞いた。

「ジュディさんは、歌よりも、演技のほうが好きなんじゃありませんか？」

「自分の本質は役者だと思う」とジュディは答えた。「魅せられて」についても「私にとって、歌う、というよりも、演じている感覚でした」と述べた。

ジュディの歌には「魅せられて」以外にもヒット曲はあるが、誰もが思い浮かべるような曲はない。彼女の歌は、上手で器用である。だが、そこまで、なのかもしれない。

二度目の大病

レコード大賞受賞の後に訪れた一九八〇年代は歌謡界にとっても幸福な時代ではなかった。ヒット曲は続かず、ジュディはディナーショーやテレビの司会など小さな仕事を詰め込み、結局、一九八七年に二度目の大病を患って一年以上活動不能に陥った。

ジュディは自分を見つめ直すために、米国に渡って経営セミナーに参加したり、各国の美術品を見て回ったりするなど、遅れてきた「自分探し」を始めた。

そんななか「理想の相手」と思える男性に出会ったのは、三十代後半に差し掛かるころだった。相手は、若き画廊経営者の鈴木洋樹である。

鈴木はジュディと同じ年齢の元商社マンで、ヒロ・ヤマガタの日本代理権を握って年商数十億円のビジネスを展開していた。

「若いころからファンだったジュディを射止めた」と他人に自慢するような鈴木の言動には、どこか危うさも漂っていた。

ジュディと知り合った鈴木は、スペインの著名画家であるトレンツ・リャドの共同プロデュースをジュディに持ちかける。スペイン語が堪能でイベントも好きだったジュディの気持ちは一気に鈴木に傾いた。ジュディにとっては人生の第二のステージにおいて、「芸術」という方向性を共有できる同世代の男性と一緒に歩める夢を抱いた。

しかし、幸福の絶頂にみえたジュディは結婚の直前、母に対して、「結婚をやめたい」と苦しい胸の内を打ち明けている。

離婚した前妻と鈴木との関係が完全に切れていない疑念がジュディの心の中に重くのしかかっていた。故意ではないが、鈴木がジュディを前妻の名前で呼ぶこともあった。

もともと鈴木との結婚には消極的だった母の劉雲娥は、ここでなんと逆にジュディを突き放すのである。

「あなた、これだけの人に招待状をだして、中止になんてできるわけがないじゃない。

私にもメンツがあるわ。結婚はしなさい。本当に嫌だったら三ヶ月で離婚すればいい」

「私のメンツ」は、「翁家と劉家のメンツ」と言い換えてもいいだろう。娘の不幸を予感しながらあえて結婚させる母の凄まじい苛烈さ。ただ、ジュディにも母と同じ血が流れているからこそ、最後は母の「助言」に従ったとも言える。

ジュディの結婚式は、文字どおり「華燭の典」となった。

一九九二年五月二二日、新宿のセンチュリー・ハイアットで、五〇〇人を招待して中華式の人前結婚式が開かれた。翌月には椿山荘でまた五〇〇人を招待しての披露宴。さらにその三日後には台湾に渡り、今度は一〇〇〇人を招待しての披露宴を執り行った。

日本では橋本龍太郎、海部俊樹、王貞治、松任谷由実、川中美幸、谷村新司などが出席し、台湾では祖父の部下でもあった元副総統の謝東閔（シエトンビン）らが集まった。こんな一大イベントをドタキャンなどできないと判断した母の気持ちもわからないではない。

結婚生活は結局、一九九八年に破綻する。六年を短いとすべきか、踏ん張ったとすべきか。いずれにせよ、こうなることが決まっていた別離のようなものだった。

ジュディには男性のために仕事を犠牲にするという発想はなく、仕事をしながら男性との時間を作るために睡眠時間を削るタイプである。だが、それでは多くの男性は満足しない、というのも現実である。

中国語を話せず、台湾や華人の世界になじみのなかった鈴木が、ジュディの核心にある「血」の部分を最後まで理解できなかったことは想像に難くない。

母の劉雲娥は、何事についても饒舌に答える人だが、鈴木については一言だけ「私たちの家に合う人ではなかった」と突き放した。

中華系の人が「家に合わない」と語ることの意味がどれほど大きいか。それはある意味で人格の否定よりも重い言葉なのである。

版画の世界へ

ジュディのバランスはその後、創作へ傾いた。その対象は版画であった。

子供の頃から絵が好きだった。二十代で大病したとき、病室で自然と筆をとるようになった。版画の世界を教える師匠となったのは、棟方志功の直弟子で植物をモチーフとする作品で知られる井上勝江である。

弟子入りを頼みこんだ井上から最初は、冷たく突き放された。

「あら、ジュディ・オングさん？　無理じゃない。忙しいでしょう、女優さんは」

だが、ジュディは諦めなかった。自分で「やりたい病」と呼ぶ、何事にもぶつかりたい性分がうずいた。

家に帰るなり、版画の材料を探し、椿の絵をかいて、兄の彫刻刀を借りた。数日で彫り上げ、井上が個展をやっていた銀座の画廊に持ち込んだ。

そこにたまたま著名な彫刻家の長沼孝三がおり、「この子、彫り方がかなり強情で頑固だよ。これなら続くんじゃないの。教えてあげなよ」と助け船を出した。

井上に見せた最初の版画はジュディの手元にある。

師弟の絆はすぐに深まった。版画には、絵、彫り、刷りの三つの工程があり、体力勝負の部分も大きい。制作にも時間がかかる。ジュディは井上が驚くほどの熱意を保ち続けた。

ロケの終わった深夜に井上に電話があり、「いま、いいでしょうか」と聞いてくる。井上も一晩中付き合って夜明けのコーヒーを一緒に飲み、ジュディに弁当をもたせて撮影所に送り出すことも続いた。

「版画はすぐには上手くならない。一種の職人的な技術です。ジュディはじっくりと版画に向き合い、技術をマスターしていきました。叱ったのは一度だけ。板の洗浄をお付きの人に頼んだ。それはいけません、と言いました。それからは全部自分で洗うようになりました」

版画のテーマで井上は植物にこだわり続けた。ジュディも途中までは井上に倣って植物を彫っていたが、のちに日本の民家など建築物をテーマに据え始めた。井上は刷りにモノクロで色をつけないが、ジュディは色つきを好んだ。

井上はジュディの版画について、師匠として優しく厳しい目線を注ぐ。

「ここまで好きなモノに出会えてジュディは幸せ者。版画家として大成するまであと一歩のところまできている」

ジュディの版画について、音楽や舞台を通して付き合いがある美輪明宏は「歌も演技もいいけれど、版画こそジュディさんの美意識が最も出ている表現じゃないかしら。私も日本画をやっているけど、美とは調和のこと。あの方の版画は、バランスがとれたご自身の人格の表現になっているのよ」と評する。

日本の「戦後」に育てられた人

ジュディは芸能界という厳しい競争の世界を半世紀にわたってトップスピードで走り続け、日本人から多くのことを学び、実践してきた。ジュディは「生みの親は台湾、育ての親は日本」と自分のオリジンを形容する。

その言葉通り、ジュディは日本の戦後そのものに育てられたと言っていい。

ジュディはインタビューに和服で現れたこともあった。

これほど普段着としての和服をしっくりと着ている人には最近あまりお目にかかれない。着物の着付けは時代劇で何度も共演した大女優・山田五十鈴仕込みである。

沢村貞子からは、日本語の使い方をたたき込まれた。例えば中国語では「先に行く」は「我先走（ウオシエンソウ）」と言い、謙譲語は使わない。つい「先に行きます」と言ったら、沢村貞子には「目上の人には行って参りますと言いなさい」とさとされた。

演技では無理に笑おうとしているところを、勝新太郎に、「ジュディ、演技は感情を出し過ぎちゃいけない。抑え気味なぐらいがいい」と諭されたこともある。中村メイコには子役のころから可愛がられ、ジーンズの着こなしを教わった。ジェームス三木には芝居の世界に導かれ、演出家の木村光一に声の出し方を教わった。

まるでジュディという一人の人間に、戦後日本の芸能史が凝縮された感すらある。

ジュディには「人たらし」の特技があるのだろう。

政界の支援者で有名だったのは橋本龍太郎で、亡くなるまでジュディ・オング後援会の会長を務めていた。菅直人もジュディの還暦祝いのパーティーに花束を持ってかけつけ、熱狂的なジュディファンであることを告白している。

およそジュディという人間を悪く言う人には、会ったことはない。私もジュディに取材を重ねたが、その丁寧きわまりない対応に尊敬の念をいだかずにはいられなかった。

ただ、同時にジュディという人間が被った「芸能人」という殻を破れない取材者の限界を感じた。むしろ、その殻も含めた一つの人格であるような手ごたえだった。九歳から芸能界に入り、すべての行動、すべての発言が公的なものとして世間の視線にさらされる前提だった人格形成も関係しているだろう。

ジュディは自ら「本当、優等生的で、私、つまらないわよねえ」と茶化してみせる。

いことだ。

ただ、五〇年間にわたって徹底して優等生であり続けることは逆に奇跡に近いほどすご

前出の美輪も「芸能界にいると、魂の純度がどうしても薄くなります。泥まみれにな
り、卑しくならないと生きていけない場合もある。政界もメディアもそうでしょう。良
心を悪魔に売り渡さないと生き抜けない世界でもあります。ジュディさんには、そうい
うところがまったく見えないのが不思議だし、素晴らしい」と評する。

「永遠の優等生」であるジュディの目には、この五〇年間の日本社会の変化はどのよう
に映っているのだろうか。大抵の質問には素早く的確に答えるジュディだが、この質問
にだけは、ゆっくりと言葉をつぎながら長く語った。

「私が仕事を始めたころは、日本人はトップも社員もみんな、会社のため、日本のため、
という大きな目的意識を持って努力していました。ですから、ビジネスも創作活動もと
てもパワーがあった。それに、先輩たちが私のような子供や若者を上に引き上げようと
進んで多くのことを教えてくれました。その後のバブルは日本の芸能界にとっても確か
に黄金期でしたが、バブルの崩壊後はみんな自分のことに忙しくなり、他人にかまう余
裕がなくなったように思います。これは私たちの世代の大きな問題です。責任という言
葉は大切で、いまの大人は若者や子供を導いていく責任を果たしていないと感じます」

ジュディという人は、我々の想像以上に、社会への批評眼を内に持っている。

日中台の近代史のなかで

日本と台湾と中国をつなぐ。苛烈な近代史を歩んだこの三つの「国」の矛盾を知るほど、限りなく困難な作業にも思える。

日清戦争で日中が戦い、敗れた清朝は日本に台湾を譲り渡した。日中戦争では日本は負け、逆に台湾を放棄し、台湾は中国の一部となった。

その後、蔣介石が台湾に逃げのびて中国と台湾は再び分断され、今日に至っている。その間、台湾の人々は、中国人から日本人、再び、中国人、そして現在は台湾人へとめまぐるしくアイデンティティを変化させてきた。

こうした近現代史は、台湾において、台湾人でもあり、日本人でもあり、あるいは中国人でもあるという特殊な人々を産み落とした。

ジュディはこの交錯する日中台の関係をきわめて鮮明に内在させる人であり、その運命は過去にジュディに試練や制限を与えたこともあった。

しかし、東アジアが中国の台頭によって世界の中心となり、日中台が様々な問題を抱えながらも新しい協力関係を構築しようとするいま、国境を越えた途端に何人（なにじん）にもなれるジュディは、限りないアドバンテージを持っている。

ジュディは台湾でも日本でも帰国すると「お帰りなさい」と言われ、中国に行けば、父親が上海生まれであるため、「娘家（故郷）へようこそ」と声がかかる。これほど、日中台の間を自由に移動できる人間は、ほかにはいないだろう。

幼いころから大スターとして活躍し、そこから日本で大きく羽ばたいたことへの敬意。古い過去から連なる高貴な血統への敬意。

ジュディという個性は、誰からも批判されず、誰も傷つけてこなかった。

これらはジュディの大きな資産である。

ジュディの知名度はいまも日本社会で高い。そして、多くの人はジュディが出てくると、「あの「魅せられて」の人」という風に受け止める。

一方、台湾における「翁倩玉」は、国民的な英雄という位置付けだ。台湾では、尊敬され、敬愛され、別格の存在として見つめられている。台湾人の間ではジュディ・オングの台湾名である「翁倩玉」を知らない人はほとんどいない。

私は取材のなかで、ジュディに尋ねたことがあった。

「どうして台湾に拠点を置いて、芸能活動をしないのですか。ジュディさんなら、台湾でもいろいろ活躍の場があるでしょうし、中国と台湾との間でもきっと必要とされる。日本には仕事があれば戻ってくればいい。台湾を含めた中華社会にいる方が、ジュディさんのやってきたことや存在感が大きく認められて、さらに新しいことができる」

そのときのジュディは「そうかしら？　本当にそう思う？」と少し嬉しそうな、それでいて、困ったような表情を浮かべながら、「でも、なかなか難しいのよね」と話すにとどめた。昔から自分で考えてきたことでもあるのだろう。

一九九九年の台湾大地震、二〇〇八年の四川大地震、そして、二〇一一年の東日本大震災。日中台をそれぞれ襲った三度の災害で、ジュディはいずれも支援活動の先頭に立った。台湾大地震では日本で台湾への支援を呼びかけ、四川大地震では自ら企画したチャリティーコンサートで中国への支援を呼びかけた。東日本大震災でもジュディは獅子奮迅の働きをみせた。

台湾の駐日代表だった馮寄台（フォンジータイ）は「震災の直後、ジュディさんから携帯に電話があって、すごい勢いで何でもやるからできることを教えて欲しいと頼み込まれたんです。私からは台湾の状況を紹介し、テレビのチャリティー番組の企画などを伝えました」と話す。

ジュディはすぐに台湾に飛び、五日間続けて数多くの番組をはしごし、日本から持っていった自分の版画もチャリティーに提供した。台湾のNETという衣料メーカーが三万着のフリースの提供を希望することを聞くや、海運会社エバーグリーンの張栄発（チャンロンファ）会長に連絡して、コンテナを手配してもらった。

ジュディの行動は芸能人の慈善活動の域を超えた迫力があり、台湾から日本に対して二〇〇億円という巨額の義損金が奇跡的に集まる一助になった。

これまでジュディは俳優、歌手、版画家に加えて、健康食、美容、服飾などあらゆる領域にチャレンジしてきた。有り余るエネルギーと才能の矛先を向ける対象に飢えてはいるが、「ジュディ・オングとは何者か」という問いはまだ答えが出ていない。

中国語では、一人の人間が成熟することに費やす歳月の長さを「十年樹木、百年樹人(一〇年かけて木を育てる、一〇〇年かけて人を育てる)」という言葉で表す。ジュディが好む言い回しでもある。百年の時を経て継承されてきた最高の血脈に加えて、半世紀の芸能活動によって獲得した最高の人脈を持つジュディ。

台湾・高雄での家族インタビューの最後、思いつきで、父の翁炳栄に「ジュディの人生を一言で表現してみてください」とお願いしてみた。

詩人でもある父は唐突な頼みにも迷うことなく「ユエ・ジー・ユエ・レン」とつぶやいた。

「悦己悦人」。人が喜ぶことを自分の喜びとする。その言葉を聞きながら、ジュディがデビューしたばかりの時、雑誌の取材にこう答えたことを思い出した。

「演技も歌も大好きだけど、それ以上に他人から拍手されるとうれしくなっちゃうの」

父はさらに横にいる娘に向かって「これからは日本、台湾、中国を文化の力でつなぎなさい」と語りかけた。

ジュディは途端に「生徒」のような神妙な面持ちになり、「宿題をいただきました。一生の宿題ね」と背筋を伸ばした。

コラム　日華断交から日台関係の時代へ

戦後の日本と中国、日本と台湾との関係は、コインの表と裏のようなものだ。一九七二年、田中角栄首相のリーダーシップのもと、日本と中華人民共和国が国交を結んだことは日中国交正常化という言葉で語られてきたが、裏を返せば、台湾の人々にとっては日本と中華民国の断交が起きていたのである。

一年前の一九七一年には、中華人民共和国が国連加盟を果たし、中華民国は脱退した。一九七二年は、米大統領ニクソンの突然の訪中による朝鮮戦争以来の米中の和解。そして、日中国交正常化と日華断交と、中華民国の運命は坂道を転げ落ちるように一気に暗転した。

本文中に描かれている大平正芳と辜寛敏のエピソードにもあるように、日本側として、外交関係を断ち切る台湾には一定の配慮をしようという姿勢があった。それゆえに、辜寛敏にメッセージを託したのだろう。

しかし、台湾としては、国連の脱退、ニクソン訪中に続く対日断交の衝撃はどうしても重く受け止めざるを得なかった。日本との経済関係の維持という目的もあって、外交的には抑制された反応を見せたが、メディアには対日批判があふれ、日本時代の建築物の取り壊しも進められた。映画やドラマでも抗日戦争ものが多く制作されたのもこの時期だ。

この日華断交を「日台断交」と呼ぶ向きもあるが正式には「日華」を使うべきだろう。台湾の国名はいまも昔も中華民国であり、特に一九七二年までは日本と正式な国交を持っていた。日本が中華人民共和国と国交を結んだことで、日本は台湾の中華民国を「中国」

の正統政府とみなさなくなった。この時点から日本と台湾の関係の主流は、経済や文化、人的交流を中心とする「日台関係」へと変質した。

中華民国体制が中国を支配する権利を持つという建前は崩していなかったが、実態は台湾限定の支配地域しか持っていない。さらに、正式な外交関係がなくなったことで完全に日本としては台湾に「中国」を絡める必要はなくなった。

中華人民共和国は台湾を自らの領土と認定し、国際社会にも同意を求めているが、日本は日中共同声明で中国のこうした考えに対して、「十分理解し、尊重する」という曖昧な表現にとどめている。台湾問題はまだ未解決であり、中華人民共和国とは別の政治実体が台湾を統治していることは事実だからだ。

「日中」「日華」「日台」という表現が混在する日中台の関係は非常に複雑だ。戦前は「日中関係」しか存在しなかったものが、国共内戦の末に一九四九年に中華人民共和国が成立してからは、日本と中華人民共和国との非公式の「日中関係」と、日本と台湾（中華民国）との公式の「日華関係」に分裂した。一九七二年以降は、公式の「日中関係」と非公式の「日台関係」に再編されたのである。

台湾の国名は依然として中華民国なのだが、ここ二〇年ほどは日本側だけではなく、台湾側も「日台関係」という言葉を使っている。中華民国体制からすれば、妥協であると言えなくもないが、非公式とはいえ非常に好意的な相互感情に支えられた昨今の良好な日台関係が、緊張関係から抜け出せない日中関係とは対象的に見えてしまうのは皮肉である。

2　客家の血をひく喜び　余貴美子

「総理、ご決断を！」

「総理、撃ちますか、いいですか、総理！」

ゴジラの襲来に右往左往する内閣のなかで、ただ一人、決然と実力行使を迫った大ヒット映画『シン・ゴジラ』の花森麗子防衛大臣。戦闘準備を進める自衛隊に「頼んだわよー」と呪文のように念じ、攻撃が失敗に終わると「うーん、総理、残念ですが、これまでです！」とスパッと言い切る潔さ。怪獣が主役の作品で、短いセリフしかなかったにもかかわらず、怪獣並みの迫力が、頼りない男性陣のなかで異様に際立っていた。

どの映画でも、役柄は違いこそすれ、画面の中の存在感がやけに濃い。だから脇役でも光る。映画『おくりびと』では、「お願い、行ってあげてよ！」と、本木雅弘が演じた主人公に懇願する葬儀会社の事務員を演じた。映画『あなたへ』でも、失踪した夫の影を感じさせながら高倉健と出会う食堂の女将役としての演技が光った。

女優・余貴美子は『おくりびと』『ディア・ドクター』『あなたへ』で日本アカデミー賞最優秀助演女優賞に輝いた。同賞の三度の受賞は彼女しかいない。

どんな役柄でも光る余貴美子氏（共同通信社）

画面に出るとスクリーンが引き締まる。美と迫力と影が同居する。そして、背骨に一本、何か太いものが通っている女優。

これらが、余貴美子に対する私のイメージだった。

明るさの裏側に何かの「物語」があることを予感させるキャラクター。俳優たちの演技力が落ちたといわれる今日の映画界で、監督たちにとっては、ぜひともキャストに加えたい女優となっている。

実際に会ってみると、「アマリさんと今でも呼ばれますよ」とけらけらと笑い、聞いている方が拍子抜けするようなふんわりとしたキャラクターだ。自分のことを誇張するような発言は、二回の計三時間におよぶインタビューで一度もなかった。聞き手としてはもう少しアピールしてくれても、と思わないでもないほど自然体で、控えめである。

そんな人柄と、演技の力強さは、なかなか一つの像を結ばない。

流浪の民の末裔に生まれて

彼女の一族は、「流浪の民」と呼ばれる客家(ハッカ)である。戦前、台湾から日本へ「生きるため」にやってきた。

自分が客家であると対外的に語り始めたのはこの五年のことにすぎない。自らの源流に、余貴美子は、いま、自覚的に向き合おうとしている。客家の血について、余貴美子の言葉は、予想以上に明瞭だった。

「日本や台湾、中国というより、私は客家。そんな風に思っています」

当代きっての名脇役の女優の心に、何かが起きている。

客家は、中国の漢民族のなかで、独自の文化とアイデンティティを有する特殊な人々である。「客」には、お客さんという意味のほか、よそ者、というニュアンスがある。客家について「東洋のユダヤ人」といったたとえもある。

かつて中国の「中原」と呼ばれる、現在の河南省や山西省などにあたる地域に暮らしていたが、北からの異民族の襲来や内乱で故郷を追われ、定住の地を求めてさまよったグループの末裔が客家であると伝えられている。

日本社会では客家をめぐる一部の著書が世界中の客家が連携して何か国際的なビジネ

スや陰謀を展開しているイメージを広げたこともあり、「三大中国系国家のすべての権力者に、客家人が就いている。数百年前に中原を追われた客家が、今、中国人社会の中心へと戻ってきたのである」(高木桂蔵著『客家』)という「客家リーダー論」に言及する傾向があった。

この三大中国系国家とは、中国、台湾、シンガポールのことで、それぞれ鄧小平、李登輝、リー・クアンユーという客家の血統を持つリーダーを指している。

確かに客家は学歴重視の価値観を持ち、勤勉で優秀な人材を多く輩出している。しかし、実際の客家は、慎ましやかで、控えめである。どちらかというと、社会の片隅にひっそりと生きている人々というイメージだ。

統計上、台湾には人口比で客家人は一割強ぐらい存在していることになっている。だが、それほど客家人がいる感覚はない。社会のなかに溶け込み、消えているのである。総じて言えることだが、台湾ではエスニック・アイデンティティは必要がなければあえて問わない。なんとなくわかっている、という距離感に居心地の良さを見出している。多民族、多族群(グループ)を抱えた土地の人々が育てた知恵だとも言える。

一方で、台湾の客家はあくまでも日常的な存在である。

テレビチャンネルをひねれば、客家語の専門チャンネル「客家電視台(客家テレビ)」がある。客家の人々をケアする目的で設置されている客家委員会という省庁もあり、客家委員会主任委員という肩書きの閣僚級も任命されている。客家の権益保護を定めた客家基本法という法律まで施行されている。

台湾で公共交通機関に乗っていると、到着駅の案内放送は「中国語（北京語）、台湾語、客家語、英語」の順番で行われる。

中国語と台湾語、英語は理解できるが、客家語はまったくチンプンカンプン。どうしたって気になる。耳を澄ましてみると、客家語は、台湾語や広東語に近く聞こえる。中国語からは、明らかに遠く離れている。

街の中にも「客家菜（客家料理）」の店があちこちにある。新聞社の台北特派員だった頃、支局のそばに客家料理の有名な「桐花」という店があり、美味しかったので、時々、接待などに使った。

「客家小炒（客家炒め）」という辛味をきかせてイカと豚肉とセロリをカラッと炒める客家料理の定番にすっかりハマってしまい、いまでも時々無性に食べたくなる。日本の中華料理店では滅多に見かけない料理だ。

民進党と国民党の台湾の二大政党において、客家には国民党支持が多い。それは台湾政治の歴史と関係がある。

戦後、国民党は外省人を中心に権力を形成した。当時六〇〇万人いた本省人に対して、外省人は一〇〇万とも一五〇万とも言われ、権力を握っているが、少数勢力だった。

分断はどこの国でも政治の基本だ。本省人のなかで台湾語を母語とする福建出身のグループは一九四七年の二・二八事件などで被害も多く、国民党への反発が強かった。そこで国民党政権は客家を優遇して取り込みを図って本省人を分断しようとし、客家側もその動きを利用した。

政治利益の交換に加えて、「中国正統政権」を掲げた国民党のスタンスと、「中華の伝統」を強く意識する客家の思想が嚙み合った。

客家票は国民党にとって、絶対に他の政党には流れない「鉄票（テイエピャオ）」となり、客家が多く生活する台湾北部の桃園市や新竹市は、国民党支持が強い。

余貴美子の一族も、その桃園、新竹一帯に根を張っている客家の出身であった。

祖父が、桃園を後にして日本の神戸に渡ったのも、この時代に日本に来た台湾の多くの若者がそうであったように「成功」を渇望して人生を賭けた一大決断だった。

祖父の小指の爪は長かった

余貴美子が、幼い日の記憶に刻んだ祖父の姿はこんな感じであった。

小指の爪を、やたらに長く伸ばしていた。

意味のわからない漢詩を、いつも書き記していた。

中国武術をやっていて、動きがやけに俊敏だった。

新聞で台湾や中国のニュースがあると、赤丸をつけて切り抜いていた。

孫文のやたらに立派な写真が、部屋に飾られていた。

爪を伸ばすのは客家の男性が、自らの裕福さを示すための風習だった。孫文は中国革命の父であり、辛亥革命を成し遂げた客家として歴史に名を残した。

祖父は余家麟（よかりん）という名前だった。戦前の神戸に移民し、東京に流れてきた。神戸では、最初は台湾から紅茶を輸入し、日本からはミカンを輸出した。ミカンが貨物船で腐ってしまうトラブルに見舞われ、苦境に追い込まれた。だが、一念発起、台湾から今度は乾燥バナナを輸入して大きく当てた。

一家で豪邸に暮らした時もあったが、戦争が激しくなるとバナナが輸入できなくなり、今度は紅茶の輸入に切り替えた。戦後は金融機関、新聞社など多くの事業を手掛けたが、失敗も多く、浮き沈みの激しい商人人生を送った人だった。

台湾出身者は、戦前の日本では「二等国民」と思われても仕方ない地位にあった。戦後は一転、台湾を接収した中華民国が連合国の一員だったことで「戦勝国民」になる。

台湾系の人々は団体「台湾同郷会」の結成を模索し、余家麟は先頭に立って動いた。

当時の台湾人の行動について記した貴重な資料である楊国光『ある台湾人の軌跡　楊春松とその時代』によれば、一九四五年九月一三日に「留日台湾同郷会」が発足し、余家麟は委員の一人に名前を連ねた。

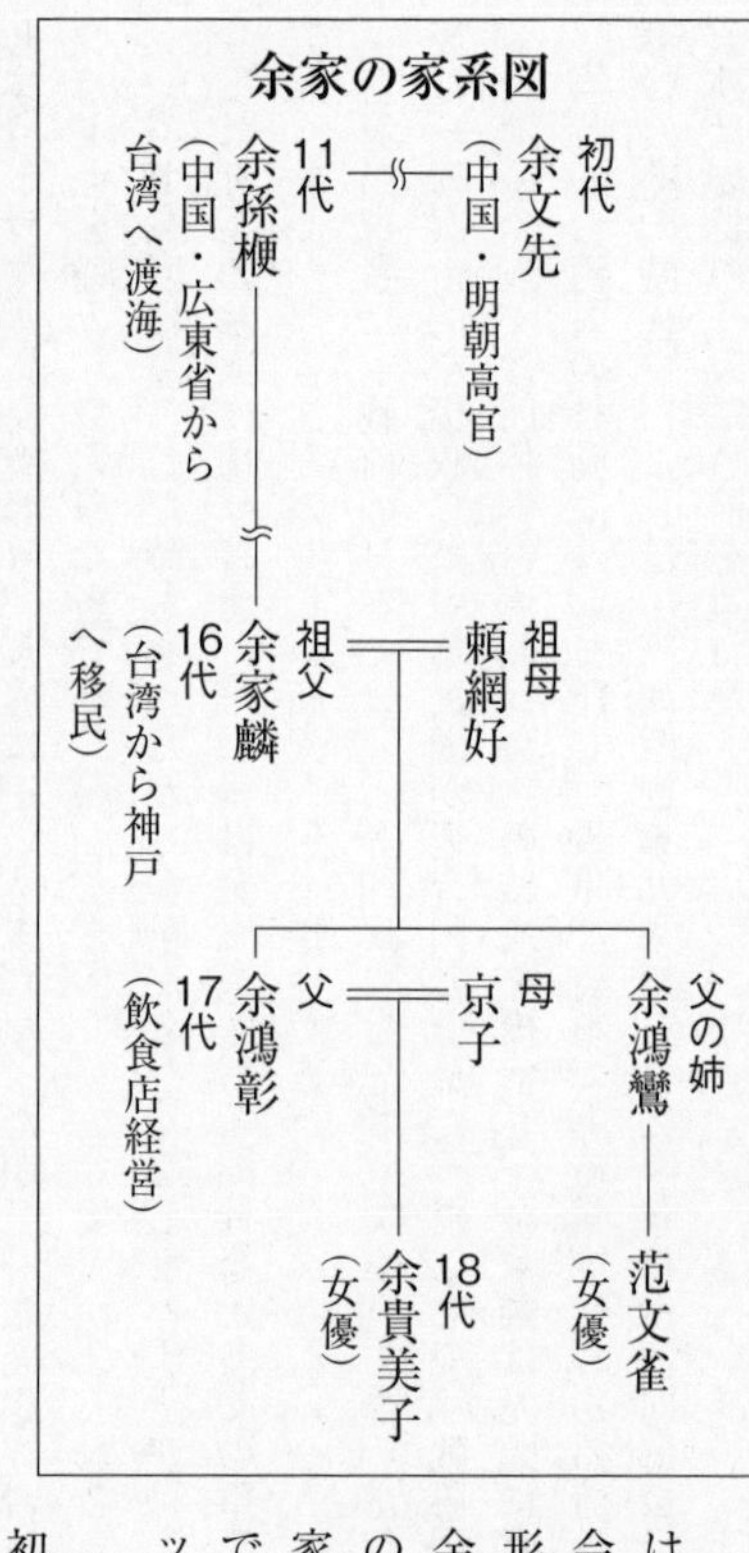

翌年、同郷会は東京華僑連合会に合併される形で解消となり、余家麟は日本初の客家団体「客家公会」を東京で立ち上げてトップに就いた。

混乱期の戦後初期の日本で、余家麟は華僑界の名士の一人であった。

暮らしていたのは闇市のあった池袋、その後は港町・横浜に移り住んだ。

当時の家庭の様子を、余貴美子は懐かしそうに振り返る。

「祖父はぴしっとスーツを着て、築地や銀座に出かけていくんです。客家の団体の会議なんかがあったんだとあとで教わりました。祖父の親戚、祖母の親戚が日本に何家族かきていましたが、みんな何らかの商売をやっていたので、その全員が忙しく働いていました。いい環境とは言えないかもしれないし、一家団欒なんてあまり記憶にありませんが、いつも、いろんな人が入れ替わり立ち替わり出入りしている。日本語がしゃべれない親戚もいて、横浜だからか隣にはインド人も住んでいて、世の中、いろんな人がいるんだなと子供心に感じていました。とても国際色があって、賑やかな家庭環境だったと思います」

家に出入りする人々のなかには『サインはV』『Gメン'75』などで昭和のお茶の間に親しまれた女優の范文雀（はんぶんじゃく）もいた。范文雀は、余鴻彰の姉と結婚した同じ台湾系の范という姓の男性との間に生まれた子供で余貴美子の従姉に当たる。范家のしつけは厳しく、音楽や踊りを子供の頃から習わされていた。

年齢差もあった范文雀のことは「はっきりした強い女。怖いお姉さん」と思っていた。范文雀は、がんとの闘病の末に、二〇〇二年に五四歳の若さで世を去った。余貴美子が芸能の世界に足を踏み入れるにあたり、間接的な影響を及ぼした存在だった。

出身地は広東省

余という姓は、中国でもそれほど多くはないが、客家にはしばしばみられる姓だという。余家の歴史は、古くは余文先という明代の高官にさかのぼる。

余一族は長く広東省で暮らしていたが、第一一代の余孫梗が「渡海」と呼ばれる台湾への移住を決意する。第一六代が余貴美子の祖父である余家麟、父親の余鴻彰が第一七代、余貴美子も范文雀も第一八代世代に属している。

余貴美子が持っていた外国人登録証明書（現・在留カード）の出身地欄には「広東省鎮平村」と書かれていた。

NHKの番組『ファミリーヒストリー』のナレーターを務めていたある日、余貴美子がディレクターと話していると、自分の出身地が話題になった。子供の頃から「どうして広東省なんだろう」と、余貴美子自身も疑問に思っていた。

おそらく、祖父の代から、登録の際に、祖先の時代まで遡って「広東省」と書いていたにちがいない。この会話がきっかけとなり、ナレーターとしてではなく、出演者として余貴美子のルーツを二〇一二年、番組で取りあげることになった。それが、余貴美子が自らの客家の血について改めて意識するきっかけとなった。

客家の人々の価値観を知るうえで、重要な言葉がある。

中国語で「硬頸（インゲン）」という。

普段の台湾社会ではあまり頻繁には使われない。意味は、読んで字のごとく「硬い頸（首）」。そこから「首を縦に振らない」「こうべを垂れない」という風に解釈され、やがて「頑固」という意味に転じた。

面白いのは、多くの台湾人はこの硬頸を「融通が利かない」というマイナスの意味で受け止めるのだが、客家人は褒め言葉で使っていることだ。

「客家」の人たちのイベントに出ていると、「硬頸精神」「硬頸客家人」などの標語をやたらに目にする。出版物のタイトルにも用いられることが多い。

私なりに解釈すれば「なにがあっても簡単には折れない客家の強い心」を象徴する二文字なのである。

余貴美子が舞台中心の仕事から、本格的に映画やドラマに進出したのは一九九〇年代半ば以降である。

同じ台湾出身の客家で余貴美子の友人でもあり、宝塚歌劇団出身で、独創的な振付師として知られる謝珠栄（しゃたまえ）は、その演技をこう評する。

「彼女は、知り合う前から、とても好きな女優さんでした。舞台の上で、チャーミングで声がすごくよく通る。立派な華を持っているのに、それをあえてひけらかさず、自然体で佇んでいる。日本の女優さんにはあまり見かけない筋の通った魅力がある」

日本で活躍する台湾出身の客家には、女流囲碁の謝依旻（しゃいみん）もいる。インタビューしたことがあるが、癒し系の外見や話しぶりなのに、地に足のついた地道で堅実な考え方が印象に残っている。棋風はとにかく劣勢でも諦めずに粘る。「逆転の謝」とも呼ばれる。

勝率はそこそこなのにタイトル戦にはめっぽう強い。

本人に、大勝負で負けない理由を尋ねると、首をひねった。

「うーん、なんででしょうね。ここで負けたくないって気持ちになると、不思議に棋力が上がるのかも。そんなつもりは全然ないんですが、気づかないうちに、相手を睨んでいるらしく、〝謝にらみ〟とか言われるんです」

余貴美子も普段は穏やかな性格で、人当たりは相当に丁寧だ。東京の事務所や横浜の自宅で行ったインタビューでは、玄関を出て外まで迎えに出てきてくれた。一流と呼ばれる芸能人ではあまり見かけない対応だった。

取材をしていても、自己アピールをするような話しぶりがまったくない。

「こんな話で記事になりますか？」と何度も逆に質問された。

そんな普段の姿から、いざ「仕事」という勝負の場になると途端に「硬頸の人」に豹変する。余貴美子だけでなく、客家の人々にはそんな共通点があるように思える。

前述の客家出身の指導者でみれば、鄧小平は三度の失脚から蘇って中国の改革開放という大仕事を成し遂げ、リー・クワンユーは地図上は豆粒ほどの国土しかないシンガポールをアジア最高の経済都市に半世紀をかけて作り上げた。

李登輝は、大陸出身者ばかりの国民党でひたすら自重して時を待ち、蔣経国の死後、総統の座に就くと一気に台湾へ民主化をもたらした。

これらの指導者はそれぞれ異なるキャラクターではあるが、共通するのは、逆境に耐える粘り強さと、目的の達成を諦めない強い意志の持ち主であるという点だ。

不遇のときは耐えに耐え、チャンスが来るまではいくらでも待ち、いざ行動するときは絶対に妥協せず、強い意志をもって目標達成まで遣り抜く。

池袋の歌謡喫茶

祖父の余家麟は妻子を連れて日本に来ていた。妻は頼網好という女性で客家ではなく、福建人だった。

頼家は余家よりも社会的にも経済的にも恵まれた環境にあり、すでに既婚者であった余家麟は、頼網好と駆け落ち同然で一緒になったらしい。

そのため、頼家の側から、余家麟はいささか距離を置かれていた。余家麟は日本での生活が安定したあとも台湾にあまり戻ろうとしなかった。

余家麟と頼網好との間に生まれた次男の余鴻彰は、明治大学を卒業後、東京育ちの大塚京子と出会った。空手家で礼儀正しいハンサムな鴻彰と、日本舞踊の踊り手だった京子は「二人とも一目惚れ」（京子）というほどすぐに恋に落ち、まもなく余貴美子と妹の富美子を授かった。

若い夫婦は池袋に歌謡喫茶「パラダイス」を開いた。ステージの歌を聴きながらお茶やお酒を飲む、当時流行ったライブハウス形式の店だった。

京子によれば、店名は、ハワイアンの歌手で余鴻彰の友人だった灰田勝彦の歌のタイトルから取った。店にはハナ肇が通いつめ、ミッキー・カーチスなど、昭和の名歌手たちもアルバイトで歌いにきた。新宿の「アシベ会館」などと並び、草創期の昭和大衆歌謡をリードした店だった。

京子にとっては、忘れられない思い出だ。

「パラダイスは一階と二階があって、二階からは一階が見えるようになっているんです。テレビもあったから、力道山の試合のときは列に並んで順番に入ってもらう時代でした。ハナ肇さんなんか、池袋の近くの要町に住んでいて、仲よかったから、一曲やれっていったら、普通に歌ってくれたりしましたね。そのうちみんな有名になっちゃった」

大家族主義で、波乱や変化の多い台湾人の生活にも、京子は自然に適応した。

「私は嫁だし、難しい話になると家庭の会話も日本語から台湾語になってしまって何を言っているかわからないのですが、口調によって怒られているのかなあって随分カンも働くようになっちゃって、そんな時は大人しくしてました」

京子は育ちのよい「天然さ」を感じさせながら、どのような逆風を受けても柳のように決して折れないしなやかな強さも兼ね備えた女性だ。

そのDNAは余貴美子にも引き継がれているようである。

「芸」の世界とごくごく近い環境で育ったことが、英語が得意だった余貴美子に、一流商社への入社が決まりながら、父の反対を押し切って、あえて劇団員の道を選ばせた遠因だったかもしれない。

池袋の店が区画整理で閉められ、一家は横浜に移った。当時はまだ未開発でちょっとガラの悪いムードもあった横浜駅西口近くにバーや焼き鳥屋を開いた。「位置がとてもいい。ここにしよう」。一族で決めた立地だった。京子が店を切り盛りし、鴻彰は経営を担った。

最初はバーテンダーのいるトリスバーを開いたが、京子目当てのお客が増えていった。「美人スタンドバーという看板を出したんです」と京子は笑う。

やがて、一階を焼き鳥屋に業態を変え、割烹料理の店も二階に設け、朝は出勤前のサラリーマン向けに定食を出した。

そんな慌ただしい日々がこたえたのか、鴻彰は若くしてがんで他界した。客家の伝統や台湾との結びつきを伝える人間は一時、余貴美子の周囲にはいなくなった。

役者としての人生を歩み始めた余貴美子が飛びこんだ先は、演出家・串田和美が主宰したオンシアター自由劇場というアングラに近いような演劇だった。劇団の全員で衣装を縫い、舞台装置や小道具を作っていた。女性でも演技がだめだと先輩に拳で殴られる。そんな時代だった。

自由劇場のロングランヒット作「上海バンスキング」のメインキャストのリリー役に抜擢されたこともあったが、「(自由劇場の看板女優だった)吉田日出子さんの服にアイロンをかけたり、靴をそろえたりしていました」と笑いながら振り返る。

もとは映画志向だったが、この自由劇場で三〇歳すぎまで踏ん張った。

〈どうしたらいいかわからなくて。美人でもない、スタイルもよくない、演技もできないとなったら、劇団にいて修業するしかないなと思ったんです〉

林真理子との「週刊朝日」(二〇一〇年一月二九日号)の対談で、率直に下積み時代のことを振り返っている。

その後も自ら劇団を立ち上げるなどして、映画やドラマの世界に本格的に足を踏み入れたのは一九九〇年代後半からだ。年齢は四〇歳を越えていた。

一族の誇り

ところで、余貴美子は日本に帰化していない。中華民国籍のままである。

父の死後、母からは何度も勧められたが応じてこなかった。

「そういう気持ちになぜかならないんです。別に何かのため、ということではなく、帰化しても大丈夫なんですが……」

ただ、余家麟の時代から余家と台湾との連絡はほとんど切れていた。日本在住の客家で、『日本客家述略』という著書がある客家研究者の周子秋がNHKから『ファミリーヒストリー』の番組制作のために調査の依頼を受けた。余家と面識はなかったが、「客家の仲間のことなら」と骨を折り、桃園県側にコンタクトを取った。

台湾全体には数千人の余姓が暮らしており、祖父・余家麟の出身である桃園市には「桃園市余姓宗親会」がある。宗親会とは、一つの姓の人々が集う親睦団体だ。台湾では、市・県別に余姓の宗親会があり、台湾全体の宗親会があり、世界大会も何年かに一度は開かれる。

桃園市余姓宗親会の人たちに会うため、成田空港から桃園国際空港に行き、そこから車でおよそ三〇分。客家人口が多い地域に入っていくと、「客家菜（カーチャーツアイ）（客家料理）」の看板を掲げた店がしばしば目に飛び込んでくる。

桃園市余姓宗親会は、立派な二階建てのビルを所有しており、それだけでも驚かされたが、現在、豪華な四階建てのビルにする改築計画を準備中で、近々、着工するという。こうした資金はすべて桃園に暮らす余姓の客家たちの献金でまかなわれる。

桃園市余姓宗親会の名誉顧問である余遠新から余貴美子のルーツを探したときのエピソードを聞いた。

「中国の命名には「輩行」という概念があります。同世代の兄弟の名前に同じ文字を入れるものです。客家は特にその「輩行」を大切にします。私たち宗親会で、余家麟の名前の「家」という字を手掛かりに、家系図をたどってみたところ、北部の桃園から新竹一帯に暮らしていたそれらしき一族が見つかったのです」

それが余貴美子の一族だった。余氏全体の家系図を見せてもらったが、「広辞苑」よりも分厚いもので、それが上下二冊ある。余姓宗親会の人々にとっては、現在にまで続く自分たちのルーツと先祖の努力がこの家系図の重みに込められているのだ。

余遠新は、余貴美子との関わりをこう語る。

「実は九〇年代に余姓全体の家系図を作るとき、余家麟さんのお兄さんで、台東に住む方に連絡したことがあるのです。お兄さんは「家麟とは半世紀も連絡を取っていない」と言われて私たちも余家の家系図のところがそこだけ空白になって残念に思っていました。私たちはできるだけ余家の伝統を引き継いだ家系図を完璧なものにしたいと考えているからです。日本でこのように活躍されるお孫さんがいるなどとは想像もつかず、我々も本当に驚きました。余貴美子さんは、余一族の誇りです」

「この人たちのために祈りたい」

余家の族譜によれば、清朝の乾隆帝のころ、第一一代の余家の先祖が広東省から台湾に渡ってきていた。

番組では、スタッフが「菅村」と名前を変えた鎮平村を訪ね、余貴美子の遠い縁戚にあたる人々が、余貴美子の成功を祝って余家の先祖を祀った祭壇に向かって祈禱するシーンが流された。先祖崇拝の信仰も客家では根強い。

余貴美子は特にこのシーンにいたく感動し、涙を流したという。

「会ったこともない人たちが私のために祈っている。いい意味で、ショックでしたね。自分もこの人たちのために祈りたいと思いましたし、客家の血を引くことに喜びを感じ、誇りを持って生きていこうと思いました」

客家のつながりは強く、清明節には一族の繁栄を祖先に祈禱する

「客家は先祖にいつも見つめられながら、生きているのです」

そう教えてくれたのは周子秋だった。

客家文化の特色の一つはお墓にあり、客家のお墓はひときわ大きい。先祖の骨をまとめて入れているからだ。

人数が増えると、一緒に燃やして骨の量を少なくして一つのお墓の中に残していく。これを客家の人々は「合火（ハーフオ）」と呼ぶ。

社会全体や家族がお墓を中心に結びついているシステムなので、毎年、お墓参りをする清明節にはみんな何があっても集まるという。

「仕事や私生活がうまくいっていないと親戚た

ちに合わせる顔がないからみんな一生懸命仕事を頑張るようになるんです。客家は犯罪率が低い、離婚率が低いと言われるのも、みんな一族の視線を気にするからですよ。それだけ、同族の観念が強いのです」

周子秋は、そんな腑に落ちる解説をした。

余貴美子は、台湾とのつながりを確認できてからは、台湾の桃園の宗親会を何度も訪ね、清明節の墓参りにも出席している。父の遺骨も台湾の余一族の墓に納めた。台湾で開かれる客家関係のイベントにも呼ばれるようになった。

客家との結びつきが急速に取り戻されているのだ。

「自分の原点が、ここにあるんだとしみじみ思います。これまで、他人の人生ばかり演じて自分のことを考えたことがあまりなかったのですが、演技の才能も外見もそれほどでもない私が女優としてここまでやってきたのも、大げさかもしれませんが、自分の中にある客家に気づくためだったのかなと」

中国の複雑な歴史が産み落とした客家の人々は決して強い政治力を持つわけではない。どこの社会においてもマイノリティであり、弱者であり、恵まれた出発点にはない。

そのなかで客家の人々は勤勉さと強情さを旨とする「硬頸」の客家精神を武器に、それぞれの国で、たくましく生き抜いてきた。

女優としての余貴美子は四〇年近いキャリアを重ね、その演技は円熟味を増している。

豊富な経験に加え、「客家」の誇りも女優人生の支えになろうとしている。

「いまの台湾の総統の蔡英文さんも客家の血統の方と聞いていますが、客家で頑張っている方々をみると、自分も恥ずかしくないように生きようと思うようになりました。客家出身と聞いただけで応援したくなります。客家の血を引いていることに喜びを感じます。私の中で、客家人という感覚が、何なんでしょうか、急速に、突然、やってきたんです」

日本人でもなく、台湾人でもなく、客家人として生きる。

言葉の端々から、静かな覚悟が伝わってきた。

コラム　客家の背骨は「中原」にあり

客家の定義はなかなか難しい。外見はほかの漢民族と変わらないが、独自の客家語という中国語方言を操り、食生活や習俗も独特のものがある。何より、客家人であることに強い誇りと自信を持っている。その自意識こそが、客家を客家たらしめている最大の要因であるとも言える。

前出の周子秋は、客家の性格をこう評する。

「中国で戦乱から逃げて移動を続けた集団記憶があるので、贈り物や蓄財では、持ち運びやすい黄金を好みます。客家はとにかく吝(りん)嗇(しょく)であることでも有名で、経済観念は強い人々です。一方、いくら貧乏しても、子供の教育には大金を費やすことを惜しまない。だから客家の人材は育つ。中国社会の中でもひときわ変わった集団なのです」

客家は本来、漢民族の伝統を強調する中華ナショナリズムが強い人々であるが、台湾では、一九九〇年代以降の民主化によって本省人中心の「台湾本土化」の趨勢のもと、台湾ナショナリズムの強化が広がった。その最も分かりやすい表現方法として、彼らの母語である台湾語を使う、という機運が高まった。

ただ、もう少し顕微鏡の倍率を上げてみると、台湾語を母語としている本省人とはあくまで福建系の人々であり、客家語を母語とする客家は本省人ではあっても台湾本土化の流れに完全には包摂されなかった。

客家には不公平感が広がったが、彼らがそれまでの国民党が用いてきた中華ナショナリズムに完全に与することもよしとはせず、客家の中から客家の独自性を強調する声が上が

って きた。いわゆる「客家運動」である。

その結果、台湾に暮らす客家の人々の間で客家文化の復興を求める動きが強まり、客家人の尊厳を回復し、客家語などの客家文化を「隠れたもの」から表舞台に引き出そうとする動きが広がったのである。

国民党と民進党の二大勢力も、客家という「中間勢力」を味方にひきつける必要性を意識するようになった。前述のように、政府内に客家委員会が設置され、客家語で放送する客家テレビができ、公共交通機関の案内放送でも客家語が使われているのは、人口比では一〇％に満たない客家に対しては、十分すぎるほどの気の配りようである。これは、台湾の多元的社会へ向けた人道的な努力でもあると同時に、客家勢力への政治的な配慮という要素もある。

客家が「中華の伝統」へこだわると書いたが、中国大陸をさまよった「流浪の民」なのに、なぜ、と思われるかもしれない。

そこには、自分たちが「中原」と呼ばれる中国の中央にいた本流の漢民族であるという「神話」へのプライドが関わっている。戦乱によって各地をさまよいながらも中華の伝統を失わない、という意地である。

民族学の研究によれば、すべての客家が中原に源流があるとは言えないようだ。各地の人々との混交もかなりあった。

しかし、歴史的な事実より、重要なのは何を信じるかだ。客家の間の中華意識は、彼らのアイデンティティの背骨になっている。一方、やはり海外に長く暮らしていると、現地への同化という部分が現れてくる。

第三章で登場した振付師で客家出身の謝珠

栄の父親は謝坤蘭（しゃこんらん）といい、台湾人界隈ではよく知られる在日客家界の大物だった。

謝坤蘭は日本統治時代の台湾で育った。地元・桃園では学業優秀で神童と呼ばれ、長男としていずれ台湾に戻るつもりで留学先に日本を選び一六歳で神戸に渡った。余貴美子の祖父である余家麟もそうだったが、当時神戸は台湾・基隆と定期航路を持ち、台湾出身者が最も多く暮らす場所だった。

苦学して立命館大学に入った謝坤蘭は大学院で東京大学の経済研究所に入った。その後銀行や葬儀会社などを立ち上げ、関西の華僑界では知らない人はいない成功者となった。娘である一九五〇年生まれの謝珠栄は日本で育ち、中国語も台湾語も客家語も話せない。それでも、舞台の世界で実績を上げ、地元の客家出身の華僑の間では「客家の光」と呼ばれるようになった。

その謝珠栄は、亡くなった父について、こう振り返る。

「最後の方は台湾語も客家語も覚えていなくてぜんぶ日本語でしゃべるようになっていました。父は「祖国は台湾、母国は日本、私は客家だが世界人だ」が口癖でした。私もルーツは台湾ですが、日本で育って台湾に戻っても言葉は通じないし生活はできない。日本で生きていく人間だと思っています。でも、先日父の分骨のため娘三人で台湾に行くと、客家の方々から父は立派な人だったと聞かされました。子供心に本当に嬉しいものでした」

父の苦労に報いようと、謝珠栄は、二〇一二年、『客家』というミュージカルを作った。客家の歴史的人物である宋代の軍人・文天祥の娘を主人公とした物語だった。いつか父親が好きだった宋家の三姉妹をテーマとしたミュージカルも実現したいという願いを抱いている。

第四章　日本の食を変革する

1　「551蓬莱」創業者が日本にみた桃源郷　羅邦強

ラーメン、餃子、チャーハン

家でも外でも、うどんやそばと同じぐらい食べてきた。

中華料理は、日本人の国民食である。こんな風に書くと、何となく論理矛盾を感じるのだが、ラーメンや餃子を食べない週はないと言ってもいいぐらい、私は日本でも中華をよく食べるし、多くの日本人にとっても「中華にする?」は「うなぎにする?」や「天丼にする?」よりも、身近な選択肢である。

身近すぎて、それが海外オリジナルのものだとすっかり忘れているほどに。

特にラーメンに至っては、日本のラーメンが海外に逆輸出されているほどオリジナルな料理として定着している。中華圏からきた中国、香港、台湾の観光客が、日本のラーメンに夢中になって行列を作っている。博多ラーメンの「一蘭」は海外観光客には大人気のチョイスだ。

こういうとき、多くの人は「日本人の創意工夫」「海外文化を日本風に作り変える才能」などを讃え、「だから日本はすごい」といった日本上げ議論に走りがちだ。

別にそれが悪いとは言わないが、本当のところ、どうなのだろうか。もう少し、日本の中華料理が定着していくプロセスを、しっかりと見ておく必要がないだろうか。

日本の中華料理の受容プロセスでつい見落とされがちなポイントは、日本人と中華料理の間で媒介の役割を果たしたタイワニーズの存在である。

そもそも日本に中華料理をもたらしたのは、実は多くが戦前・戦後に日本に渡ってきた台湾出身者だった。東京、大阪の有力な老舗中華料理店の多くは、台湾出身者の経営である。横浜や神戸の中華街でも台湾出身者の開いた店は数多ある。台湾出身でも、作る料理は台湾料理や福建料理とは限らない。中国の広東や上海の料理人を雇って店を開くことも多かった。

今日の日本人にとって、中華料理は、もはや「外国料理」というジャンルを超えて、日本人の国民生活にとってなくてはならない食文化になっている。そのなかで、台湾人の果たした大きな役割が、十分に知られていないのはとても残念なことだ。

一つの例として、昨今の日本人には極めて身近なブランドなのに台湾出身者が創業したことが伝えられていないのが、大阪に本社を置く豚まんの「551蓬莱」だろう。

もちもちした皮。汁気たっぷりの餡。強めの香辛料の香り。

「豚まん」を大阪の味にした（羅邦強氏）

ある新聞が行った読者投票で「大阪土産」のナンバーワンに選ばれたこともある。中華料理が大阪土産というのはよく考えれば不思議な話ではある。赤い箱にぎっしり詰まった蓬莱の豚まんは一日に一七万個を売り切る怪物商品だ。

販売個数でいえば、コンビニで売られる井村屋などの肉まんに及ばないだろうが、機械を一切使わない手作りの肉まんとしては日本一、あるいは世界一かもしれない。

関西方面にいくと、駅ビルやデパートに5

51蓬莱の赤い看板があり、たいてい長い行列ができている。この日本で最も愛され、食べられている豚まんは、台湾南部の嘉義出身の羅邦強（らほうきょう）（一九一五—二〇〇三）という台湾人が作ったものだ。

ちなみに、豚まんという名称には、「大阪にこだわる」という同社の姿勢が表れている。関西以外では、肉まんが主流だが、関西では「肉」といえば牛肉を指すという意識が強い。同社を取材したとき、つい「肉まん」と言ってしまい、「うちは豚まんと呼んでいます」と直されてしまった。

後述する台湾の羅邦強一族の関係者が提供した資料によれば、羅邦強は一九一五年七月二〇日、嘉義で生まれた。九人兄弟の八番目だった。日本が戦争に突入した一九四一年に日本へ渡った。当時は二六歳。両親には内緒の冒険だった。

日本に向かった理由は、他のタイワニーズと同様、「成功」を掴みたかったからだ。当時、台湾から日本に行くことは「内地に行く」と言われた。国境を越えるという意識は薄かった。地方から都会に出て、チャンスを摑もう、高いレベルの教育を受けよう、一山あてよう、そんな意識で台湾人は日本に移動した。

神戸に上陸した羅邦強が最初に出会った味は岡山の桃だった。桃は岡山の特産だ。羅邦強は「こんなうまいものを食べたことがない」と感激し、生涯忘れられない味となった。その後、台湾に里帰りをするたびに、岡山産の桃を必ずお土産にした。

日本では軍需工場や農産品の販売所などで働いた。一九四五年の日本の敗戦で、羅邦強は帰国するかどうかの選択を迫られるが、日本に残ることを選んだ。

このとき同じように日本にとどまったのが、余貴美子の祖父・余家麟や、このあと登場する日清食品の創業者・安藤百福であり、台湾に戻ったのがこれも本書でとりあげる作家の陳舜臣や邱永漢、そして、元台湾総統の李登輝といった人物たちだった。

遊牧民由来の食物

羅邦強は闇米などを地方から買っては神戸で売って資金を稼ぎ、やがて同郷の嘉義出身者の郭文澤、蔡水池、頼来陣の三人と、大阪に食堂「蓬萊食堂」を立ち上げた。

小さな店だったが、店のカレーを食べようと行列ができる人気店になった。当時の日本社会は戦後の混乱期。誰もが「安く早く」食べられるカレーのような料理を好んだ。

経営を軌道に乗せた蓬萊食堂はメニューを多角化し、豚まんを売り始めた。なぜ豚まんだったのか。

関西で豚まんと呼ばれる肉まんは、中国北方でよく食べられている中華料理であり、「肉包（ロウバオ）」「包子（パオズ）」などの名前で呼ばれ、蒸したてが露店などで売られている。

いまや台湾を代表する名物料理となった「小籠包（ショーロンポウ）」はどちらかというと餃子やシュウマイの系統の「点心（てんしん）」とよばれる料理だが、肉まんは、大きく分厚い皮に肉や野菜でつくった餡を入れて、保存食として冷蔵しておいて、必要なときに蒸して食べられてきた。草原の移動に便利でもあり、遊牧民由来の食物とも言われる。

この肉まんの中国における本場の一つが沿岸部の天津で、いまでも「天津包子」といえばブランド的な響きを持つ。終戦直後、神戸で中国出身者が開いたとみられるお店の「天津包子」がヒットした。そのことを羅邦強が聞きつけ、大阪でも売り出すことにしたようだ。

のちに店を離れた郭文澤を除き、羅邦強は営業を、蔡水池は料理を、頼来陣は経理をそれぞれ分担し、大阪の難波の商店街の一等地にいくつも店舗を広げた。宣伝のために、人気の芸人・花菱アチャコや相撲の千代の山関など招き、実演販売などの手法も取り入れ話題作りにも励んだ。

店は軌道に乗ったが、創業者たちの思いも次第にずれ始める。火災によって店舗が全焼した事件をきっかけに、一九六三年に分割独立を決め、店名も変更することにした。羅邦強が「蓬莱角店」として、蔡水池が「蓬莱別館」として、頼来陣が「蓬莱中店」として、三つあった難波の店舗をそれぞれ引き継いだ。羅邦強はのちに店名を「蓬莱」に変え、そして現在は「551蓬莱」としている。

現在、難波の蓬莱創業の地を訪ねると、興味深い光景を目撃する。「蓬莱別館」はすでにないが、「蓬莱本館」に名称を変更した旧「蓬莱中店」はいまも店舗を出している。

そこからわずか数十メートル離れた角地に551蓬莱がある。

長い行列ができているのは551蓬莱で、蓬莱本館のほうは、豚まんは売っているが、行列ができている様子はない。

ただ、新幹線や空港の売店に行くと、チルドの「蓬莱」と書かれた豚まんが売られている。これは蓬莱本館の商品で、いささか紛らわしい。間違って買う人もいるだろう。私も知らずにチルドの「蓬莱本館の豚まん」を買ったことがある。蓬莱が、かつて同社の電話番号でもあった551を店名に使ったのは蓬莱本館との差別化のためである。


「人間は学歴じゃない、学力や」


551蓬莱の本社は、セントラルキッチンを併設した大阪・桜川にある。本社の受付には羅邦強の銅像が佇んでいた。まだ七店舗しかなかった草創期の551蓬莱に一九六六年に入社し、いまも会社に常務としてとどまっている田中一昭を本社に訪ねた。

入社前、田中は、大学の恩師の勧めで、551蓬莱に面接へ行った。そのときの羅邦強との珍妙なやりとりをいまも忘れられない。

「とにかく、人間は食欲がいちばん大事。食べ物というのは不思議なもんで、誰でも一日三回は食べたいと思うやろ？　食べてもらうことで人を幸せにできるんや。お店からニコニコして出てきたお客さんの顔をみたら、一日の疲れなんてなくなってしまう。ああこの商売をしててよかったなあと思う」

そしてこうも言った。

「人間というのは、学歴じゃない。学力や。自分も中学すら出ていない。でも、ここまでやってきた」

田中は、羅邦強の実感あふれる話に強くひかれた。父親を早くに亡くし、家庭の経済状況に恵まれない貧乏学生だった田中は、羅邦強の商売談義を聞き、内心、「この人と一緒に働きたい」と思った。

しかし、羅邦強からは、肩透かしを食わせる一言を浴びた。

「人生には二つの大切な選択がある。一つは仕事、もう一つは伴侶や。どっちもまちごうたらいかん。でも、仕事では女房より長い時間一緒にいる。だからじっくり自分にここがあっているかどうか考えなさい」

二回目の面接で「御社で働きたいです」と告げても、羅邦強から再び「よく考えなさい」と追い返された。自分を雇いたくないのかなと不安になりながら、三回目の面接でも就職の意欲を伝えると、「採用は君が決めたらいい」。

田中は、どきりとした。

「これは怖いことや。決めた以上は、少々のことではやめられない。自分は責任をもって蓬莱で働かんといかんことになる」

働き始めると、羅邦強からいつも叱られた。「怒った分が愛情や」。羅邦強は叱ったあとにそんな風にフォローした。

「指示を守らない人は怒られましたね。でも、うそをついた人はもっと怒られて、二度と日の目はみなかったです」

肉汁たっぷり、関西では定番の味

５５１蓬萊の豚まん製法は、精緻を極めている。

過去には、完全に秘密とされていたが、いまは多少情報を明かしてくれる。生地の小麦粉は日清製粉と鳥越製粉から手に入れている。肉はメキシコ産とブラジル産。玉ねぎは関西から近い淡路島産。具の配合割合は明かしていないが、皮は七〇グラム、具は六〇グラムと決まっている。

幅広い人気を集める理由は、その味に比例しない一個一七〇円という価格の安さも大きい。コンビニで売られている肉まんは、だいたい一〇〇グラム前後で一一〇円という価格設定になっている。551蓬莱の豚まんは一三〇グラムで一七〇円だから、コスパはコンビニ並みだ。それでいて、横浜の中華街あたりで売られている一個三〇〇円の肉まん並みに美味しい。

ここに551蓬莱の豚まんの強さの秘密があり、田中も「どこも真似できないのは、この品質でこの値段では作れないからでしょう」と胸を張った。

桜川のセントラルキッチンで作られた豚まんの生地は、一五〇分という時間内で輸送できる距離を店舗展開の最大到達地点としている。北は滋賀県の草津。南は和歌山市、西は神戸という具合だ。一五〇分を一分でも超える地点には、店を出さない。

なぜなら、豚まんの生地が運んでいる間に発酵しており、輸送時間が一五〇分を超えると発酵しすぎてしまうからだ。どこの551蓬莱の店舗でも同じようなぷっくらとした生地の豚まんを食べられる秘訣になっている。

「関西にこだわりたいという会長の思いがあったんです」と田中は振り返る。

東京進出の話はなんども舞い込んだ。東京にくれば二倍、三倍に売り上げはあがる。キッチンも土地も用意する。そんな誘いもあったが、羅邦強は断り続けた。その方針は、二代目の息子の羅辰雄(志賢)、さらに現社長で三代目の羅賢一に、引き継がれている。

台湾のルーツについては、創業者が台湾出身という以外、現在の社員たちもほとんど把握していない。羅邦強の孫にあたる社長の羅賢一も「昔のことなのでよくわからな

「蓬莱食品」という店が、嘉義市内の中心部にあることがわかった。

日本から国際電話をかけると「羅邦強は親戚です」という答えがかえってきた。詳しく話を聞くために、台湾新幹線で台北から八〇分ほどの嘉義に向かった。

もしかするとと思ってネットで「嘉義」「蓬莱」と打ち込んで検索してみると、

い」としている。

故郷・嘉義へ向かうと

嘉義は、台湾を代表する観光名所・阿里山（ありさん）への登山入り口ということで、日本人も訪れることが多い場所だ。最近は故宮博物院の別館である故宮南院も完成した。私が嘉義で好きな場所は「文化街夜市」である。台湾のなかでは規模としてはこぢんまりとした夜市（ナイトマーケット）だが、古くからの店が多く、味のレベルがどの店も高い。

その文化街のそばに「蓬莱食品」があり、台湾の嘉義農林野球部の甲子園準優勝を描いた台湾映画『ＫＡＮＯ』にも登場するエース・呉明捷（ウーミンジエ）のユニフォーム姿の銅像が文化街ロータリーの中心にそびえているのが店から見える。

「蓬莱食品」は肉まんを売っているわけではなく、台湾によくある、調理パンやケーキを販売する小さな店だった。

ただ看板だけは「蓬莱」というロゴが日本とまったく同じなのである。

私が訪れたときちょうど店にいた社長の謝梨美に、話を聞くことができた。謝梨美は、羅邦強からすると、弟の息子、つまり甥っ子の嫁にあたる人物だ。

謝梨美から家系図の「羅氏宗親族譜」を見せてもらった。族譜のピラミッドの頂点には「渡台湾人の多くは、中国から渡ってきた漢人である。羅家の場合は羅興喬という人で、そこから第七台第一世(台湾に渡った初代)」がくる。羅家の場合は羅興喬という人で、そこから第七代にあたるのが羅邦強である。

羅邦強には、羅墩という兄がいた。羅墩には、伯揚という息子がおり、どのような経緯か定かではないが、鉄道局(日本でいう旧国鉄)で働いていた伯揚が自分で店を開くことになり、「蓬莱」という名前とロゴを日本からもらったのだという。

伯揚もその息子の仁茂も、残念なことに二〇一七年三月に病気で亡くなっていた。羅邦強が資金援助をして建てたという羅家の邸宅は、蓬莱食品から三〇〇メートルほど離れた路地にあった。現在は改修中であったが、台南の旧市街の民家としてはほかの家とまったく違う、煉瓦造りの見事な二階建ての家だった。

羅邦強にとって故郷に錦を飾る行為だったのだろう。

族譜が入っていた資料袋のなかからは、羅邦強の「外国人登録証明願」という書類が出てきた。それによると、日本への入国日は一九四一年四月二三日となっている。それが、大志を抱いた羅邦強が岡山の港に降り立った日付だ。

「なぜ、こんな書類があるんでしょうかね」

笑いながら首をかしげた謝梨美は、羅邦強のことを思い起こしてくれた。

「背が高く、がっしりして、とてもパワフルな人でした」

嘉義の「蓬萊」はパンのほかに「蓬萊ハンバーガー」を店の名物としていた。食べさせてもらったが、野菜をたっぷり挟んだ美味しい味だった。夕刻の店は、翌朝の朝食のためにパンを買い求める嘉義市民で繁盛していた。

ロゴは日本と同じ（嘉義市の蓬萊食品）

羅邦強は「蓬萊」という名前をなぜ自分の会社につけたのだろうか。

生前、田中にこう語っていた。

「嘉義からやってきて、日本は夢の国だった。夢の国は桃源郷。中国では桃源郷のことを蓬萊と呼ぶんだ。自分の店を初めて持った時、迷わず、蓬萊という名前にした」

憧れの地で、羅邦強は事業を成功させ、「蓬萊＝日本」の食文化を豊穣なものにした。

新幹線で大阪から東京に、５５１蓬萊の豚まんを家族の土産に持ち帰るサラリーマンを見かける。中には、お土産用に一〇個入りなどの豚まんを買い、一個か二個、新幹線のなかで夕食がわりにビールを飲みながら食べる人もいる。

そんなとき、車内にぷうんと、台湾を感じさせる香辛料の強い豚まんの香りが広がる。その香りが強すぎるという乗客からの苦情もあるようだが、その情景が、台湾と日本の過去が一つの結晶となった感慨を私に抱かせるのである。

2　カップヌードルの謎を追って　安藤百福

料理を通してつながる台湾と日本は、ほかにもある。

チキンラーメンとカップヌードル。日本や世界の食卓を変革した二つの即席麺を「発明」したのが、日清食品の創業者である安藤百福（あんどうももふく）だ。「人類はめん類」などのユニークなキャッチフレーズを掲げて戦後日本に即席麺文化を定着させた功労者である安藤は、台湾生まれの台湾育ちで、日本に若くして渡ったタイワニーズである。日本に帰化する前の名前は呉百福といった。

麺文化の普及に人生を賭けた安藤百福氏（共同通信社）

　チキンラーメンは日本人の「おふくろの味」となり、カップヌードルは「世界の味」となった。発売四五周年を記念して日清食品が二〇一六年にまとめた数字によれば、カップヌードルは世界で四〇〇億食を販売したとされている。

日本には、安藤の業績を振り返ることができる場所がある。創業の地、大阪府池田市と、神奈川県横浜市のみなとみらい地区にそれぞれ建てられた「カップヌードルミュージアム」、別名「安藤百福発明記念館」である。

二〇一八年後期のNHK連続ドラマで、安藤の人生を取り上げた『まんぷく』が制作されると発表された。ドラマでは、安藤の妻である仁子(まさこ)に焦点が当てられるらしいが、安藤の人生や人となりを、日本人が改めて振り返る機会になるにちがいない。

二〇一七年一一月、ドラマ制作発表の翌日にたまたま、日清食品とかねてからのアポイントで、横浜の方の「カップヌードルミュージアム」を訪れた。

みなとみらい地区の新規開発区域にあり、駅からは少し離れているが、海に面した広々とした敷地に建てられた立派な施設で、子供たちの社会見学の姿も多く見かけた。中に入ると最初のスペースに、過去、日清食品から販売された即席麺が壁にびっしりと展示してあり、足を踏み入れた参観者からは歓声が上がる。

目を引いたのは、一九五八年に発売された最初のチキンラーメンだ。

現在のチキンラーメンのデザインと異なるところは、表面に卵形の透明のフィルムがあり、中の麺が見えるようになっている点だ。当時まだ即席麺に慣れていない消費者に中身を確かめてもらうためにそうしてあった。

一方、「チキンラーメン」の文字は今と同じ。これは安藤自身の筆によるものだ。黄色と白色のかけ線のデザインも変わっていない。かけ線の本数まで同じらしい。創業者の思いを尊重して残しているという。

横浜みなとみらい地区の「カップヌードルミュージアム」の安藤百福像

意外なことに、最初に発売されたラインアップは、今も続くチキン味のものに加えて、「和風冷やしそば」と「カレー」であった。チキン味以外はのちに販売が中止されている。

日清食品がカップヌードルを発売したのはチキンラーメンの発売から一三年を経過した一九七一年だった。その翌年の一九七二年には天そば味のカップヌードルも出ている。天そば味はのちに販売中止になるが、日清食品が近年開催した歴代カップヌードルの人気投票では消費者からのリバイバル希望がこの天そば味に殺到する。

現在の即席麺市場の競争はコンビニの登場で

激烈化している。商品の寿命が一ヶ月という短さも珍しくない。日清から発売されたカップヌードルの種類は一〇〇を大きく超えた。

それでも、カップヌードルの人気トップ3は動かない。一位は赤い包装のしょうゆ味で、次はシーフード味、次はカレー味だ。かつてはカレー味がナンバー2だったが、女性が比較的好むシーフードが売り上げでカレーを抜いたという。最近はチリトマト味やトムヤムクン味なども三強に迫る定番になりつつある。

展示の解説で知ったのは、カップラーメンはテクノロジーの宝庫だということだ。中の麵をカップの中間で止めるようにし、麵の密度は上側が高く、下側が低くすることでお湯を染み込みやすくしている。カップに麵を入れる工程でも当初苦労したが、カップを逆さにして麵にかぶせる形にすることで解決した。

案内をしてくれた日清の広報によると、安藤は社員に対して「二四時間アイデアを考えていなさい」と語っていた。自らも就寝のベッドにメモ帳を持ち込むことを欠かさなかった。夢でみたビジネスのヒントを書きつけるためであった。

ある夜にメモしたつもりが、ペンのインクが切れていて文字が見えなかったので、紙の凹みをなぞってどうにか書いた文字を再現したという逸話が残るほど、突然湧いてくるアイデアを重視したという。

チキンラーメンを売り出したあと、すぐに評判を呼んだが、商標登録も製法特許もしっかり取っていなかったため、類似品や模倣品が続々と現れ、多くの紛争に安藤と日清食品が巻き込まれたことも、手痛い歴史の教訓として展示に記されている。

最終的には、日清食品の主張が認められる形で商標や特許の問題は解決したが、その過程で多くのネガティブな情報も流され、一時は、「カップヌードルは体に悪い」というわさが広がった。

当時の食糧庁長官から業界全体が注意を受け、それをきっかけに日本ラーメン工業協会を立ち上げて安藤が会長に就任し、業界の浄化に取り組まなくてはならなくなった。

わが発明

安藤が一九一〇年に生まれた場所は、台湾南部の海岸線にあたる嘉義県の東石・朴子という土地だ。前出の羅邦強が生まれた嘉義市の中心部から距離はおよそ五〇キロ離れている。日本が台湾統治を始めて一五年ほど経過したころのことである。東石は当時の行政区では台南州だった。台湾海峡に面して、ひたすら浅瀬の海岸線が広がる荒涼とした土地である。

安藤の家は呉服商を経営しており、家には多くの商人が出入りしていた。両親を早くに亡くしていたが、祖父母が健在で、経済的に苦しい生活を送ったわけではない。子供の頃から計算が得意だった安藤は、小学校を卒業後、進学せずに商売の道を選んだ。

安藤は仕事の経験を積みながら、やがて台北に出て独立し、日本に拠点を移す。当時の流行である繊維などの事業を素早く立ち上げ、日本の敗戦までかなりの資産を築いたとされている。戦後は、台湾に戻らずその資産を不動産などの事業に投入した。

ところが、経営にかかわった信用組合の破綻で無一文になりかけた。安藤は起死回生の一手として、即席麵、つまりインスタントラーメンの開発に取り組んだ。

もともと安藤は、食に興味があった。自分でも料理が好きで、周囲には「もし自分が料理人になっていたら成功していたはずだ」と語っていた。

安藤の著書の何冊かに目を通して感じたのは、「わが発明」によってチキンラーメンとカップヌードルをこの世に送り出した、という「伝説」に対する、過剰にも見える強いこだわりだった。

安藤は本を書いたときにはすでに成功者である。日清食品グループは二〇一七年三月時点で、連結従業員数一万一七一〇人、連結売上高四九五七億円に達する巨大企業になっている。成功物語をなお増幅させようとする強い意図に、むしろ興味をそそられた。ここまでの自己顕示欲を見せるのは、台湾系の成功者には珍しい。

安藤の発明を振り返りながら私が抱いたのはチキンラーメンとそれに続くカップヌードルはどこまで「発明」なのだろうかという疑問だった。

即席麵の商品化にとって大事なのは長期保存に耐えるように乾燥させ、熱湯で素早く戻るようにさせること。つまり保存性と簡便性が、安藤が解決しなければならない課題であった。

自伝『魔法のラーメン発明物語——私の履歴書』の説明には、こう書かれている。

〈試行錯誤の末、結局私は油熱による乾燥法にたどり着いた。ヒントはてんぷらだった。ある時、台所に入っていくと、家内がてんぷらを揚げていた。小麦粉の粉は油の中に入ると泡を立て、水をはじき出している。浮き上がってきた衣の表面には、ぽつぽつと無数の穴が開いていた〉

安藤はてんぷらの原理を応用することをひらめき、油で揚げた麺による「瞬間油熱乾燥法」が誕生した、ということになっている。

安藤はさらに具体的に当時考えついた製法を解説している。めんをせいろに入れて蒸す→蒸しあがっためんに、ジョウロでチキンスープを振りかける→めんをすのこ棚に並べて陰干しする→半乾燥状態になっためんを油揚げする……

私はここまで読み進めたところで、台湾で食べたことがある麺を思い出した。台南など台湾南部一帯で食べられている「意麵（イーミエン）」である。

チキンラーメンの原型

私は、平べったくてもちもちした食感の麵が好きだ。日本では、きしめんなどに目がない。だから台南に行くと、平めんである意麵をよく食べていた。意麵は、いったん乾燥させた麵を茹でて作っている。言われてみれば、食感もどこか日清のチキンラーメンに似ている。

そして、台南は、安藤が生まれ育った故郷のような土地である。

何かがあるのではないか。そんな直感を確かめるため、台南に向かった。

台南で意麵といえば鹽水という産地が有名だ。安藤の故郷である嘉義県朴子とは、台南と嘉義の境界をはさんだ近距離にある。

台南からは、レンタカーを走らせた。台湾取材の場合、地方に行く時は、飛行機や列車で最寄りの拠点都市まで出かけて、そこからレンタカーやレンタバイクで移動することが多い。タクシーは便利だが、途中で寄り道しにくい。レンタカーの場合は、道に迷うリスクがあるが、最近ではスマホのGPSのおかげでそれも心配しなくてよくなった。

一〇〇万都市の台南市の街区を離れて海岸線に近い幹線道路に沿って北上していくと、道路の両側に広大な養殖池が広がる。その養殖池ではかつて日本向けのうなぎが養殖されていたが、いまは台南の人たちが朝食などでおかゆに入れてたべるサバヒーという魚を養殖している。サバヒーは脂分の多い青魚で、日本人にはやや脂っこく感じるのだが、台南の人たちにとってみると子供の頃から食べているソウルフードであり、最近は魚食が拡大した中国にも輸出されている。

鹽水は、かつては貿易港として栄えたが、土砂の堆積によって海岸線がより海側に進んだため、港湾能力を失った。街中には少しさびれた古都のムードが漂う。歩いていると「意麵」という看板を掲げた店が続々と現れる。一つの通りに一軒あるような感覚だ。市民にとっては子供のころから日々食べ続けている麵である。

もともと、対岸の中国の福州で食べられていた。なぜ意麵という不思議な名前をつけたかには諸説ある。

意麵は、アヒルの卵をつなぎに作る麵だ。卵をつなぎとしているので、硬い生地になって麵を打つ力を入れなければならない。そのときに「いっ、いっ」と声を出すので「意麵」と呼ばれるようになったという。

地元の鹽水の人々は、この説を意麵の由来に掲げることが多い。しかし、いささかわかりやすすぎて、かえって疑わしく思える。説明に整合性が感じられるのは別の「伊（イー）麵（ミエン）」という麵の「伊」→「意」という同音の文字表記の変化に起源を求める説だ。

伊麵は「伊府麵」ともいうが、広東省や福建省の一部で古くから食べられている。中国大陸から台南近辺に海を越えて移民してきた人々が持ち込んだ可能性がある。そして、伊麵もまた、意麵と同じ乾燥麵だ。

稲作中心の台湾には本来、小麦粉を使った料理は少ない。広東から伝わった伊麵がいつかの時点で意麵になったという説はそれなりに説得力がある。

鹽水で「范氏意麵（范さんの意麵）」という製麵業者に実物の製造工程を見せてもらった。大きなざるに三〇把ぐらいの蒸しあがった意麵を並べて、強烈な台南の太陽の下で天日干しにしていた。同社によれば、天候の良い日であれば一日で干し上がるという。意麵が広がったのは、高温多湿な台湾南部（あるいは中国南部）で、せっかく打った麵を長期保存したいのだが、冷蔵庫がない時代には難しく、天日乾燥で水分を飛ばして腐敗を回避するためだった。

保存のための乾燥という発想は、基本、チキンラーメンと同じである。

安藤が「発明」したチキンラーメンは、乾燥→油揚げ、というプロセスに、その根幹がある。一定程度、水分を自然乾燥で抜いておいて、さらに油で揚げて水分を抜くという二重の作業である。ただ、台南の意麵も伊麵も油揚げまではしていない。

ところが、同じ台南に、意麵を油で揚げてから、スープに入れて食べる「鍋焼意麵（グオシャオイーミエン）」という料理がある。現地の人たちは「揚げた麵がスープの水分をたくさん吸い込んで美味しくなる」といって好んで食べている。チキンラーメンと同じ原理である。

安藤の著書や日清食品との説明で、安藤の出身地である地元で、乾燥タイプの麵が食べられていたことは一切触れられていない。

こうなってくると何が真実かは判断がつかない。日清食品側は当然、安藤百福「完全オリジナル」説にたっている。ただ、もしかすると、若いころに故郷で食べた揚げ麵をヒントに、信用組合の失敗でがけっぷちに追いこまれた安藤が、一念発起、チキンラーメンに勝負をかけた、ということがあったとしても不思議ではない。

語らざるアイデンティティ

チキンラーメンが安藤のオリジナルではなかったと批判したいわけではない。むしろその逆である。故郷の食文化を、一気に世界的な商品に花開かせたのだから、その応用力こそ、彼の才覚であったのだと理解すると、なおさらわかりやすい。

そして、商品として特許をとり、商業化することで、現代社会の人も食べられる味にすることは発明と称しても恥ずかしくないことである。

一方、安藤は、台湾で生まれ育った自分のアイデンティティについて沈黙を貫いた。一九五〇年代には、日本女性と結婚して日本国籍を取得していた安藤は、台湾を語ることはほとんどなかった。日清食品の広報も「台湾との関係はわからない。安藤はほとんど日本人のように生きてきたと聞いています」と口が重い。

横浜のカップヌードルミュージアムにあった配布用のパンフレットには、安藤の人物紹介が、こう書かれている。

〈一九一〇年三月五日生まれ　日清食品創業者　安藤スポーツ・食文化振興財団創立〉

台湾のことは一文字たりとも書かれていない。安藤に関する公式資料も似たり寄ったりだ。あまりにも、台湾を排除しすぎていて、かえって不自然である。

生年月日を見ればわかるように、一九一〇年生まれの安藤は「日本人」として終戦の三五歳まで生きていた。二〇歳を過ぎるまでは台湾に暮らしていた。五歳や六歳で日本に来たのなら話はわかるが、安藤の母語は台湾語だと考えて間違いない。いくら日本での生活が長かったとはいえ、タイワニーズの根っこは抜けていないはずである。

大阪方面の華僑社会では、安藤に関する評判は現在もあまり芳ばしくない。それは「台湾を捨てた」という声があるからだ。

前述のように、安藤が信用組合の焦げ付きに巻き込まれて財産を失ったとき、その原因については、安藤は『転んでもただでは起きるな！――定本・安藤百福』のなかで、名義だけの理事長になってくれと頼まれたが、その信用組合がずさんな経営でとばっちりを受け、資産を失うことになったと自ら書いている。

一方で、安藤が同じ関西地方の台湾人仲間から資金を集めた末に運用に失敗して、焦げ付かせた、とも言われている。いずれにせよ、このトラブルの後、安藤は在日台湾人社会との関係を薄め、台湾出身のことも一切口にしなくなったらしい。

真相はすでに五〇年以上も前のことでもあり、いまさら突き止めることに大きな意味があるとは思わない。だが、安藤の脱・台湾への固執には、ある種の作為を感じさせる。その背後には、台湾人社会との軋轢があったとしても不思議ではない。

しかし、安藤がいくら台湾出身であることを否定しても、その「発明」は、台湾や中華の食文化の背景をもっている人間ならではのことだった。

経営の第一線から退いたあとも、チキンラーメンなどの新作の試食は、まず安藤に持っていって食べさせるのが日清食品の習わしであり、食の変革にかけた情熱は限りなかった。

インスタントラーメンはもはや世界の人々の胃袋を満たすグローバル食品だ。災害時や戦乱時の非常食にも活用され、人類の食文化への功績は色あせることはない。

現在の台湾や中国では、インスタントラーメンの原点は、中国南部の乾燥麵や油揚げ麵にあるという意見が、食の専門家や歴史学者から盛んに提起され、活発な議論が行われている。

これは「インスタントラーメンは安藤百福の発明」という神話へのチャレンジではなく、麵文化をめぐる学問談義として喜んで受け止めればいいのではないだろうか。

安藤自身が語っているように「人類ハ麵類」なのだから。

チキンラーメンは本当に発明なのか

ここからの内容は、本書（単行本『タイワニーズ』）刊行後、台湾南部の麵と安藤「発明」のチキンラーメンに関して追加取材し、新潮社「フォーサイト」に二〇一九年一月執筆した内容を加筆修正したものである。

日清食品創業者の安藤百福と、その妻・仁子をモデルにしたNHK連続テレビ小説『まんぷく』。物語が佳境を迎えるなか、終盤の山場は、安藤氏が無一文からチキンラーメンの開発で「一発逆転」を勝ち取るところだ。一方、安藤氏や日清食品側はかねて「発明」説をとってきたが、そこには異論も少なくない。ドラマではどのように「発明と台湾」を描くのか注目して見ていたのだが、その内容はいささか失望させられた。

子供の頃から、夜食でチキンラーメンを食べるのが楽しみだった。柔らかめに麵を茹でるのが好きで、醬油と鶏ダシと油の混ざった汁を、たっぷり麵に吸わせて、ずるずるっと啜り上げる。高校時代の受験勉強で夜中にお腹が空くと、鍋に水と麵を最初から入れてつくった。そうする方が麵がよくふやける。気が向けば、卵もひとつ落とした。

チキンラーメンにお世話になった日本の受験生は少なくないはずだ。私が付け焼き刃の受験勉強でギリギリ志望大学に合格できたのも、そのエネルギーに負うところが大きいのかもしれず、チキンラーメンには恩があるのだ。

『タイワニーズ——故郷喪失者の物語』で日清食品の創業者・安藤百福氏のことを書くにあたり、取材のために大阪府池田市と神奈川県横浜市にそれぞれ開設されている「安藤百福発明記念館」を訪れた。その両方には、研究小屋が設置され、安藤氏が試行錯誤を繰り返しチキンラーメンの発明にたどり着いた経緯が詳細に紹介されていた。

それを見たとき、過剰なまでの自己顕示を感じた。発明した、というのは、一つの科学的な作業の結果であって、事実自体に説得力が備わっているものだ。しかし、記念館での展示には、実際以上に物事を美しく見せようとするプロパガンダの匂いがどこか感じられたのである。

台湾・員林のケーシーミー

自伝『魔法のラーメン発明物語』（日経ビジネス人文庫）によれば、安藤氏は戦後まもなく、経営していた信用組合の破綻で無一文になった。そこで自宅に研究小屋を建て、即席麵の開発に取り組み、苦心の末、妻が天ぷらを揚げる姿にインスピレーションを受け、油で麵を揚げる「油熱乾燥法」にたどり着いた、とされている。安藤氏はこれを「発明」と述べている。私はこの説明に納得ができないところがある。

日本からおよそ三時間でひとっ飛びの台湾で、中部にある彰化という、ややマイナーな県の、さらにマイナーな員林という街を目指した。ここに「チキンラーメン」の「本家」があるという情報を聞きつけたからだ。桃園国際空港から桃園駅に直接向かい、一時間ほど新幹線に乗って彰化駅へ。そこからタクシーで二〇分。員林に到着した。駅前にあったその店の名前は「清記冰果店」。店長の戴逸さんに話を聞いた。店の創業は日本が戦争に負けた直後の一九四六年に遡る。店を開いたのは、戴逸さんの祖父にあたる戴清潭。日本統治時代は「田代」と名乗り、日本軍の兵隊だったという。

最初、店ではアイスキャンディーや果物を売っていた。だから店の名前にはいまも「氷果」の二文字が残っている。ただ、冬になると商売が落ち込むので、紅豆湯（台湾風おしるこ）などの甘味を売るようになった。さらにもう一品、何か名物を作ろうと、麵を油で揚げた料理を思いついたのが、戴清潭の妻だった。

極細の麵を揚げ、麵に絡めるスープに鶏のダシを使ったので、「雞絲麵」と名付けて売り始めた。まさに「チキンラーメン」である。違う点は、揚げた後に麵に粉をまぶして味をつけたところだ。チキンラーメンは揚げる前に麵に味付けをしている。細い麵にしたのは、太い麵だとうまく揚がらなかったからだ。

店の奥で、ちょうど麵を揚げていた。揚げ方は基本、祖父時代と何も変わっていないという。油に麵を入れる時間は三〇秒。週に一回まとめて揚げて、保存する。油が麵に付着するので、お湯を注ぐと「油香味」がする。それがうまさの秘訣でもある。油はもともとラードだったが、いまは菜種油を使っている。

この雞絲麵は好評を博し、あっという間に台湾全土に広がった。チキンラーメンの「発明」より一〇年以上前のことだ。

当時の日本は食糧難であった。日本には多くの台湾人が戦前から暮らしていた。台湾の家族から日本の家族へ、雞絲麵は盛んに船便で送られたという。

台湾人の父と日本人の母との間に生まれたエッセイストの一青妙さんには、こんな記憶がある。父は台湾の五大財閥、顔一族の長男で終戦直後から日本に留学していた。

「父は戦後すぐに日本に戻ってきていたのですが、日本の友人たちを家に集めて食事会をよくしていたそうです。父の死後、同級生の方から聞いたのは、顔さんの家にはいつも「ケーシーミー」があるので、楽しみにしていたということでした」

「ケーシーミー」とは雞絲麵の台湾語読みである。

安藤氏の本によれば、チキンラーメンの発明は一九五八年ということになっている。しかし、一青さんのお父さんは、それよりずっと前の「終戦直後」に雞絲麵を日本で食べていたことになる。

清記冰果店では、着味のベースは鶏肉、鰹節を使い、揚げニンニク、冬菜を具として入れている。「発売してから七〇年ですが、味はほとんど変わっていません」（戴逸さん）。注文して食べさせてもらった。

チキンラーメンより少し薄味のスープで、麵はかなり細く感じる。一食、二四五キロカロリー。夜に小腹が空いたときに食べるのにぴったりだ。卵を落としているところはチキンラーメンに似ている。

再生産される発明物語

チキンラーメンが安藤氏の「発明」という説は、常に拡大再生産されている。とくに日本では二〇一八年一〇月から始まった『まんぷく』の放送にあわせて、おそらくブームをあてこんだラーメン関連本が相次いで発売された。

例えば二〇一八年九月に発売された徐航明著『中華料理進化論』（イースト新書Q）は、「即席めんの生みの親は、日清食品の創業者である安藤百福氏だ」と書いており、安藤氏が自伝『魔法のラーメン発明物語』で書いている内容をそのまま引用している。

安藤百福発明記念館による『チキンラーメンの女房――実録　安藤仁子』（中央公論新社）や『安藤百福とその妻仁子――インスタントラーメンを生んだ夫妻の物語』（KADOKAWA）なども刊行されたが、当然、発明説に準拠している。

少し前になるが、二〇一一年に刊行された『ラーメンと愛国』（講談社現代新書）という本も、「当時、百福自身は、まだ支那そばというものを口にした経験はなかった。しかし、その支那そばをもっと手軽に、例えば家でつくって食べられるようにすれば、必ずやそのビジネスは成功するだろう」と安藤氏の心情を描写してみせている。

だが、これには説得力がない。麵文化のある台湾で生まれ育った安藤氏が、支那そば＝湯麵（スープの入った麵）を食べたことがないはずはないからだ。

安藤氏発明説がループしながら広がっていくこの事態に、私は危機感を覚える。『まんぷく』も「発明」説だった。実話に基づいたとはいえ、基本はフィクションであるテレビドラマだからいいではないか、という考え方もあるだろう。だが「発明」という客観的事実に対して、正しい情報が伝えられて欲しいし、後世まで読み継がれて行く印刷物ならなおさらである。

台湾名物「意麵」

さらに南下を続けた私が、麵紀行の終着点として訪れたのは、台南で最も古いマーケットと言われる「西市場」だった。台南市の中心部にあり、衣類を中心とする市場だったが、衣類が斜陽産業になると、逆に市場のなかで市場関係者向けに設置されていた飲食店の人気が高まった。築地市場の場内市場をイメージしてくれればいいだろう。

やや暗がりのなか、市場を歩いていくと、奥の奥のスペースに、大正四（一九一五）年に営業を始めたという老舗があった。「阿瑞意麵」。分かりにくい場所なのに、お昼前から常連客らしき人々でほぼ満席だ。大正四年と言えば一〇〇年以上の歴史になる。

この店の名物は、油で揚げた意麵だ。

三代目にあたる葉瑞栄さんは日本語教育を受けた両親に育てられ、家の中では両親のことを「とうちゃん、かあちゃん」と呼んでいたという。

「とうちゃんから直接聞いた話によれば、祖父が店を始めて四年後に意麺を揚げて出すようになったんだよ。台南は暑いから保存が少しでも長くできるようにって」

揚げた麺はいったん熱が冷めるまで待ってからビニール袋で包む。それでも五日程度しか保存できない。しかし、打ち立ての麺はそのままだと二日しか持たないので、かなりの違いがある。

「油で揚げているから、熱々のスープで戻すことが大切。そうしないと、麺の歯触りがもちもちしないんだ。お客さんに阿瑞の意麺は一味違うって言われるのが嬉しいね」

チキンラーメンにも通じる平打ち麺のつるつるの喉越しがたまらない。鶏と豚でダシをとったスープは透き通っている。一枚の小さなチャーシューに肉そぼろとネギ。ゆで卵が半分。何度でも食べたいと思わせる、一〇〇年の老舗の時間が詰まった柔らかく深みのある一杯の麺だった。

葉さんに、日本の安藤氏が一九五八年に油揚げの調理法を「発明した」と主張しているが、どう思うか尋ねてみた。葉さんが語った言葉は印象的だった。

「うちは大正時代から油で麺を揚げている。それは間違いない。自分はもう六三歳。この仕事を五〇年間やってきた。それは本当のこと。あとはどうでもいいさ」

そして、こう付け加えた。

「見仁見智」。これは、中国語の故事成語で「一つの物事には、その人の立場によって、異なる見方があるものだ」ということを意味している。

確かにその通りだ。そして、私は私の見方として、チキンラーメンの源流は、この台湾南部にあることを確信した。安藤氏の「発明」よりずっと前に、彼の故郷の台湾南部で、油熱で麺を揚げて調理する方法が、広く普及していた。

日本即席麺の元祖

では、チキンラーメンは発売当時の日本で「発明」と受け止められていたのだろうか。次の目的地・大阪では、チキンラーメンを売り出したばかりの安藤氏に対して、即席麺の製造法に関する「特許」を売り渡したという、安藤氏と同じ台湾南部出身者の子孫が、私を待っていた。

『南極料理人』（二〇〇九年公開）という映画をみた。面白かったのは、南極の基地に派遣され、世間から隔絶された生活にストレスをためた越冬隊員たちが、思い悩んだ末に死ぬほど食べたくなった料理がラーメンだったことだ。おにぎりでも味噌汁でもない。

隊員の一人が叫んだ。

「私の体はラーメンでできているんだ！」

笑える反面、切羽詰まった気持ちもよくわかる。ラーメンの原点は中華料理だが、すでに日本で独自の進化を遂げて、国民食の地位を確立している。そのことがこの映画からは伝わってきた。

ラーメンの国民食化。それはあるいは、日清食品の創業者・安藤百福氏が戦後に売り出したチキンラーメンの偉業であったかもしれない。そう考えても、あながち大げさではないだろう。

実は、『南極料理人』が描いた時代よりはるか昔、一九五〇年代に始まった初期の南極越冬隊が昭和基地に持ち込んだ即席麵があった。開発したのは台湾人だ。と言っても、安藤氏ではない。麵の名前もチキンラーメンではなく、「長寿麵」という別の即席麵だった。

大阪市阿倍野区の天王寺駅一帯には、再開発の波が激しく押し寄せていた。多くの古いビルが取り壊され、駐車場になり、さらなるプロジェクトを待ち受けている。そんな天王寺の古い路地を進んでいった私は、突き当たりにある古いマンションの一室のドアを開けた。

玄関には、大きな木製の看板があった。「東明長寿麵本舗　東明商行食品部」。

この一室は「東明」という会社の本社で、現在の社長は清川信治さんだ。「長寿麵」を売り出したのは、すでに他界した清川さんの父親、台湾出身の張國文さんだった。東明商行（現・東明）も、張さんが立ち上げた会社だ。

清川さんは事務室の押入れから、少し茶色がかった一枚の広告を引っ張り出した。そこには、こう書かれている。

「インスタント・ラーメンの元祖　即席えびラーメン（東明長寿麵）南極越冬隊・ヒマラヤ遠征隊　アラスカ調査団　ほか各学術団体ご採用」

日本での「元祖インスタントラーメン」はチキンラーメンではなかったのか。

清川さんは、即席麵を安藤氏が発明したというストーリーについて、

「あれはファンタジー。歴史はつくられる、と言うんでしょうか……。死人に口なしかもしれないけれど、事実は一つ。父が最初に即席麵をつくったという以外にありません」

と言い切った。

清川さんの父・張さんは、一九一七年に台湾の屛東県にある東港という町で生まれた。一八歳のときに日本へ渡り、歯科技工士として働いた。戦後も日本に残り、阿倍野で「東明食堂」を開業。そこで「長寿麵」を売り出し、大ヒットしたという。

料理が上手だった張さんは、よく家族にも料理を振る舞った。小学生だったある日、張さんが母親や自分をそろって食卓につかせた。

普通の料理が出てくると思っていたら、張さんが蓋をしたラーメンの丼を運んできて、「五分待ちなさい」と言う。五分後、蓋を開けてみると、ほかほかの湯気があがるラーメンが入っており、「美味しいだろう？」と語った張さんの誇らしげな表情が、忘れら

れないという。どうして即席麵をつくったのか聞かされたことはなかった。

一枚の新聞記事のコピーを清川さんは見せてくれた。

「ブームに乗る簡易食品　食生活の改善に一役」という「日本経済新聞」の記事で、日付は一九五九年五月一日。「中小企業版」の特集記事として、即席ラーメンのことが紹介されている。

「昨年一一月、大阪のH百貨店に初めてお目見得し、人気を呼んでいるのが、味付け不要という即席ラーメン。独特のラーメンに鶏肉、豚肉などのスープを濃縮し、調味料、ビタミンなどを加えたもので、そのまま熱湯に三分間入れるだけで食べられるというもの。試食実演で、夜食として適当だとPRした効果が現れてか、だんだん人気が人気を呼び、日に約二〇〇〇食分売れるという」

企業名は特定されていないが、文中の即席ラーメンとは東明商行の即席麵のことであるという。張国文さんが大切に記念として保存していたものだ。

特許の譲渡契約書

安藤氏が自著で「油熱乾燥法」という即席麵の製法を一九五八年に「発明」したと書いている。だが、長寿麵が、同じ時期にすでに市中に出回っていたことは間違いない。「実業界」という経済誌が一九六一年五月号で「インスタント食品ブームと即席ラーメン」という記事を掲載していた。張さんと主婦団体の人々が対談し、即席麵の日本の食文化への意義を語り合う内容だ。

その中で雑誌側は、「この即席ラーメン業界も今日では乱立気味ですが、この種類の食品の元祖として」と、長寿麵のことを紹介している。対談の中で張さんも「一番先に私が作り出したのですが、その当時（昭和三三年秋ごろ）は即席という言葉も今日ほど流行しておりませんでした」と述べている。

清川さんは、自分の机から分厚い書類の束を取り出した。

そこには、多くの権利関係の書類が挟まれていた。「自分でも整理しようと思うのですが、ちょっと面倒で……」と、苦笑いする清川さん。私は、書類の束を一枚ずつ仕分けしながら、内容を精査していった。書類は、即席麵の特許に関するもので、張さんが取得した特許を日清食品に譲渡する内容であった。

何種類かある譲渡契約のうち、もっとも重要なものが一九六一年八月一六日に結ばれている。書類の最後に安藤氏と張さんの署名押印がある。

書類によれば、張さんの特許は「味付乾麵の製法」というタイトルで、その譲渡に際して、安藤氏が張さんに二三〇〇万円を支払うことになっている。いまの価値に換算すれば数億円ぐらいになるとみられ、かなり大きな額のようだ。

すでに東明商行はエース食品など一〇社の在関西食品会社に即席麵を販売委託してい

たが、これら食品会社への製造に関わる「実施権」も日清側に継承すると定めている。

なぜ張さんは、特許を安藤氏に譲渡したのだろうか。

安藤氏の著書にはこの点について「類似品が乱立した」とだけ触れられている。清川さんもこう振り返る。「類似品がいろいろ出回って争いにもなり、父親も嫌気がさしたのでしょう。だから権利を安藤氏に譲渡したのだと思います」。

すでに日本に帰化している清川さんら家族はこうした契約書の存在はまったく知らされておらず、張さんの死後、遺品の整理で金庫から出てきたのだ。

「おやじは小さいときは「おれが最初に作ったんだ」と自慢していましたが、だんだん話をしなくなりました。どんどん成長していく日清食品をみて口には出さないけれど悔しさがあったんでしょうね。NHKのドラマでみんな安藤さんの「発明」を信じてしまうのが残念です」

安藤氏と張さんによる発売と特許申請のタイミングを整理してみよう。

安藤氏が「チキンラーメン」を売り出したのは五八年の後半。これに対して、張さんが「長寿麵」を売り出したのは五八年の前半からそれより前と見られる。特許出願も張さんが五八年一二月（味付乾麵の製法）で、安藤氏側の五九年一月（即席ラーメンの製造法）より少し早い。実はほかにも、「雞絲麵」の名前で特許を同時期に出願した台湾人もいた。

つまり、この時期は、即席麺の市場は特許紛争も絡んだであろう「戦国時代」で、最終的に勝ち残って特許も買い取ったのが安藤氏率いる日清食品だったのである。

清川さんの手元にあったもう一つの貴重な文書は、「即席ラーメン製造に関する注意事項」という長文の資料で、かつて張さんの部下だった黄天恩さんという台湾人が、一九六一年三月一日に書いたものだ。大学で化学を学んだ黄さんはラーメン製造の現場を担っていた人物で、最も「長寿麵」のことを知っていた。

手書きでびっしりと即席麵の製法が書かれており、これだけでラーメン史を振り返ることができる貴重な第一次資料である。

即席麵技術のもっともコアの部分にあたる「油熱処理工程」について、黄さんは麵の水分量を一〇％以下にすべきで、六％以下だと乾麵が割れやすくなると指摘。油の温度は一三〇～一三五度、油揚時間は二分～二分三〇秒などと細かく描写している。

さらに、「この工程は麵の水分蒸発、麵に吸着させたスープの濃縮脱水、麵に油脂を添加して栄養を高める、という三つの工程を合わせもつ新しい味付け乾麵の製法である」と、即席麵の優れたポイントを誇らしげに堂々と述べている。

この文書を読めば、少なくとも東明商行なりに、自ら考え抜いた技術で即席麵を製造していたことが伝わってくる。

どちらが先か、という問題はそこまで重要ではないだろう。すでに書いた通り、油揚げ麺は、戦前戦後を通して、台湾で広く食べられていた。そして、五八年前後の日本で、日清食品や東明商行など複数の台湾出身者が、ほぼ同時期に即席麺を売り出した。これは偶然とは思えない。

即席麺の黎明期において、台湾出身者が故郷で普及していた油揚げ乾燥麺の技法を日本に持ちこみ、事業として成功させるべくしのぎを削ったなかに、安藤氏も張さんもいた、という仮説がかなりの確率で成り立つと私は思う。

何をもって発明かという議論はあろうが、常識的には「いままでになかったものを作り出すこと」と理解されている。台湾南部や大阪での取材を通し、チキンラーメンについて安藤氏の「発明」という表現は、どうしてもしっくりこない。

日清食品や安藤氏サイドも「発明」へのこだわりは置いておき、あくまで即席麺産業の発展への貢献を強調してはどうだろうか。即席麺は日本から世界に広がり、災害食や宇宙食としても人類に大きな貢献を果たしている。これだけ重要な食文化に成長したからこそ、国民的人気のあるドラマの主題となり、誰もがその成り立ちには関心を持っている。後世の人々の歴史的な検証作業に耐えうる客観的な業績の紹介が必要だ。

安藤氏は「人類は麺類」という言葉を残している。その見識の広さを「発明」問題でも見られることを願ってやまない。

コラム　台湾ラーメンはどこにある？

人が越境するとき、食文化も越境する。戦争による国境の変更や植民地の拡大に伴った人の移動により、それは加速する。中華料理の日本への伝播、普及、定着にも、日本と中国の両方をよく知る台湾人が果たした仕事は少なくなかった。

越境者である羅邦強の豚まんや安藤百福のインスタントラーメンは、中華料理の発想を取り込みつつ日本や世界の市場に適応する新しい味を作り出した。

最近の日本の中華料理界で、ライジングスターとして拡がっているのが、「台湾まぜそば」という料理だ。豚ひき肉とニラを辛く炒めた具を使ったものである。

もとよりこうした台湾料理は存在しない。

名古屋にある「味仙(みせん)」という中華料理店の台湾人店主が、台南にある擔子麵(ダンソーミエン)というひき肉の乗った麵から着想して、それに辛味をつけて「台湾ラーメン」として出したら大ヒットした。近年のB級グルメブームにも乗って人気を呼んだ。ただ「味仙」は汁ありのラーメンだが、「台湾まぜそば」は汁なしだ。

最近こんな奇妙な場面に出くわした。台湾の桃園国際空港でのことだ。

ターミナルの地下一階の複合店舗形式のレストランで、日本から台湾に進出したラーメン店があった。そこのメニューに見つけたのが「名古屋ラーメン」だった。名古屋ラーメンというものは聞いたことがない。メニューの写真をみると、一目で名古屋の台湾ラーメンであることがわかった。

店主によれば、台湾進出当初は「台湾ラー

メン」を名乗っていたが、台湾のお客さんから「こんなラーメンは台湾にない」とクレームがつき、「名古屋ラーメン」に名称を変更した。台湾にない「台湾ラーメン」と、名古屋にない「名古屋ラーメン」が交錯する状況に、おもわず苦笑いした。

このように、料理が、海外に伝わる時、当然、何らかのトランスフォーミングが起きる。日本の寿司が「ＳＵＳＨＩ」になる時にカリフォルニアロールが誕生し、シンガポールに進出したときにはマグロ尽くしではなく、サーモン尽くしの食べ方が生まれた。台湾では、ナイトマーケットの屋台で普通に「花寿司」と呼ばれるカラフルな巻き寿司が売られている。寿司が誕生した江戸時代には屋台で食べられていた寿司の「原型」を取り戻しているのではないかとすら思わせる。

日本の中華料理も、中華であって中華にあらず。餃子は本来水餃子中心であるが、日本では焼餃子中心となった。肉まんから「ピザまん」や「カレーまん」が派生した。天津にはない天津飯や、広東にはない広東麺が、日本誕生の中華料理として食べられている。

もっとも「進化」が激しいのはラーメンで、中国語で「引っ張る」という意味をもって中華系の人々を通して日本に入ってきた「拉麺」はいつしか引っ張らないで麺をこねる形でつくられる日本風の「ラーメン」になり、味噌やとんこつなど中華にないスープの味付けをどんどん取り入れた。それらがいま中国や台湾、香港、世界中で「ラーメン」として大人気を集めている。食における変化は、国籍や地域を料理が超えた時に起きやすいことを物語っている。

第五章　帝国を背負い、戦後を生きる

1　三度の祖国喪失　陳舜臣

陳舜臣（ちんしゅんしん）という作家を調べ始めたのは、二〇一五年、彼が九〇年という長い生涯を閉じてからであった。その死によって興味を持ったのではなく、メディアによるその死の報じられ方によって興味を持った、というのが、本当のところである。

ある新聞が、陳舜臣を「中国人作家」と書いていたのを目にした。あれ、陳舜臣は中国人なのだろうか。台湾人ではなかったのか。違和感を覚えた。

陳舜臣ほどの大きな足跡を残した作家に対して、日本のメディアの取り上げ方は、どこか淡々としていた。深みのある評伝や回顧の記事にはお目にかかることがなかった。

陳舜臣は本を書きまくった。生涯で刊行された本の冊数は五〇〇冊を超える。「江戸川乱歩賞」「直木賞」「大佛次郎賞」「吉川英治文学賞」「日本芸術院賞」など、さまざまな文学賞や各賞を取りまくった。

陳舜臣は戦後日本の頂点に立つ中国歴史小説家でもあった。その後に、宮城谷昌光、酒見賢一、伴野朗、塚本青史などの作家が続々と日本の文壇に登場する。その様は、陳舜臣を頂に多くの山々が連なる姿にみたてて「陳舜臣山脈」と称された。

それだけの人物の死であるのに「who is 陳舜臣？」という問いには、誰も答えようとしなかった。それが、一連の訃報を通して私の中に芽生えた問題意識であった。

陳舜臣自身も、自分のことを雄弁に語る人ではなかった。それどころか、あえて語らないようにしていた節すらある。

それは性格なのか、それとも、故郷を失って異地で生きるタイワニーズの知恵なのか。その抑制的な自分語りは、第二章で取り上げた東山彰良にも通じる。

陳舜臣には、華僑研究を行っている姪がいる。兵庫県立大学教授の陳來幸（ちんらいこう）だ。陳舜臣の弟で、神戸で貿易を手がける陳家の事業を引き継いだ四男陳仰臣の娘にあたる。陳舜臣は陳家の次男であったが、商売には関心を持てず、作家になった。

陳舜臣のふるさとと、神戸にある神戸華僑歴史博物館を取材場所に指定して私と会ったとき、陳舜臣について彼女はこんな見方を口にした。

「台湾は彼の業績を受け継いでいない、中国は彼を台湾人と見ている、日本人では華僑の作家。陳舜臣は、どこからも、しっかりと評価されていないように見えます」

陳來幸の言う通り、戦後日本の文壇に巨大な足跡を残した陳舜臣という作家は、生前、日本社会で十分に理解されていなかったのかもしれない。

偲ぶ会に掲げられた陳舜臣氏の写真

陳舜臣に関する取材を、そんな仮説のもとに取り組むことにした。

司馬遼太郎と李登輝

死後しばらくして、神戸で開かれた陳舜臣を偲ぶ会に出席した。一流ホテルの会場で、献花台には巨大な写真。陳舜臣は、穏やかな笑みを浮かべていた。

偲ぶ会は出版界の関係者を中心に企画されていた。

ゆかりのある編集者たちが、思い出をあれこれと語っているが、一緒に何を食べたとか、神戸のどこそこのバーに連れて行ってもらったとか、そういう話が多く、私のアンテナに引っかかる話にはぶつからなかった。

神戸を後にして東京に戻りながら、私と作家・陳舜臣の関わりを頭の中で整理した。私の少年時代の読書は、日本史は司馬遼太郎、中国史は陳舜臣が定番だった。本好きで買うだけ買って読まない悪癖のある父親のおかげで（結局ほとんど読まないまま、一昨年他界してしまった）、自宅には陳舜臣や司馬遼太郎の書籍がずらりとそろっていた。陳舜臣の『中国の歴史』シリーズや『小説十八史略』が本棚にあり、横山光輝の漫画から中国史に興味を持った私は、陳舜臣の本で知的好奇心を満たした。

私は、大学の第二外国語で中国語を学び、香港に留学して、ジャーナリズムの世界で中華圏の報道を手がけるようになった。「どうして中国に関心を持ったのか」とよく聞かれるのだが、うまく説明できない。家族や友人に中国好きがいたわけでもない。唯一、思いつくのが「陳舜臣の本をたくさん読んでいた」ことぐらいである。だから陳舜臣は私の人生の導きとなった恩人であり、最初の「老師」であったとも言える。

陳舜臣と司馬遼太郎は、大阪外国語大学（現・大阪大学外国語学部）の同窓生である。陳舜臣はインド語を学び、司馬遼太郎はモンゴル語を学んだ。二人の作品には中華中心主義を相対化する発想がある。若いころから中国の周縁から中国を見る教養に触れるチヤンスに恵まれたからだろう。

二人と金達寿（キムダルス）という在日朝鮮人小説家が鼎談した『歴史の交差路にて』という本がある。そこで、司馬遼太郎は陳舜臣についてこんなことを書いている。

〈舜臣氏は、この地上の人間たちが、その集団ごとにさまざまな言語をつかい、その背景に文化があるという基本的な思考を豊潤なものにした。学ばなかった語学も独習した。かれが、英語や中国普通語のほか、どれだけの語学に通じているか、私（ひそ）かに勘定したことがあるが、辞書さえあれば八、九カ国の言葉ができそうだとわかっておどろいたことがある。ただ、かれは語学屋さんではなく、すべてそれらに接近したのは知的好奇心から出たことで、読み書きを主とし、お喋りすることに関心がなく、さらには性格としてシャイであるため、この人が人前に中国普通語を喋っている現場さえ私は見たことがない〉

染み入るような陳舜臣評である。

一方、先に旅立った司馬遼太郎の訃報に際し、陳舜臣はこんな含蓄ある筆致をみせた。

〈ハイティーンのころから同じ学校で学び、おなじ時代の風にあたり、そのぬくもり、そのつめたさも感じてきた。私たちはそんな「仲」である。仲ということばを使うのさえ、面映ゆいほどの近さなのだ〉

二人の関係については、いくらでも書くことが出てきそうだ。

陳舜臣と司馬遼太郎の関係に興味を持ったのは、司馬遼太郎の『街道をゆく　台湾紀行』がきっかけだった。この本は、一九九三―一九九四年に「週刊朝日」で連載されて単行本として発売された。戦後日本でこれほど日本人社会の台湾観に影響を与えた本はない。読み物としても司馬遼太郎の「街道をゆく」シリーズのなかで出色の出来である。この『台湾紀行』の企画は、実は、陳舜臣の一言から始まった。本のなかに、その経緯が少しだけ書き残されている。

陳舜臣は司馬遼太郎に向かって、こうつぶやいたという。

「街道をゆく、台湾まだやな」

『台湾紀行』の前に二人は『街道をゆく　中国・閩のみち』でも一緒に福建省を歩いている。「第二の故郷」と考える台湾に、司馬遼太郎を連れていきたかったのだろうか。『台湾紀行』に収録された当時の李登輝総統へのインタビューは「台湾人に生まれた悲哀」や「中国共産党は台湾省は中華人民共和国の一省なりという。変てこな夢ですね」という台詞を引き出し、台湾社会で賛否両論を巻き起こし、中国政府の強い反発を招いた。このインタビューの発言を通して、中国が抱いた李登輝に対する「独立派ではないか」という不信は、以後の中台関係緊張の導火線となっていく。

台湾の政治、中台関係、李登輝に対する中国の見方などに大きく影響を及ぼした歴史的な本の仕掛け人が陳舜臣であったことは、実に興味深い歴史の一コマである。

二つの世界

ジャーナリズムの人物考察においては生い立ちをたどっていくのがセオリーであるが、陳舜臣には、自らの過去や内面に関する内容が含まれる著書は少ない。

参考となるのは二〇〇三年に発売された単行本『道半ば』と、日経新聞で二〇〇四年六月に連載された「私の履歴書」である。ただ、いずれも前半生を語ったのみで、作家として大成してからのことは含まれていない。

この二つの文献資料に加えて、陳舜臣の長男で、フォトグラファーとして活動している陳立人と、陳舜臣の姪にあたり、兵庫県立大学で華僑研究を手がけている前出の陳來幸に、それぞれインタビューを行って彼の人生を辿ろうと思う。

陳立人は、神戸にある「陳舜臣アジア文藝館」を主宰していた。インタビューも陳舜臣の主な作品の現物や遺品などを展示している同館で行った。

陳來幸には、同じ神戸の華僑歴史博物館で話を聞いた。彼女がこれまでに発表した陳舜臣と陳家に関わる貴重な文献資料も提供してもらった。

陳舜臣の一族はもともと中国・河南省潁川に源を発する一族で、福建省から台湾に渡った移民の家系だった。陳家は、台北郊外の新荘というところで小作をやっていた。陳舜臣の父・陳通はこの陳家三二代にあたる。

姪の陳來幸氏

陳通は、台北に支店があった神戸の商社「西村商店」の職員として働いていた。事務能力の高さが買われて一九一九年に神戸に転勤した。陳通にとっては、高齢となった父・陳恭和や妻を連れての来日であるから、それなりに「落地生根（らくちせいこん）（移り住んだ土地で根を張って生きていくという意味）」の覚悟をもった渡日だったと思われる。

のちに陳通が独立して立ち上げた会社は泰安公司という名前で、神戸の華商としては最も古い老舗に属している。

陳通は、九男三女と子沢山だった。それが男の存在価値を証明する時代でもあった。長男は早逝し、陳舜臣は小説を志し、前述のように、泰安公司は陳來幸の父で四男の仰臣が継承した。

記録上、陳舜臣は神戸で一九二四年に生まれたとされるが、陳立人によれば「日本に行く船の中で生まれたかもしれないとおばあちゃんが言っていました」という。子供の多い家庭には、当時の時代情勢もあり、あやふやなことも多かった。

「私の履歴書」で陳舜臣は〈私は一九二四年に日本の神戸で生まれた。生まれた時から私はマイノリティの道を歩んだ〉と書いている。〈家で使うことばと外で使うことばが違うのはなぜか？　おまえは台湾人だからだ。では台湾人とは何か？〉〈作家としての原点がそこにあると思う〉

　この点に対する陳來幸の解釈はこうだ。

「幼いころから家の「中」でしゃべる言葉が通じない「外」の世界、つまり「二つの世界」の存在を意識し、差別には敏感であったのでしょう」

陳舜臣の家系図

陳恭和（31代）＝張数
陳通（32代）（台北の商社勤務。一九一九年に神戸に転勤。のち独立）＝蘇嬌
9男3女
次男　陳舜臣（作家。日本で育つも一時、台湾で英語教師を務める。二・二八事件で帰国）― 陳立人（フォトグラファー）
三男　陳雅臣（上海に留学するも国共内戦で帰国）
四男　陳仰臣（父の事業を継承）― 陳來幸（兵庫県立大学教授）

鋭敏な感性を持つ子供は、得てして寡黙になる。陳舜臣も子供のころは口数も少なく、引っ込み思案だった。本人も「小さいときから体が弱く、運動するとすぐ骨を折ったりしてましてね、それで外に出るのが嫌いで、本を読むのが好きだった」と述べている。

神戸市立諏訪山尋常小学校に通った陳舜臣は教師から「日本語わかるね？」と尋ねられたこともあった。そのころに陳舜臣はすでに日本語のほうが台湾語より上手かった。

ただ父の陳通は、幼い陳舜臣に対して、中国の古典をひたすら声を出して読み上げる「素読」を命じている。つまり漢学の素養を身につけていた。のちに作家として中国語の原典にあたるうえでどれだけ有益だったかは想像に難くない。

戦前の神戸には、中国大陸系と台湾系が両方、日本社会の一部として交じわりながら暮らしていた。生まれた環境がすでに、台湾、中国、日本という複雑性に包まれていたのだ。複雑な環境での成長は、時に人の才能を刺激する。

複雑な社会のマイノリティである「台湾人」の真実を問いかける思いが、自分の作家人生の根っこにあることを、陳舜臣も明確に意識していたことがわかる。

二・二八事件との遭遇

陳舜臣は大阪外語大学に入ってインド語を専攻し、在学中にはペルシャ語にも夢中になった。のちにペルシャ詩人ウマル・ハイヤームの『ルバイヤート』の翻訳を自ら出版している。前述のように、一年下の後輩には、モンゴル語を学ぶ司馬遼太郎がいた。当時の大阪外国語大学には、陳舜臣や司馬遼太郎だけでなく、のちに文壇で名前を上げる前衛俳句の赤尾兜子（あかおとうし）、「第三の新人」の庄野潤三などの異才がそろっていた。

運命の岐路が最初に訪れたのは一九四五年の終戦だった。研究者を志す陳舜臣が大学卒業後に所属していた大阪外国語大学西南アジア語研究所が閉鎖されることになった。再就職先を探したが、国立大学で教える道は任官手続きが必要で、外国人は当時国家公務員になれなかった。日本人として生まれ育った人間が日本の台湾放棄で一転、「中国人」となったため、学問の道が閉ざされてしまった。

嘱託講師の道はあったが極めて薄給だ。家族や友人と相談したうえで陳舜臣は台湾に戻ることにした。

〈台湾のことも中国のこともほとんど知らないのである。なによりもまず台湾に帰ってみることではないか〉（私の履歴書）

そうした息子の決断に、両親も反対はしなかった。

陳舜臣はここで最初の国家喪失を経験する。日本人としての人生設計は無に帰した。国家が勝手に始めた戦争で勝手に敗北したことによって、「大日本帝国の臣民」であった陳舜臣は、「中華民国の中国人」となったのである。

その運命の変転は、辜寛敏や安藤百福、このあと本書に登場する邱永漢も直面したことだった。

一九四六年三月、陳舜臣は台湾に到着した。生活の場所は一族の根拠地である台北郊外の新荘という町だった。そこに新設されたばかりの新荘中学に赴任している。

現在は台北のベッドタウンになっている新荘について陳舜臣は〈そのころは人口一万であり、後背地の農村地帯をあわせて新荘郡とあわせて二万足らずであった。政権が変わると、名称を改めることからはじまる。日本時代の新荘郡新荘街は、中国になると新荘郷新荘鎮となった〉（私の履歴書）と書いている。

中華民国国民政府による台湾接収は、本来、あるべき姿に戻る＝輝きが復活するという意味で「光復」と呼ばれた。現実には、台湾の多くの人々にとって、暗い時代の始まりであった。陳舜臣が台湾に戻ってからちょうど一年後の一九四七年二月二八日、多くの台湾の人々の夢を砕いた住民虐殺二・二八事件が起きる。

英語教師をしながら、二・二八事件を目撃し、周囲が悲惨な運命に巻き込まれた陳舜臣は、一九四九年に日本に舞い戻った。台湾での滞在はわずか三年半で終わりを告げている。

陳舜臣の教え子だった陳遠欽という人物に台北で会った。当時、陳舜臣が赴任したばかりの新荘中学の一期生、一年生だった。

「英語の発音は、日本式ですが、文法の教え方がわかりやすくて評判でした。高校に進学したあとも私たち同期は英語の文法がよくできるとほめられたのは陳先生のおかげです」

生徒たちには優しく決して声を荒らげなかったので、人気が高かった。陳舜臣は背が高くなかったので、愛情をこめて「矮陳（チビ陳）」というあだ名で生徒たちから呼ばれていた。

陳舜臣がわずか三年半で台湾を去ったときのことを、陳遠欽はいまも思い出す。「突然、何の前触れもなくいなくなったのです。理由はもちろん何も告げられていません。再び会うようになってからも陳先生は政治のことは話さないので聞かせてもらえませんでしたが、二・二八事件が理由だったと思います。当時は、新荘の学校の先生も捕まり、校長先生も一時牢屋に入れられました。学校で銃の乱射もあったりして社会全体が不穏だったことが関係していたのでしょう」

陳遠欽はその後、台湾で貿易の仕事に従事した。そこでも陳舜臣仕込みの英語が生きたという。一九九〇年代になって陳舜臣が台湾に戻ってくると、同期生が集まって歓迎会を開いた。驚いたのは、陳舜臣が四〇人全員の生徒の名前を覚えていたことだ。陳舜臣は一人ひとりに色紙を書いて渡した。この色紙は陳遠欽の「家宝」となった。

陳舜臣に会うために神戸を訪れたときは、神戸駅でタクシーに乗って「陳舜臣さんの家」と伝えると運転手は住所が分からなくても行ってくれることに感激した。生徒たちとの交流は陳舜臣が世を去るところまで続き、亡くなる直前に「人生の最後に台湾に行って教え子たちに挨拶がしたい」といって無理やり飛行機に乗って台湾に現れたという。

神の啓示

若き陳舜臣を台湾に送り出した父・陳通は、同時期に、三男の雅臣を中国・上海の暨南大学で学ばせている。だが国共内戦の悪化で、まもなく雅臣も日本に戻ってきた。

陳來幸によれば、激動の時代のなかで陳家の行く末について、家長である陳通は、中国に行くか、台湾に行くか、あるいは日本にとどまるか悩んでいたが、息子二人の帰国によって中国も台湾も状況が悪いと判断し、日本に暮らし続けることを決意した。

陳舜臣が、日本の敗戦と、台湾の混乱で経験したことの重さは想像に難くない。生まれて最初に覚えた言葉は台湾語でありながら、外に出れば完全な日本語の世界であった。戦後台湾に戻ると、日本語や台湾語を話せても中国語（北京語）は流暢ではなかった陳舜臣が、中国語主流の社会で「中国人」の残酷さも目撃させられた。

これで精神が屈折しないほうが、不思議である。しかし、陳舜臣はそれらをすべて自分の中に人生経験として落とし込んだように見える。

その後、陳舜臣は実家の仕事を手伝いながら、物書きの修練に励んだ。二足のわらじの生活である。父も陳舜臣の仕事を減らし、日勤を隔日勤にするなど協力をしている。

陳舜臣が作家として頭角を現していく際に、こんなエピソードが残っている。

一九六一年の夏。陳舜臣が勤めからの帰路、夏祭りにぶらりと立ち寄ったあと、使い古したカバンの手提げが切れた。「ぼつぼつサラリーマンにも見切りをつけるときか」と考えながら自宅に向かうと、家のそばの路地で妻が待っていて、手をふっていた。江戸川乱歩賞の受賞の知らせが届いていたのだ。「職業をかえよという神の啓示だ」と受け止めた。

陳舜臣の本当の意味での出世作は、それからしばらくして著した大作『阿片戦争』と、一九六八年に直木賞を受賞した『青玉獅子香炉』である。

前者は言うまでもなく英国と中国（清）が戦ったアヘン戦争をテーマにした小説だ。後者は、故宮の秘宝をめぐる短編だった。ミステリーの要素もあり、中国の近代史の魅力も過不足なく織り込んだ作品だが、いささか結末がしり切れとんぼのように見える。受賞時の選考委員の評価はそこまで高いものではなく、「この作者としては満足いく出来とはいえない」というのが大方の意見だった。同時に、直木賞の常連候補であり、すでに大作『阿片戦争』を発表して世の中に認められている陳舜臣に対し、「そろそろ直木賞をあげてもいいだろう」という相場観があったことも、選考委員の選評からは強く漂っている。

この『青玉獅子香炉』は、国民党の腐敗や国共内戦での無残な敗北がストレートに描かれている。当然、直木賞受賞で注目されたことで、蔣介石政権の目に止まった。ほかにも陳舜臣には一九六二年に発表された『怒りの菩薩』という著書があり、はっきりと台湾における国民党の民衆弾圧に言及している。

そのため、陳舜臣は一九六〇年代の時点で、中華民国籍を所有していたが、台湾渡航は不可能な状態になっていた。ブラックリスト入りである。

その後、台湾は一九七一年に国連から脱退し、中華人民共和国と国交を結んだ日本と一九七二年に断交した。同年には北京に暮らす妹・陳妙玲（チエンミャオリン）に会うために中国を訪れているが、このときパスポートは使っておらず、日本赤十字の渡航証明書による「探親（親族訪問）」を理由とする訪問だった。

愛国華僑として

この陳妙玲という人物も大変興味深い。日中国交正常化交渉などで周恩来の通訳を務めた台湾人女性たちを取り上げた台湾在住の作家・本田善彦が著した『日・中・台 視えざる絆』によると、一九五〇年代、陳妙玲は共産党による中華人民共和国の成立間もない中国に渡って、対日工作に従事した。陳妙玲はまず撫順（ぶじゅん）の戦犯管理所日本語通訳を任された。戦犯管理所解散後は、北京ラジオに職場を移し、生涯を中国で送った。

彼女は一九五〇年代、日本から中国への帰国船が出ていた時期に戻っていた。いわゆる愛国華僑である。共産党の理想に賛同し、中国の国家建設に協力する志を抱いた。

陳舜臣も、中国にこそ渡らなかったが愛国華僑の顔を持っていた。在日華僑工作のトップであった中国の廖承志（りょうしょうし）と面会を重ね、ＮＨＫのシルクロード番組や自身の取材のため、頻繁に中国を訪れている。

一方、生まれ故郷の台湾を訪れることができなかったのは陳舜臣だけではない。陳家全体が、蔣介石政権から中国共産党寄りだと警戒される状況にあった。陳妙玲以外にも、陳舜臣の兄弟のなかではほかに中国に渡った者もいる。日本で、地元の神戸中華同文学校で教師を務めた者もいた。中華同文学校も在校生には中国系や台湾系が混在していたが、政治的には中国寄りとみられていた。

加えて、当時の社会情勢において、華僑のみならず、日本人全体としても、蔣介石の独裁政権が支配する台湾ではなく、「新中国」という明るいイメージがあった中国と近づく方が自然な行動でもあった。愛国という言葉で表現するかどうかは別に、陳舜臣には自分の「ルーツ」をできるだけ日本に知らしめたい思いがあったにちがいない。

陳舜臣の長男である陳立人も中華同文学校に通っている。「中国語をしっかり学ばせたい」という陳舜臣の方針だったという。母親も神戸出身の台湾出身者だったため、家庭では、台湾語と日本語が共通語だった。

陳舜臣の国籍について、陳立人はこんな言い方をした。

「田中角栄のあとは家族全員、中華人民共和国籍になりました」

この「田中角栄のあと」が意味するのは、もちろん、一九七二年の日中国交樹立と台湾の中華民国政府との断交である。詳しい父からの説明はなかった、と陳立人は言う。実際に陳舜臣一家が中華人民共和国国籍を取得したのは一九七三年だった。

陳舜臣の中国取材の際は平凡社でカメラマンの仕事をしていた陳立人もしばしば同行していた。

「父が中国国籍を取ったのは、中国に行きやすい、それがいちばん大きかったと思います。中国の歴史の本を父は書きたかった。そのためには、どんどん奥地に入っていきたい、でも日本国籍では入れなかったのでしょう。中国国籍を取ったおかげで、シルクロードのウルムチなど当時は日本人が入れなかったところにも行くことができました」

シルクロードの敦煌や『三国志』の五丈原など、日本人にとってなじみがある歴史上の場所にも、陳舜臣が訪問の企画書を中国政府に出せば、ほとんどOKが出たという。

特に国交樹立後の一九七〇年代は日中友好の追い風をうけて、日中関係が最もよかった時代であった。日本でもそれまでは「竹のカーテン」に包まれていた共産中国の実情に関心が高く、中国側も日本にできるだけ明るい面を伝えようとした。

現在とは異なり、日中の間に相互信頼の存在した時代であった。

「中国の作家協会の方々は、父にいつもホテルへこっそり会いに来ていましたね。父も

会いたかったようです。向こうの作家協会と親しくしていて、取材の協力もいろいろ便宜を図ってくれたようです」（陳立人）

そのなかには著名作家の茅盾（ぼうじゅん）や巴金（はきん）ら中国を代表する作家たちも含まれていた。

「民衆を殺す政権は長くは続かない」

陳舜臣にとっても、七〇年代から八〇年代にかけては、作家としての脂の乗り切ったピークとも言える時期だった。旺盛な取材に旺盛な執筆。日中友好の時代のなかで、中国を語る作家・評論家としての地位も確立していく。

だが、一九八九年の天安門事件で、陳舜臣と中国との蜜月は終焉を迎える。記者会見を行って中国政府を批判し、中華人民共和国籍を放棄した。

陳舜臣の作家人生において、ここまで政治的にはっきりと主張する行動をとったことは最初で最後だった。よほど我慢ならないことだったのだろう。

その後、陳舜臣は天安門事件について公の場で触れていない。黙して語らず。沈黙に込めたものは怒りか、諦めか。

陳立人は、当時父から、国籍放棄の決断について、こんな話を聞いていた。

「ぼくは東京にいたので詳しくは知らないのですが、神戸で天安門事件のあとに会った時、「歴史のなかで、民衆を殺すような、ああいうことをする政権は長くは続かない、すぐに滅びる」と言っていました。父は歴史をずっと見ていた人なので、納得がいかなかったのでしょう」

民主化を求める若者らを武力で鎮圧した天安門事件が陳舜臣の作家人生に与えた影響は大きかった。

畢生の作品ともいえる講談社『中国の歴史』シリーズの『近・現代篇』も、辛亥革命を終えたところの第二巻で終わっている。現代篇と銘打つ以上、その後の日中戦争、国共内戦、中華人民共和国の成立とその後の展開までカバーする構想だったはずだ。

「共産党の歴史を調べるほど、表に出ているものと裏にあるものが違っているので当時書いたらまずい、と話していました。いま思えば、書いて欲しかったですね」（陳立人）

陳舜臣は、一度は心を許しかけた中華人民共和国に対する急転直下の失望によって、三度目の「祖国喪失」を経験した、と言えるだろう。

陳舜臣は、その後、中国大陸を題材に小説を書くことは減っていき、あまり足も運ばなくなった。一方で、台湾へ頻繁に行くようになる。発表する作品も『琉球の風』や『耶律楚材』『チンギス・ハーンの一族』『曼陀羅の人――空海求法伝』など、中国のいわゆる王朝ものではなく、中国の周辺において中国とも関わりながら中国と一線を画して生きた人々の歴史を描く傾向が強まった。

同時に、一九九四年に脳梗塞を患った直後に起きた一九九五年の阪神・淡路大震災で傷ついた神戸への思いを、復興への希望を込めて文章に書き表すようになっていった。天安門事件、そして大病、大震災を経て、陳舜臣の創作は一つの方向転換を迎えたのである。

国籍問題と出版紛争

陳舜臣は、中華人民共和国の国籍を放棄し、日本に帰化した。しかし、台湾の中華民国籍は保持していたとみられる。その根拠となる一つの記事をみつけた。

陳舜臣の著作をめぐる台湾での著作権紛争が起きていた。日本では紹介されていない事例である。一九九二年四月二〇日の台湾紙「自立晩報」の記事だ。

陳舜臣には『諸葛孔明』という作品がある。台湾の大村出版という出版社は、一九九一年に台湾でこの本を翻訳出版した。当時の台湾はまだ外国書籍の著作権保護の制度や概念がなく、外国人の本は「自由」に出せていた。

大村出版は陳舜臣が日本国籍であると考えて出版を決めた。天安門事件を機に中華人民共和国籍を離脱したので、陳舜臣は日本国籍だと考えたのだろう。

ところが、一九九二年一〇月、同じ台湾の遠流出版という出版社と陳舜臣が契約を交わし、代表作を一括して台湾で出版する独占出版権を与えた。そのあと、すでに台湾で『諸葛孔明』の翻訳が出版されていることが判明し、大騒ぎになった。

遠流出版は大村出版に本の回収を要請したが、大村出版は著作権侵害にあたらないとして回収を拒否した。争いは法廷に持ち込まれ、焦点は陳舜臣が本当に日本国籍なのか、あるいは、台湾、つまり中華民国の国籍を有しているのかに絞られた。

陳舜臣側は、台湾の戸籍謄本を遠流出版に提供した。つまり、陳舜臣の戸籍は台湾に残っていたのである。戸籍があるということは、国籍がある、ということになる。

戸籍謄本をもとに、遠流出版は戸籍業務を扱う内政部に問い合わせた。

内政部からは「一九九一年三月一九日第八一戸司発行八一五〇一〇三号」という文書で「父親が中国人である者は中華民国国民とみなされ、陳舜臣は中華民国の国籍を喪失したとする資料を内政部は有さない。事実からして、台湾の光復（筆者注：中国復帰）時点で台湾に居住していた者は中華民国籍を有するとみなされ、陳舜臣は国籍放棄を表明しておらず、現時点でも中華民国の国籍を有している」という解釈が出された。

大村出版は同社の出版した『諸葛孔明』の回収に応じざるを得なかった。

陳舜臣の国籍問題については、おおよそ次のような流れで整理することができる。

陳舜臣は、一九四五年を境に、日本国民から中華民国国民になった。その身分は、台湾に渡って戸籍上も確かなものになり、日本に戻っても国籍は中華民国のままであった。

一九七三年に中華人民共和国の国籍を取得したが、台湾の人々が、中華人民共和国の国籍を取得したことで、中華民国国籍を喪失することは法理上できない。なぜなら、中華民国は中華人民共和国を正統政府として承認していないからだ。

そこで、陳舜臣は、外形上ではあるが、中華人民共和国と中華民国の二重国籍状態になった。その後、天安門事件で中華人民共和国籍を放棄したのは間違いない。日本国籍を取得する際に、中華人民共和国の国籍喪失の証明が求められるからだ。

しかし、日本の入管当局も、中華民国籍の喪失の証明までは求めることはなかった。なぜなら、日本は中華民国を外交承認していないので、陳舜臣の中華民国籍を問題視することはなかったと推測できる。

陳舜臣が中華人民共和国籍を放棄したあと、陳舜臣は日本と中華民国の二重国籍状態になり、そのことは亡くなるまで続いた。陳舜臣は国籍だけではなく、中華民国の旅券も持っていただろう。使っていたかどうかは別にして。

陳立人にこの点を聞くと、否定も肯定もしなかった。私は、それでいいと思う。日本社会は二重国籍をどうしてもネガティブに受け止める。それは蓮舫の問題でも十分に明らかだった。しかし、台湾は事実上、二重国籍を容認しており、陳舜臣のような台湾出身者は日本国籍があっても中華民国籍をあえて放棄する必要性はない。とりわけ「帝国の臣民」として日本に渡ったタイワニーズやその子孫たちが、日本と台湾の両国籍を有することは、理からも情からも、許容されていいのではないだろうか。

陳舜臣ら台湾出身者に、何度も「祖国喪失」を体験させる運命に導いた日本社会は、国籍問題において寛容さを身につけることが最低限のマナーである。

ラストステージ

陳舜臣は二〇一五年一月二一日に亡くなった。時間は午前五時四六分。阪神・淡路大震災が発生したときと同じ時刻であり、震災二〇周年の直後だった。

センチメンタルに過ぎるかもしれないが、震災後の神戸を励まし続けた晩年の陳舜臣を知る周囲の人々の目には、復興の二〇年をその目で確認しての旅立ちに映った。

陳舜臣は、人生のラストステージにおいて、神戸と台湾にこだわり、「大中華」や「中国人」的な歴史観から、一歩身を引くようになっていた。震災から立ち直ろうとする神戸への情愛や民主化の道を歩む台湾への情愛と引き換えだったように思える。

日本、台湾、中国に対して、「三度の祖国喪失」を経たという意味では、陳舜臣の人生は、国家との関係において、裏切られ続ける人生であった。

しかし、陳舜臣の口からは、国家や権力に対するシニカルな言葉は語られていない。それは権力の興亡をつむぐ歴史の記述を生業とした者にとって、権力そのものを否定することよりは、権力の生み出す物語に自らの執筆の意義を見出したのかもしれない。

その目線は、生まれた時から感じていたマイノリティのものだった。

「勝ち負けより、負けたときに何をするかが大事だ」

生前の陳舜臣は、いつも知人にそう語っていた。自らの人生が、戦前の日本や戦後の台湾、あるいは中国の激動のなかで味わった喪失感を、さらなる作品の原動力に変えてきた。それはマイノリティの自覚がなければできなかったことではないだろうか。

そのことを、陳舜臣の人生と作品は雄弁に語っているのである。

コラム　二・二八事件と白色テロの傷跡

「事件」と書くと、あたかも一瞬で終わった出来事のように思えてしまうが、実際は、事件そのものより、事件後に起きたことのほうが大きな問題であった。

一九四七年二月二七日午後七時ごろ、台北市の路上で闇タバコを販売していた女性が、警官に見つかってタバコを没収されそうになり、懇願して没収をやめるように頼んだが、警官が女性の頭を銃の柄で殴って女性は出血した。周囲にいた人々が怒って抗議をすると警官が発砲し、銃弾に当たった男性が死亡。興奮した群衆は警官が逃げ込んだ警察署を取り囲んだ。翌二八日に台北のラジオ局が群衆に占拠され、全土に蜂起を呼びかけられた。

そこから暴動が広がり、台湾全土は無政府状態に陥った。当時の国民政府台湾省行政長官である陳儀（ちんぎ）は、台湾の人々の代表らでつくる「二・二八事件処理委員会」と対話の準備を行うふりをする一方、大陸から精鋭軍を呼び寄せ、軍の台湾到着と同時に処理委員会の人々を指名手配して逮捕し、全土でも掃討作戦を展開。裁判なしに次々と処刑された。

殺された人数は、台湾政府の推計によれば、二万人から三万人とされているが、もちろん、完全に客観的な根拠がある数字とはいえない。これより多いかもしれないし、少ないかもしれない。むしろ重要なのはその後に及ぼした影響であろう。「中国」を掲げた蔣介石政権の苛烈な弾圧は、中国とは異なる台湾という主体が存在するべきであることを日本時代以上に強く台湾の人々に意識させたからだ。

日本時代には「日本の中の台湾」か「中国

の中の台湾」かという意識の違いはあっても台湾に主体を置く発想は薄かった。しかし、日本人が去ってから現れ、救世主にも見えた「中国人＝外省人」によって無残に殺され、投獄される同胞たちを目の当たりにしたとき、台湾人として生きていくことを覚悟すること しか、台湾の人には道は残されていなかったともいえる。

それが今日の台湾独立運動の源流となり、昨今の台湾アイデンティティ隆盛の遠因となった。狙い撃ちされた台湾人インテリ層やエリート層が弾圧されるか海外に逃亡するか沈黙するかという形となり、台湾社会に消えない大きな傷跡を残したのである。

ただ、指摘しておきたいのは、本省人が被害者であることは間違いないが、暴動が広がる初期、政治とはかかわりのない一般の外省人に対して、本省人の暴力行為が相当数発生したことも歴史的な事実である。

外省人を無差別に狙った本省人の暴徒は相手が外省人かどうか確かめるために、日本語を話せるかどうかで確認行為が行われたという。その情景は台湾映画の名作・侯孝賢（ホウシャオシエン）監督の『悲情城市』でも描かれている。

二・二八事件の後にも、国民党による民衆への弾圧、いわゆる「白色テロ」の時代が続いた。一九五〇年代をピークに、一〇万人を超える人々を逮捕し、数千人を処刑したとされる。白色テロは戒厳令のもと、共産党スパイの摘発を口実として、政府に反抗する恐れのある若い知識人などを標的に展開された。

二・二八事件と白色テロの苛烈な弾圧で当時二十―三十歳代で高度教育を受けた人材が不足する現象を招いた。

2 お尋ね者が「金儲けの神様」になるまで　邱永漢

邱永漢（きゅうえいかん）に一度だけ、会ったことがある。

二〇一一年だったと思う。東京でさる台湾華僑のビジネスマンとランチをしていた。彼が食事のあとに邱永漢に仕事の話で会いにいくという。「前から会いたかったので、挨拶だけでもさせてほしい」と頼み込み、一緒に渋谷にある邱永漢のオフィスに向かった。オフィスは邱の発音をもじったQビルという名前がついていた。

会話のなかで邱永漢は、くるくると表情を変え、人の目を覗き込んだかと思うと、自分の思考に沈む。とにかく頭が高速回転している印象だった。情熱的な話しぶりとは対照的に、少し透明がかった眼に熱いものはない。

ありふれた言葉だが、どこか虚無を抱えている人のようにも見えた。

少しばかり時が過ぎて、訃報が新聞に載った。

このころはまだ、邱永漢を本に書くことなど考えていなかった。だから、会えただけマシだったかもしれない。

当時読んだことがあった邱永漢の著書は『中国人と日本人』だけだった。同じ台湾出身の陳舜臣も『日本人と中国人』というタイトルがひっくり返った本を書いている。陳舜臣が一九七一年に出版し、二〇年ほど遅れて邱永漢も書いた。

読み比べてみると、二人が見ていた世界はそれほど変わらない。ともに「日本人と中国人は似ているようで全然似ていない」と警告している。

違うのは、陳舜臣は、自らもその一人として中国人を論じているのに対して、邱永漢は第三者として中国人を論じているように読めるところだ。

異能の人だった邱永漢氏

戦後の昭和期のタイワニーズを代表する作家二人が書いた二冊の日中比較論には、そんな微妙だが、本質的な違いがあった。

私が台湾人に焦点をあてる本を書き、邱永漢を取り上げるという話をすると、たいてい「そんな昔の商売人を取り上げてどうするのか」という顔をされた。

「日本人の邱永漢に対する理解がその程度であるからこそ、書かねばならない」とその度に考えた。

会ったあとにようやく邱永漢の小説を読むようになった。邱永漢のことを「昔の商売人」だと思っている人は、若き日の邱永漢が書いた『密入国者の手記』や『検察官』、『濁水渓』、直木賞を受賞した『香港』などの作品を読んだことがないにちがいない。

邱永漢は、大日本帝国下で台北高等学校から東京大学に進んだ超エリートであり、独立運動の大幹部で国民党から指名手配され、戦後初の外国人直木賞受賞作家であり、日本で恐らく初めて「金儲け」の正しさを論理的に堂々と説いた経済評論家だった。

邱永漢の八八年間におよんだ人生に冠された肩書きは、作家、経済評論家、経営コンサルタント、文明批評家、食通、投資家など多岐にわたっている。

戦後の日本社会におけるタイワニーズたちが織り成す人生劇のなかでも、邱永漢ほど振り幅が大きく、波瀾万丈な生き方を見せた人物はいないかもしれない。

邱永漢を書く決意は固まっていたが、この多面的すぎる人物の解明にどうアプローチしたらよいのか、なかなか頭がまとまらず、体も動かなくなってしまった。だから、本書で取り上げた面々の中で最後に取材に動き出したのは邱永漢になった。

割られたガラス

アジアをまたにかけて、世の中の酸いも甘いも嘗め尽くし、破天荒な人生を送ったタイワニーズ・邱永漢には三人の子供がいた。

長女は邱世嬪（きゅうさいぴん）といい、かつてエッセイスト、星占いなどでも活躍し、邱永漢事務所や日本、台湾、中国、香港にある事業を引き継いだ。ほかに二人の息子がいて、当初後継ぎに予定していた次男は二〇〇六年に死別している。

いちばん自分の血を受け継いでいるのがこの風変わりな長女だと、邱永漢は思っていたようだ。知人との食事には幼い頃から邱世嬪を連れて歩いた。

親娘の間には考え方の相違もあり、しばらく邱世嬪は父親の仕事には関わっていなかった。亡くなる数年前から事務所の運営を手伝うようになり、父の死も看取った。

邱世嬪は、妻を除けば、邱永漢をもっともよく知る人物であろう。

渋谷にある邱永漢事務所が改築中だったため、仮住まいの表参道の事務所で行ったインタビューで、邱世嬪は、父の昔話を、楽しそうにとめどなく語り続けた。

そのなかには、こんなエピソードもあった。

「あれは、ぼくのガラスだよ！」

邱永漢は、いたずらっぽく笑いながら、テレビの画面を指差した。

尖閣諸島の国有化を当時の民主党・野田政権が決めたことをきっかけに、二〇一二年に反日デモの嵐が中国で吹き荒れた時のことだった。

四川省の省都・成都の商業地区・春熙にあるイトーヨーカドーで、群衆が店のガラスを割っているところが、大々的に報じられた。

店のガラスが破られることを、邱永漢はあらかじめ知っていた。

成都当局から「今回もガラスを壊します」という連絡が入っていたからだ。

日中戦争で日本軍がほとんど攻め入っていない四川省の成都には、反日デモを呼びかけても人が集まるほどの反日感情の激しさはない。だが、「全土で反日デモ」という状況を現出させて日本に圧力をかけたい北京の中央政府から、成都でも一定の規模でデモをやらないと睨まれてしまう。大学や企業に「デモに一〇人出せ」といった内々の指示がだされ、集合場所に選ばれたのはイトーヨーカドーの店舗前だった。

群衆は店を取り囲み、破壊行為を始めた。

この成都の物件は、邱永漢の中国投資案件の一つで、ビルの所有者はいまでも邱永漢グループとなっている。二〇〇五年の反日デモのときも、同じことが起きて、ガラスが割られて当局が弁償したという。日本人を震え上がらせた反日デモの破壊行為の裏には、こんなウラ事情があったというのだ。

邱永漢が亡くなってすでに六年が過ぎている。

「(インタビューの日まで)こんなに父を思い出したことはなかったわね。ホント、面白い人だった。周りはホント、大変だったけど」

隣にいるベテランの秘書と目を合わせて笑った。

今回のようなインタビューを、邱世嬪は父の死後、受けたことはなかった。

「そうそう、こんな人生訓を聞かされました」と、邱世嬪は言い出した。

幼い邱世嬪が「パパには親友っているの？」と問いかけたときに語った言葉である。

「人間はね、自分が水面から顔を出してるときに見えるところにいる人が友だちなんだよ。どんどん泳いでいけば、場所が変わって別の人が友だちになる。他人を水の中から引き上げようとしちゃだめだ。自分が溺れてしまうから」

邱永漢は、幾千幾万の文章を残した。しかし、長女の言葉は、私が読んだどの文章よりも、邱永漢の人生観を端的に説明していると感じた。

また、邱永漢はこんな言葉を、小説の中に残している。

〈深淵は民族と民族の間に横たわっているのではない。深淵は人間そのものの中に深く根ざしているのだ〉（『検察官』）

人間存在に対する、透徹したリアリズムで、社会を疑うところから、論理を組み立てる。冷笑ではない。厭世でもない。人の世を高くから俯瞰する余裕もある。

一体、どんな生き方をすれば、こんな言葉を吐ける境地にたどり着けるのだろうか。

父の面影を色濃くたたえる邱世嬪の顔をみながら、少し恐くなった。

邱永漢は果たして、何人であったか。実は、そんな聞きにくい質問を、家族だからであろう、少女時代の邱世嬪がストレートに尋ねたことがあった。

「日本人でしょ、パパは」

「うーん」

「台湾人？　じゃないものね」

「うーん」

何にでも、ずばずばっと歯切れよく答える父親が、このときだけは違った。

「とても嫌がっていました。このことを聞かれるのが。中国人とは絶対思っていなかったはず。でも日本人か台湾人かは、本人のなかでも曖昧だったのではないでしょうか。瞬間的になんでも直感で判断するのが台湾人の特色ですが、父の考え方には日本人的なところも多かった。私たち子供は完全に日本人ですけれど」

「食べないと金儲けできない」

もう一人、邱永漢を理解するために、晩年の邱永漢に秘書として寄り添った日本人に会った。上田尾一憲という人物で、いまは台北で生活している。

この上田尾と邱永漢との出会いが面白い。二〇〇五年頃、上田尾が中国・湖南省の長沙に留学していたときのことだ。中国株に興味があり、ネットでいろいろ調べていると、邱永漢が公式ＨＰでやっていた「ハイハイＱさんＱさんデス」という読者との交流コーナーで、近々、中国株のための調査ツアーを連れて長沙を訪れる情報にたどりついた。短いメールを上田尾は送った。「お手伝いさせてほしい」。邱永漢本人からツアー出発一〇日前に返事が届いた。「ホテルのロビーで会いましょう」。

実際に調査ツアーと行動を二日間ほど共にして、最後にホテルのラウンジで二人きりになる時間があった。将来の希望を聞かれ、とりあえず日本料理店で働きたいと、上田尾は答えた。すると、邱永漢はこんな話を始めた。

「いま君はビルの二階ぐらいの高さから世界を見ているが、私と一緒ならば一〇〇階から世界が見える。一緒に働いてみないか」

大学の卒業は半年先に迫っていた。だが上田尾は「やります」と即答した。

北京事務所で働くようになった後、邱永漢は、上田尾にこう語ったという。

「あのとき君は電車の扉が開いたときに飛び乗ったんだ。卒業したら来るという返事だったら雇わなかった」

上田尾によれば、邱永漢には、圧倒的な人間臭さがあった。

行列で自分の前に割り込まれるのが好きではなかった。割り込む人を怒ったり、割り込まれないように前の人に額がつきそうなほどくっついて並んだりした。

「とにかく時間とお金を無駄にすることが何より嫌いでした」と上田尾は回想する。

誰かを接待して食事をごちそうするときも、料理を残した相手について、食事のあと、

「あの人にはもう食べさせない」と不満を口にした。ワインを残すと「もう彼にはワインはいらないね」と愚痴を言った。

食への関心は並大抵ではなく、食べることが人を判断する基準だったところがある。残った料理は社員が最後まで食べるように命じた。上田尾は秘書になって一二キロ太った。もちろん本人もよく食べ、「食べないと、お金儲けはできない」が口癖だった。

中華料理の会食の時、もてなす側の方は、料理のオーダーに心血をそそぐ。中華料理のオーダーは、西洋料理や和食のようにコースがある程度決まっているわけでなく、肉や魚、野菜の要素と、冷菜、炒め物、煮物、スープなど、複数の料理をいかに組み合わせるかが問われる高度なテクニックがもとめられる。

邱永漢の信頼を得た上田尾は、料理の注文も任されるようになったが、食べ終わったあとに「どうしてあの料理を頼んだんだ」「食材や味付けが重なっているじゃないか」とぐちぐちと小言を言われた。

運転手が道を間違えても目を丸くして文句を言った。「あっちの道のほうが速かったのに」と聞こえるように不満を言った。

とはいっても、子供っぽい人間味にあふれていて、リオのカーニバルを見に行った時は、みんなが飽きてホテルに帰ろうとするところを、「絶対に帰らない。面白いから帰りたくない」と椅子にしがみつくようにしていた。

上田尾が誕生日を迎えたときは、財布を買ってくれて、財布のお札入れには香港ドルの一〇〇元札が入っていた。お金持ちになるように、という験担ぎである。お金にシワが入っていると丁寧にシワを伸ばして新札のようにするのが好きだった。

香港へ逃亡

邱永漢は一九二四年、日本統治下の台湾・台南に生まれた。国姓爺・鄭成功の時代から、台湾の中心であった台南は人材輩出の聖地でもある。本書に登場するタイワニーズは不思議と台南出身者が多い。日清食品の創業者の安藤百福や台湾独立運動を立ち上げた王育徳は台南育ちである。ジュディ・オングの両親はともに台南の名家の出身だ。

邱永漢の父親は邱清海という台南在住の商人で、母は堤八重という日本人だった。邱永漢の日本語能力が、あの時代の台湾人のなかでもひときわ高い理由もそこにある。父親が台湾人、母親が日本人という組み合わせは、辜家の一員で独立運動の闘士であった辜寛敏や台湾五大家族の一つである基隆・顔家の系譜をくむ一青妙・一青窈姉妹もそうである。

母・八重は福岡県久留米市の出身で、家族で台湾に移住し、台南の西門市場で牛肉解体業を手がけていた。邱清海には台湾人の正妻がいたが、子供ができず、堤八重を家に迎えた。八重のしつけは大変厳しく、食事の席でも正座を命じ、無駄に口を開くことも

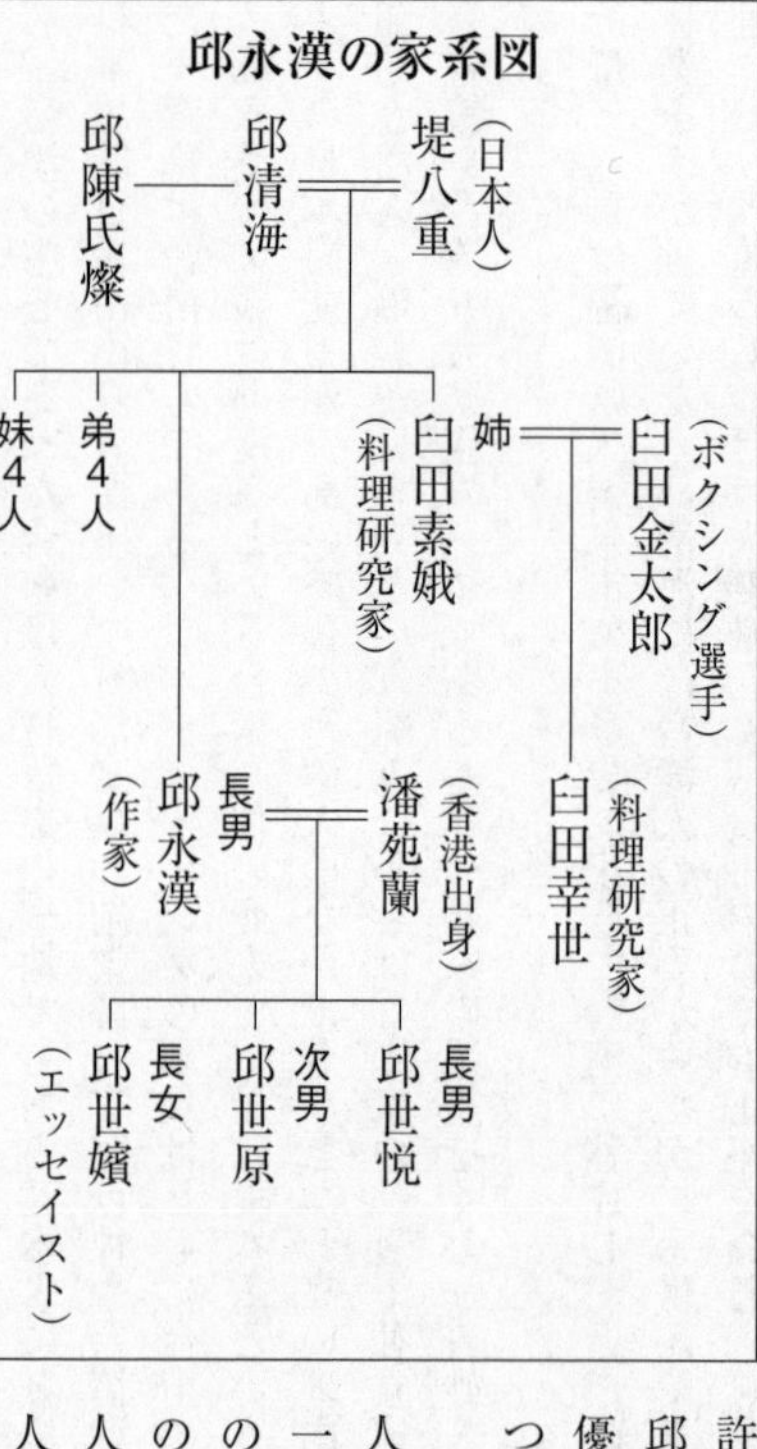

許さなかった。一方、邱永漢は八重よりも、優しかった正妻になついていたという。

二人の間には一一人の子供が生まれた。一人が夭折し、長男の邱永漢と長女は父の戸籍に入って台湾人になり、残りの八人は母の私生児として届け出て日本人になった。当時は同じ国家でありながら日本の戸籍法と台湾の戸籍法が結ばれておらず、こういう形にならざるをえなかった。のちに両者の戸籍法が結ばれると、父の邱清海は母の八重の籍に入り、邱永漢と父の正妻だけが台湾の邱家に連なる形になった。

家族そのものが日本か台湾かあいまいな状況で、邱永漢は、生まれた時から、アイデンティティ・クライシスのなかに身を置いて育った。この時期の暮らしが、民族や国家に対して突き放した感覚を持つ邱永漢の人格形成に大きな影響を及ぼした可能性が高い。

邱世嬪によれば、邱永漢の死後の相続の際に遺族らが確認したところ、台南には邱永漢の戸籍が、台湾を離れた二〇歳前後のときのまま残っていたという。

ちなみに邱永漢の本名は邱炳南（きゅうへいなん）という。日本亡命時に邱永漢をペンネームに使うようになった。邱永漢という名前を授けたのが戦前の台湾の文学界で活躍した作家・西川満だと伝えられてきたが、本人は雑誌のインタビューでこれを否定している。

天才型の個性は早くに芽吹いていた。父親が商売をやっていた関係で、家庭はそれなりに裕福だった。小学校四年生までは発達が遅かったせいか平凡な子供だったが、四年生の頃から急に成績が良くなり始め、六年生になるころには学年一の秀才となっていた。

高校は台湾の最難関である台北高等学校尋常科に合格した。日本人生徒が中心の台北高等学校に入れる台湾人は、毎年全国から集まった成績優良な台湾人受験者二〇〇人のうちのわずか五人程度とされ、ずば抜けて優秀な者だけが通れる難関だった。若き日の邱永漢の頭脳の明晰ぶりは当時の日本人同級生たちの語り草になっている。学生時代から本名の邱炳南の名前で高踏的な詩文も多数発表していた。

邱永漢は東京大学経済学部の入試も難なくパスし、学徒動員が始まったときは一九歳だったのでギリギリ兵役を免れ、経済学部の図書係となった。

「たいていの若者たちが学徒動員されて、ろくに勉強もできなかった時期に、ひとり研究室に残って万巻の書をひもとくことができた」と邱永漢は著書で振り返っている。経済学部の書庫には、当時の日本では禁書だったマルクス・レーニン関係の左翼思想の本もあり、これらを読破したというが、邱永漢が思想的に左傾化したことはなかった。

邱永漢の第二の人生は一九四五年八月一五日、日本の敗戦による台湾の放棄によって、日本人であることから解放された日からスタートした。日本は、戦争に負けて台湾という土地とそこに暮らす六〇〇万人の「帝国の臣民」を放り出した。台湾の人々は、日本人から中国人（あるいは台湾人）へ、有無を言わさず帰属変更させられた。

その一人が邱永漢だった。

日本が戦争に負けなくても、邱永漢はひとかどの人物になっていただろう。だが、いくら優秀でも、日本統治下の台湾では、その展望は、台湾総督府の高級官僚になるか、台湾で起業するか、学者となるか、という程度だったかもしれない。

戦後の邱永漢は、共産党に敗れて大陸から台湾にやってきた国民党政権と対立し、身の危険を回避するため、台湾から香港に逃亡して六年間を過ごしている。

邱永漢によると、一九一〇年生まれで日本統治時代から台湾を代表する知識人として知られていた廖文毅が国民党政府を非難して書いた「台湾に国民投票を実施するための誓願書」という文章を英語に翻訳し、欧米のメディアに掲載させたことがきっかけだった。当局が犯人探しを始め、摘発を恐れた邱永漢は香港にいた廖文毅のもとに身を寄せたという経緯だった。

香港では、廖文毅の秘書的な仕事をこなしながら、ビジネスも手がけた邱永漢は、日本へも、タイミングとしては廖文毅のあとを追いかけるように渡った。廖文毅は日本で台湾独立組織を立ち上げ、「台湾共和国臨時政府」の臨時大統領に就任した。

日本に渡った理由は、独立運動のためではなく、娘の病気の治療のためであったと邱永漢は生前、何度も語っている。確かに日本に渡った後の邱永漢の独立運動との関わりは曖昧で摑みどころがない。廖文毅とは日常的に行動を共にはしていなかったとされている。会合などに顔を出していたが、運動そのものに深入りはしなかった。

檀一雄の慧眼

邱永漢が直木賞を受賞したのは小説を本格的に書くようになって一年あまりのタイミングで、年齢は三〇歳を超えたぐらいという若さだった。当時、邱永漢は、政治亡命のような形で日本に滞在しており、家族を食わしていかなければならなかった。

〈たまたま、東京に一、二年釘付けされたことと関係があり、私の資金は香港の家と義兄たちが経営するチューインガム工場に凍結されてしまい、商売をやるにも資金がなかった〉

一九五九年の「中央公論・臨時増刊文芸特集号」に記した「私の見た日本の文壇」と

いうエッセイで、邱永漢はそう書いている。

それによれば、邱永漢は天然の嗅覚ともいうべきか、当時文壇ジャーナリズムの華のような存在だった檀一雄に『濁水渓』という作品を売りこんだ。これが檀一雄の目に止まり、気に入った、出版の世話もしよう、と話がトントン拍子に進んでいく。檀一雄は直木賞の選考委員も務めており、のちに邱永漢の受賞を推してくれる存在となった。

邱永漢は檀一雄に作品が載った雑誌を送ったあと、檀一雄がけがで入院したことを新聞で知る。当時の新聞は入院先まで親切に書いてあった。病院におしかけた邱永漢は檀一雄に挨拶すると、すかさず未発表の作品を手渡した。

檀一雄は突然の怪我で何もすることがなく、貪るように邱永漢の原稿を読んだ。邱永漢は数日おきに書き上げた小説を持ち込んで、檀一雄の暇つぶしを手伝った。

邱永漢は圧倒的なスピードで作品を描き続けた。

本人が「異常な体験をしたせいで文学的貯金があった」というように、日本の敗戦と台湾喪失、台湾人の新国家への期待とあっという間の破綻、国外逃亡、日本への渡航など、自分と周囲に起きたことを書きまくり、二日に一本の割合で短編を仕上げた。

一九五四年から一九五八年までの間に、処女作『密入国者の手記』に始まり、『濁水渓』『香港』『敗戦妻』『客死』『検察官』『故園』『毛沢西』『首』『長すぎた戦争』『颪のある日は』『見えない国境線』『韓非子学校』『刺竹』『東洋航路』『惜別亭』『南京街裏通り】『海の口紅』『傘の中の女』『マネキン少女』『華僑』など、三〇作近い短編を発表している。

作品はどれもこれも、読み応えのあるものだ。この異常な量産において、邱永漢は文学作家としての一瞬の光芒を放ったと、いまから見れば言えるであろう。

檀一雄は、ベッドの上で、邱永漢にこう告げている。

「君は小説家になれる。だが百万円の小説家にはなれない。十万円の小説家どまりだ」

意味がわからずにキョトンとしている邱永漢に、檀一雄は、作家には文芸誌に月に二本書く十万円の作家と、新聞など原稿料が高い一般のメディアに連載が書ける百万円の作家に分かれるとして、「日本人は日本人的義理人情しか受けようとしませんからね。日本人的義理人情を書く人でないと、百万円作家にはなれない」と説明している。

さすがに檀一雄、恐ろしいほどの慧眼だと感じる。

邱永漢の一連の小説は、あまりにも論理的に事実を積みあげているので、語られていることは背筋が凍るような凄まじい事実なのに、どうしても文章がカラカラに乾いてしまっていて、情の部分がしっかりと伝わってこないのである。

私のようなジャーナリズムに身を置く人間や、台湾の歴史を調べる研究者にとっては、邱永漢の小説は、当時の状況を理解するうえで格好の素材となる。しかし、文学作品として素直に向き合った場合、傑作ではあるが、超一流の作品にはなりえない。

これは、邱永漢が世の中の仕組みや裏側を素早く理解しすぎるため、文学的な葛藤や焦燥とは縁遠い心理構造だからではないかと思える。

邱永漢も普通ではない。檀一雄にこのように言われても反発や否定に走らず、「檀一雄さんのご宣託は正しかった」と言うのだ。

邱永漢が小説を量産したのは、主に二十代から三十代にかけての一〇年ほどの間だった。この時期に発表した作品は自伝的要素が強い。『密入国者の手記』は、邱永漢の友人であり、台湾独立運動の創始者である王育徳の日本亡命の経緯を描いているものだ。『検察官』は王育徳の実兄で、二・二八事件に巻き込まれ殺された元検察官の王育霖がモデルになっている。

王育徳の娘で、現在、父の作り上げた台湾独立建国連盟の日本支部委員長を務めている王明理によれば、王育徳はこの話を自分で小説に書くつもりが、先に邱永漢に書かれてしまったので断念したらしい。ただ二人の友情は途切れることはなかった。

『客死』では、かつてリーダーとして仰いだ廖文毅がモデルの一人になっている。これらは、確かに邱永漢の「文学的貯金」によって書かれたものである。ただすべてが邱永漢やその知人の体験ではなく、当時の台湾人全体が直面した運命、つまり、「犬（日本人）が去って豚（中国人）が来た」という失望と困難、あるいは、日本人にされ、次は中国人になり、改めて台湾人であることを自覚した複雑なアイデンティティの変遷を取り上げているのである。

文壇から評価されない理由

邱永漢の作品の文学史的な位置づけにおいて興味深いのは、台湾の文壇や文学界では当時から今日に至るまであまり注目されていない、という点である。

中国語ではなく、日本語の作品であるため、という理由は確かにある。しかし、邱永漢と似た環境で育った世代の作家で『アジアの孤児』『無花果』『泥濘に生きる』などの作品を著した呉濁流（ごだくりゅう）は、日本語の著書が中国語に翻訳されて「台湾人作家」として台湾で高く評価されている。それと比べると、あまりに大きな違いである。

台湾文学の先駆的研究者である岡崎郁子が著書『台湾文学——異端の系譜』でその原因についてこう指摘している。

〈大資本家となった邱が、台湾文壇を歯牙にもかけなかったことに対するやっかみと、邱の作品を読んでいないことが挙げられると思う〉

そうした状況は確かに容易に想像ができる。

邱永漢の作品の水準については、「文句なくうまい」「うまさ、センスには実は脱帽している」と岡崎が記す通り、日本語教育を受けて日本語で表現した台湾人作家たちのなかで、抜群のキレと冴えを見せている。

同じ台湾文学研究者の垂水千恵も、著書『台湾の日本語文学――日本統治時代の作家たち』で、このように書いている。

〈台湾人作家によって書かれた日本語文学を日本文学における貴重なマイノリティー文学として位置付けるならば、邱の作品は完成度において屈指のものである〉

邱永漢の作品の中では、登場人物はまずは日本人であるという国籍を否定し、そのあと中国人であるというアイデンティティを模索する。しかし、国民党の暴政を通して現実の中国人との違いを知ることで、日本人でも中国人でもない、台湾人というアイデンティティにたどり着く、という心の旅路を歩んでいく物語が多い。

台湾人作家の到達点としては、邱永漢のこの認識は先見性を備えた卓見だと言えよう。近年の台湾における台湾本土化＝台湾アイデンティティの隆盛現象のなかで、戦後の国民党統治によって植えつけられた「中国人意識」から、台湾人であるという自覚にいま台湾の人々が向かいつつある姿をみていると、邱永漢作品の予言が日々実現に近づいているようにも思えてしまう。

垂水は、こう記す。

〈おそらくこうした邱の認識は、日本統治の終焉、そして二・二八事件の勃発という歴史の激動を経て、初めて生まれ得たものだったのだろう。私が邱を台湾に於ける日本語文学の完成者と評するのはこうした理由からである〉

邱永漢は結局、小説家の道は断念し、株や経済を軸とする経済評論や文明批評に軸足を移し、その道で「百万円作家」の仲間入りを果たした。

それは亡命小説家から金儲けの神様への華麗なる転身でもあった。

娘の邱世嬪によれば、この転身の時期、邱永漢がレストランで食事をしていると、知らない男性が近寄ってきて、箸袋を置いていった。箸袋の裏にはこう書いてあった。「あれだけの小説を書いていたのに、どうして堕落したんですか」

邱永漢は苦笑しながら妻に見せた。妻は「そうやって言ってくれるファンがいていいわね」と受け流した。邱永漢も「なるほど、そうだなあ」とつぶやいて、そのあとは何も言わなかったという。

小説家としての限界とも関係していたはずである。邱永漢は邱世嬪ら家族にも、自分のことを「作家としては小結」と述べていた。

邱世嬪は「小結は欲張り過ぎかも。前頭一五枚目ぐらいかしら」と笑う。

邱永漢の生き方について、邱世嬪は「ヤクザな血筋」で、「生き方もでたらめ」と評する。しかし、そのでたらめさが邱世嬪には魅力だと感じる。

邱永漢は自らの著書『西遊記』にサインをするとき、「道という道は天竺に通ず、さればは悟空よ、でたらめに行け」と書き添えている。

邱永漢が、直木賞をとった本格小説家から、金儲け指南役に転身を遂げた時期、「文士が金のことを書くなんてけしからん」と怒った文壇の大物たちは一人や二人ではなかった。

〈株に熱中して世間では堕落したと思われていた父ですが、本人は出世したと信じているから恐ろしい〉

邱世嬪はエッセイでこう記す。異才の父親への愛情と理解が伝わってくる。

一方、上田尾は、邱永漢から、小説家から金儲け作家に切り替えた理由について、こんな説明を受けていた。

「人間は二つのことに興味がある。一つはセックス。もう一つはお金だ。セックスのことは、渡辺淳一にはかなわない。自分はお金を書くことにした。そうしたら、どんどん本が売れてしまって、直木賞をとった作家が何を書いているのかと言われたりもしたけれど、売れない本を書くよりはずっといい」

別のところでも、この転身については、少しずつ内容が違う説明を邱永漢はしているが、結局、小説の世界に見切りをつけた、ということだろう。

邱永漢は、どこかで文壇という世界を冷めてみながら、その生態の深いところまで知り尽くしていたように見える。

蔣介石政権への「投降」を演出

邱永漢は、金儲けの神様に転身し、もう一つの転身も果たそうとする。

台湾独立運動の活動家から、台湾独立運動を迫害してきた台湾・蔣介石政権との和解による「成功者」への転身である。

独立運動の活動家であった邱永漢が、台湾の国民党政権下の台湾に戻ったのは一九七二年四月。その前年に台湾は国連から追い出され、日本と中国の国交樹立も秒読み状態と見られていた。実際、邱永漢の帰国から五ヶ月あとに日中国交樹立、台湾との断交が起きている。

そのタイミングで起きた邱永漢の帰国は、蔣介石政権からすれば、意気消沈する国民を励ます大きな材料だった。邱永漢がこの時期に帰国を決めたのも、自分というカードをいちばん高く売れるチャンスを虎視眈々と狙っていたからに違いない。

思惑通り、二四年ぶりの帰国は、台湾で政治的に大きく喧伝された。

台湾紙「聯合報」は一ページ全面を使って報道しているが、タイトルは「政府の反共団結スローガンに饗応し、旅日台湾独立重要人物　邱永漢がとうとう帰国」。派手に「裏切り者」が心を改めて軍門に下ったことをアピールしようという意図が見える。

邱永漢は台湾独立運動への参加が間違っていたことを声明で認め、こう書いている。

〈二十数年前、私と日本在住の僑民の友人たちは、戦後初期の台湾省政の若干の措置が完全には我々の希望と合致せず、当時の国内外の情勢も我が国に不利であり、台湾が独立すれば、政治環境を改善し経済を良くして同胞の生活水準を高めると考え、かつて力を貸したことがあった。しかし当時の我々の考えは現実的ではなく、加えて、それらの願いはすでに蔣総統のもとで次第に実現されていることが明らかになっている〉

これを投降文と受け止める読み方もあろうが、あえて自分の名義で堂々と書けるところが、変幻自在を旨とする邱永漢である所以かもしれない。

邱永漢はのちに「(同じく独立運動をあきらめて台湾に戻った) 廖文毅は投降かもしれないが、私は、台湾の苦労を見かねて人助けのために台湾に戻ったのだ」と語っている。

実際、邱永漢の帰国を報じる台湾の新聞は「文壇健筆、経済長才(文章で筆を振るい、経済でも才能を見せる)」と書くなど、邱永漢が日本でいかに歓迎されているか、権威のある人物であるかに焦点をあてて紹介した。まるで凱旋帰国のようだ。

その後も邱永漢は自由な発言や往来を認められ、厳しい監視を受けた廖文毅との落差はあまりにも大きい。自分の帰国を「凱旋」に演出し、国民党政権に最も高く売れるタイミングを読み切った邱永漢の行動は政治判断として見事としか言いようがない。

この時期、邱永漢は台湾でいくつか目立つ投資もしている。

台北市内の大通りである南京東路に面した永漢ビルや、桃園国際空港のそばにある永漢ゴルフ場だ。邱永漢はエッセイで、桃園国際空港から離着陸するときに上空から見える自分のゴルフ場を眺めることが大好きだったと書いている。

政界進出ならず

さらなる転身は一九八〇年に訪れた。日本国籍の取得、そして、同年にあった参院選への出馬である。

邱永漢は同年三月、日本に帰化をした。当時の新聞は、同じ時期に帰化した相撲の高見山とあわせて著名外国人の帰化として騒いだが、邱永漢本人は「高見山関とではいささか事情が違う。私はもともと日本人だった」と述べている。

確かに、邱永漢は台湾で生まれたときは「日本人」だった。それは一九四五年に、日本という国家から縁を切られる形になった。しかし、邱永漢はこのとき、再び「日本人」という立場を手にいれたのである。

邱永漢は日本国籍を取得して「丘永漢」を本名にした。日本人になじみの少ない邱という字は使わず、永漢というペンネームだけ、実名に使ったのだ。ただ、選挙では、もちろん日本人に広く知られた邱永漢という名前で出馬した。

邱世嬪によれば、もともと自民党公認で出馬して五〇万票をもらって当選できるという話だった。ところが、邱永漢は当時の実力者の田中角栄のところを訪ね、「あなたの神輿を一緒に担ぐわけにはいかない」と話して公認を断ったという。ここでいう神輿は田中が掲げた中華人民共和国との国交樹立やその後の日中友好を指している。

「自分には多くの読者がいるから当選できる」と信じていたらしい。

邱永漢は、計算高い人物だと思われがちだ。そうした性格の持ち主であったことは否定できないが、いわゆる世事にうといところがあった。

結果、公認ではなく推薦の出馬となり、獲得票数は一五万票にとどまって落選した。

邱永漢を形容する言葉はたいていが「金儲けの神様」である。二〇一二年の訃報の時も金儲けの神様と呼ばれた邱永漢氏が死去、と報じられたが、それから三二年を遡る一九八〇年にも、金儲けの神様が帰化して参院選に出馬したと新聞は書いていた。政治家へのチャレンジは失敗に終わったのである。

日本社会において、最後まで金儲けの神様という社会的評価を守り続けたことはすごいが、実際に邱永漢がどこまで金儲けの才覚があったのだろうか。決して素人ではないが、神様というほどではなかった、というあたりが正しいかもしれない。

邱永漢について調べていると「実際は、ビジネスは下手だった」「信用して株や土地を買ったら大損した人もいる」といった話をあちこちで聞いた。邱世嬪も「金儲けの神様というのは、自分で作った虚像、イメージだと思います」と断言した。

「投資の成功は一〇回のうち二回ぐらい。いつも後始末に家族が翻弄されていました。ぜんぶ思いつきで決めてしまうんです。人を見る目はゼロ。でも、成功する投資もありましたから、その儲けで失敗の穴埋めをしていました。商売は考えたことの実践というか、本人にとっては遊びだったんでしょうね」

最大の危機は、一九九〇年代のヤオハンの倒産だった。日の出の勢いであった小売スーパー・ヤオハンは、日本から香港、東南アジア、台湾へ進出を重ねていった。台湾では北部・桃園に出店したが、箱となる建物を作ったのが邱永漢だった。

邱世嬪は子供の頃から霊感が強かった。一時、星占いの仕事をしたのもその特質と関係している。ある日、夢をみた。誰かが邱世嬪に「あなたの父親はヤオハンに騙される、それも二回」と告げた。伝えると邱永漢は信じないで、むしろ怒り出した。

最初にヤオハンと小さなトラブルがあった。「また騙される」と邱世嬪が言うと、邱永漢は「そんなことはない。今度は大丈夫だ」と頑なになって聞き入れなかった。

結局、ヤオハンは桃園からの撤退を一九九七年に決める。その間、撤退はないとヤオハンは邱永漢に言い続けていたという。ところが台中店までダメになり、台湾からヤオハンは姿を消した。邱永漢の建物はテナントを失ったまま、宙に浮いた。

邱永漢は必死にあちこちを駆け回って、とうとう台湾の三越に建物を購入してもらうことになった。建物は三分の一以下の価格となったが、引き受けてもらえるだけマシだった。現在も、「新光三越」という店名で存続しているが、繁華街からちょっと距離があるなど、立地があまり良くなく、お客の少ない店として知られている。

邱世嬪は、また楽しそうに笑いながら、振り返った。

「父はこの問題が解決してからはトラブルが起きるたびに「ぼくはどうなるの」と聞いてくるようになりました。でも、後始末のために、他人任せにしないで、あちこち本当に自分の足で必死に駆け回っていたのは立派だと思いました。メディアにヤオハンと組んで騙していたという内容で叩かれてしまって、私が「なんでヤオハンを批判しないの」と聞くと、「井戸に落ちたものに石を投げちゃいけないんだよ」と言っていました」

失敗まで、楽しんでいるところが邱永漢にはあった。

中学生のとき、突然部屋に呼ばれた邱世嬪に、邱永漢はこんなことを言い出した。

「あのね、人生って悪いことは将棋倒しみたいに次から次にくるんだよ」

よく意味はわからなかったが、当時、事業の失敗などで苦しんでいたことは感じ取っていたので、そのことだろうと邱世嬪は思った。

ほかにも、邱世嬪には、こんなことも語っていた。

「成功している人は、ちょっと悪いことをするか、人の何倍も働くかどっちかで、だいたい両方ともしているんだ」

邱世嬪からは「邱永漢語録」が次々と溢れてくる。

「普通、子供にそんなこと言いますかね。話がやけに具体的で、思考方法が普通の人と違うんですね。でも、言われた方は、忘れられないで覚えてます。生きているときはいろいろ周りを大変な目にあわせる人でしたが、今思うと、面白い人でしたね」

三つの約束

亡くなる直前に、山東省への視察団と訪中し、その途中で邱永漢は体調を崩した。邱永漢は、毎月一回、中国株の投資のため、日本人の投資家による中国企業回りの訪問団を企画して訪中していた。

「真っ白な顔をしながら、それでもせっかく来てくれているのだから期待を裏切れないといって上海の最後の講演をこなし台湾行きは中止したのですが、日本に戻った時にはかなり体調が悪くなっていたようです」（上田尾）

日本のスタッフたちが入院の準備を整えていたが、「嫌だ」と頑なに拒んで自宅に戻ってしまった。その夜、知人の会社社長を招いて食事を楽しんだが、深夜に症状が悪化して翌朝病院へ。ひどい肺炎だった。

「肺炎なのよ、というと「誰が」っていうし、お医者さまが「寒くないですか」と聞くと、ＩＣＵに入っていたので「うん、お財布がね」と言って、最後まで、普通じゃないボキャブラリーで相手を唖然とさせていました」

邱世嬪はいまわの際までウィットを失わない父を思い出し、また笑った。

数日後に息を引き取り、遺骨は海に撒かれた。ある時期までは、墓のデザインを自分で考えていたが、次男の死去のとき海中散骨したことで、自分も「それがいい」と思うようになったという。

邱永漢は、最後まで老いることも拒もうとした。

七十代になっても、男性ファッション誌を買い求めていた。読み終わったら「もったいないから」と中国の事務所に持ってきて、社員に共有するため配っていた。

「日本のサラリーマンみたいになりたくない。おしゃれなオジサンになりたい」

上田尾には、そんな風に語っていた。ヒザのところが破れたジーンズをたくさん買い集め、時計もパテックフィリップからタグホイヤーに買い換えた。

ちなみに邱永漢は若い頃に暮らした香港で〈車はロールスロイス、腕時計はパテックフィリップか、ピアジェという贅沢に慣れてしまった〉と著書に書いている。

邱世嬪に対しては、六〇歳になるとき、こう宣言したという。

「ここから先は自分との戦いになる。普通の年寄りは、なし崩し的に歳をとっていくけど、ぼくは、孫の話はしない、病気の話はしない、同じ話は繰り返さない」

実際に、その三つの約束は守りぬいた、という。

その分、普通、人は齢を重ねると丸くなるものだが、邱永漢は最後まで脂っこく「この世を生きぬく」ことにこだわり抜いた。

邱永漢の言動は、真偽定かならず、ご都合主義的な説明も多く、一貫性に乏しい。邱永漢にじっくり会えなかったことは残念ではある。ただ、邱永漢理解のためには、むしろ、死後に人物探求に取り組めたことはかえって幸いだったかもしれない。もし会って親しくなったとしたら、その善悪と真偽の定かならぬ魅力に翻弄され、筆が進まなくなってしまったに違いない。

日本と台湾、中国や香港という世界をまたにかけて自由自在に人生を楽しみ尽くしたあげく、やたらに他人の人生を型にはめて定義したがる我々に対して、「私は何者でもない。邱永漢だ」と、あの世で高笑いしているように思えて仕方がない。

大人になれなかった子供

浮き沈みの激しい人生ではあったが、どんなときでも、書くことが生活の中心にあった。多い時には一七本の連載を抱えていた。飛行機の中でも、新幹線のなかでも、邱永漢は書き続けた。入国審査で並ぶときも。邱永漢は、いつも原稿用紙に小さな字で手書きで書いていた。

「パパの字は、小さい」と邱世嬪がからかうと、「大きくても同じ値段だから」とまぜっかえした。

「長い原稿でも短い原稿でも、予定した枚数で、書きあげ、ぴったり収まっている。どのページに何を書いたか、すべて覚えているんです。すごい人だと思いました」

執筆の様子をいつも間近で観察していた上田尾は感嘆する。

邱世嬪によれば、邱永漢の自宅の書斎には「一生書生」という四文字の額縁がかけられていた。

「書くことについては、すごく研究熱心だし、すごく努力家で、書くことが絶対に本業です。あの人の情熱はそこにありました」

海外で自分を紹介するときも作家を好んで名乗った。「アイ・アム・ア・フェイマス・ライター・イン・ジャパン」が常套句だった。家族からは「イン・ザ・ワールドじゃないのが悲しいね」とからかわれながらも。

邱永漢は、まぎれもなく、日本の台湾統治が産み落とした不世出の天才である。だが、その内面に迫ろうとすればするほど、遠くなっていく感覚がある。取材をいくら進めてみても、変わることはなかった。邱永漢については、さまざまな論評に目を通したが、私にはどれ一つとしてしっくりくるものがなかった。

その感覚を邱世嬪に伝えると、こんな言葉が戻ってきた。

「書いている人たちは、邱永漢が自分たちと同じ大人だと思って書いているからでしょうね。あの人は、大人になれなかった子供です。自転車でどこまでも走っていっちゃう子供がいるでしょう？　そんな少年の部分が抜けなくて、ずっと好奇心で生きていたようなものだから。欲と理想が一人の人間のなかに矛盾なく共存してたのです。きれいごとも言わないけれど、自分なりの正しいことへのこだわりは捨てなかったと思います」

私も基本的にこの見方に共感する。

邱永漢とは何者か。

文学研究の立場からすれば、才能がありながら小説の道を中途半端にしたままで終えたということなので、挫折者ということになるであろう。

政治研究の立場からすれば、途中で独立運動を投げ出している挫折者である。

文明評論家としても、率直にいって、超一流とは言い難い。純粋な台湾ナショナリズムの立場からすれば、独立に走ったり、国民党と協力したり、中国でビジネスを展開したりと、肯定的には認め難い人物なのかもしれない。

だが、こうしたすべてをひっくるめて、邱永漢は、あるいは深い虚無を抱えながらも、欲と理想を両方抱きつつ、自分の与えられた環境と才能を、堂々と使い切った一生を完成させた人間であったと、理解したいと思う。

そして、ある意味で、それこそが、しなやかな強さ、というタイワニーズの重要な特性なのではないか。邱永漢は、その特性を極限までに内在化させ、外部に向かって表現しつくしたザ・タイワニーズだった。

コラム　在日華僑？　在日台僑？

「華僑」というと、中国から海外に出て暮らしている人を指す。その国の国籍を取得した人を「華人」と呼ぶこともある。「僑」という文字には、仮住まいという原義があり、そこから派生して「外国にいる中国人」という意味を「華僑」が持っているからだ。

ただ、日本で「華僑」と「華人」に分類することはほとんどない。中華民国籍から日本国籍に変更したジュディ・オングが「華人」で、中華民国籍を持ったままの王貞治が「華僑」という風に考える日本人はほとんどいない。いずれにせよ、「華僑」の華とは、中国＝中華という意味であり、台湾を含む中華世界の出身という意味が込められていた。

よく華僑は中国派と台湾派に分かれていると言われるが、実際のところは「中華人民共和国派」と「中華民国派」ということになる。

それぞれ政府機構のなかに「僑務」を担当する部門がある。台湾の場合は、行政院僑務委員会で、中国は国務院僑務弁公室。世界には二〇〇〇万人とも三〇〇〇万人とも言われる華僑がおり、その人々を相手に本家争いという名前のオルグ合戦をやっている。

日本はその分断が最も熾烈な場所の一つで、華僑総会という名前で、台湾系と中国系の二つの組織が存在していた。さらにややこしいことに、中国を支持する華僑団体の中核を台湾出身者が担っている場合もしばしば起きる。左傾化した台湾人が日本で一定数存在しているからである。

華僑の子弟が通う中華学校も、横浜は台湾系と中国系に分かれているが、東京や神戸の場合は台湾系、中国系が一緒に通っている。

台湾系も中国系も、国名は「中華」を冠しているので、華僑という言葉には問題はなかった。しかし、台湾の民主化以降、台湾は独立国家だ、あるいは独立国家になるべきだという議論がオープンになり、その影響は海外にも及んで、台湾系団体も「中華民国派」と「台湾独立派」の二つに分かれるようになった。台湾独立派の人々の中には「中華民国」という政治体制を拒む人も多く、彼らは「華僑」という呼び名を望まず、「台僑」と自らを呼ぶ。

台湾内部でも、台湾と中国を切り離して「台湾は台湾で中国ではない」と考える「台湾意識」が次第に強まり、若い世代の政治家には「台僑」的な価値観を持つ者も現れている。そのことが政党・時代力量の林昶佐立法委員が二〇一六年三月に僑務委員会陳士魁委員長に対して行った質問によく表れていた。

このとき林委員は、台湾が対象としている「僑胞」（在外同胞）が一体誰なのかについて詰問した。質問を受けた陳委員長は「僑委会は「台裔」と「華裔」の区分はせず、藍緑の支持も問わない。中華民国を支持し、台湾を愛している人々全てをサポートする」と説明した。すると林委員は「台湾から移民した台僑と限定すべきだ」と反論してこのやりとりが翌日の新聞紙面をにぎわせた（岡野翔太「華僑・台僑をめぐる歴史的位相」『台湾を知るための六〇章』収録）。

「台僑」が台頭している一方で、台湾出身ではなくて、大陸の出身で、中華民国の支持者である華僑は、この「台僑」の概念から漏れてしまうという問題も起きている。

終章　タイワニーズとは

これまでは「個」の話をしてきた。この最終章は、タイワニーズとはいかなる人々であるのかという問題を含め、「全体」の話をしてみたい。

まずタイワニーズという概念についてだが、本人や家族に多少でも台湾との血統的なつながりがあればタイワニーズにあてはまるというのが私の定義だ。

これをもし漢字の台湾人とすると中国人との対立概念と受け止められ、政治的な意味で、誤解を招く恐れがある。人間を扱う本書において「台湾人か中国人か」というアイデンティティ政治の角度を持ち込むことはなるべく控えたかった。文章中に台湾人という表記はあるが、台湾に暮らす人々や台湾出身者に対する総称に過ぎない。

台湾出身者と書くことも考えたが、本書で取り上げる人々には、日本への移住第二代、第三代の人々も、日台ハーフの人々もおり、台湾出身者では範囲が狭くなってしまう。できるだけ間口を広くするためには、英語の曖昧さを利用させてもらって、タイワニーズにしたほうがいいと考えた。

もう一つ、取材対象者の人選において留意したのは、「ファミリー」の要素である。本書で紹介する人々は必ずしも本人が来日を決定したわけではない。その背後には大きな歴史の流れに向き合うそれぞれの家族の決断があった。

私は、その決断を背負って生きている人々に興味があった。そのため、日本で活躍しているという点だけではなく、多少なりとも「ファミリー」の要素を書くことができる人を探すことに努めた。取り上げる以上、客観的な視点を持たせるため、家族や親族、友人などにできるだけ会うように心がけた。

タレントの渡辺直美や俳優の金城武も日台ハーフであるし、台湾から日本にきて成功を収めたビビアン・スーもタイワニーズとして取材対象者になりうるが、それぞれに家族の物語はあったとしても、本人にアクセスして詳しい事情を丁寧に取材できるかどうかわからないこともあり、取材リストには入れなかった。

ただ、何よりも重要なのは、私がその人物に興味を持てることであり、できるだけ私の関心の方向性やこだわりが文章のなかで伝わるようにしたつもりである。

本書はあくまでも日本や台湾の歴史や政治、社会と関わる部分に焦点を当てながら人物を取り上げていくノンフィクションであり、すでに刊行された当人の自伝やウィキペディアに掲載されているような情報を仔細に紹介することは避けている。

日本社会のサボタージュ

台湾について、日本は随分と身勝手な振る舞いを続けてきた。

宮古島の島民が漂流して台湾にたどり着き、五四人が先住民に殺されたことを理由に出兵を行った一八七四年の台湾出兵。他人の土地に迷い込んで命を失ったことは悲劇だとしても、兵を出して懲罰に行くというのは、あまりにも野蛮な行為ではなかったか。

そのあと、清朝に対して朝鮮半島の縄張り争いの末に戦争となって勝利し、一八九五年の下関条約で奪い取ったのが、この台湾であった。

台湾が日本の統治下にあった半世紀、苛烈な反抗への対処を経て、日本は台湾の建設に努力した。台湾の人々はその結果、近代国家における教育とインフラと法治の恩恵を受けた。そのことをもって「植民地の民」としての幸運だったと受け取る向きもあるだろう。日本にとっても台湾経営のメリットを享受した部分もあり、一定のウィンウィンの関係が成立したことは今日の台湾に残っている親日意識にもつながっている。

そうかと思えば、台湾の人々は「日本は台湾を二度捨てた」という言い方をする。それは、ポツダム宣言の受諾による一九四五年の台湾の放棄と、一九七二年の中華民国との断交を指す。

どちらも日本が自ら望んだことではない、という言い訳もできようが、台湾の人々の立場からすると、手を切られ、放り出されたという事実は否定できない。

しかも、戦後の日本は、植民地統治などを含めた戦争責任について、およそ台湾に関して議論することをほとんどやめてしまったようだった。

戦前の中国と台湾は切り離された存在であり、台湾人は日本人として戦争に参加した。だから、日本の台湾統治と日中戦争の問題は別々に分けて論じられるべきだった。しかし、台湾が当時中国にあった中華民国に接収されたことで、日本の台湾統治は中国全体に対する戦争責任のなかで薄められ、埋没してしまった。

内戦で勝利して中国大陸を抑えた中華人民共和国は一度も台湾を実効支配できていない。台湾に逃れた中華民国は日本の台湾統治だけを取り出す形では日本に戦争責任追及を行わない。日本の台湾統治という歴史が、国民党と共産党の争いのエアポケットに落ちてしまった状況だった。

そのなかで、共産党も、国民党も「日本は台湾を搾取した」「日本によって台湾人は皇民化された」というイデオロギー的歴史観で、五〇年間にわたって台湾の人々が日本人として生きてきた時間を、あまりにも薄っぺらい形で総括してしまった。

その影響は日本の戦後社会にも及び、日本の戦前というテーマを扱った知的営為のなかで、中国や朝鮮半島に比べ、台湾が取り上げられることは極めて乏しくなった。

その問題を実証した一つの古い研究論文がある。

アジア経済研究所が刊行する「アジア経済」という学術誌が、一九六九年に刊行した同誌刊行一〇〇号記念号で、世界各国の地域研究に対するレビューを行っている。「台湾」の項目を、戴國煇という研究者が担当している。

戴國煇は、戦後日本で活躍した研究者であり、著述家でもあった。この本でも主役として取り上げるべきかどうか迷ったほど、戦後日本の特に台湾研究関係者に大きな影響を与え、その門下からは今日の台湾研究の流れをつくった若林正丈、春山明哲らを輩出した。日本で初めて台湾を概説した岩波新書『台湾』の著者でもある。

女優・余貴美子の一族と同じ台湾・桃園にいる客家グループの出身であり、司馬遼太郎との初対面での自己紹介で「司馬さん、ぼく客家」と自己紹介したエピソードも伝えられている。辜寛敏、王育徳、邱永漢らがかかわった戦後日本の台湾独立運動には否定的な姿勢を貫いた左派の台湾人だったが、蔣家独裁の台湾にも厳しいスタンスをとり、一時期はブラックリストに載せられた。

民主化後は台湾に戻れるようになり、李登輝のブレーン的な役割も果たした。一九九九年に李登輝が台湾と中国を「特殊な国と国との関係」と位置付ける「二国論」を発表したあたりから、李登輝とも対立して最後は決別した。

この「アジア経済」のレビューを書いたころの戴國煇はまだ四〇歳前の少壮学者で、アジア経済研究所に所属していた。レビューの冒頭は辛辣な言葉で始まっている。

〈戦後の日本において、本当に回顧に値し、展望すべき段階に「台湾研究」は現在あるのだろうか〉

日本の敗戦の一九四五年から一九六九年までの台湾を主題にしたレビュー対象の著作物を戴國煇が調べたところ、学術書は一〇作を超えず、雑誌記事や論文をかき集めても三五〇本にしかならなかった。二四年という歳月を考えればあまりに少ない数字だ。一九五二年の「日華平和条約」という重要な外交的な事件についてもほとんど研究が加えられた形跡はないことについて、戴國煇は〈台湾研究をかかるみじめな、まったく不振な状態〉にしてしまったと、深い嘆きとともに形容している。

特に鋭い点を突いているのが〈台湾研究をタブー視し、台湾について書く人間を台湾ロビースト視する特殊な日本的雰囲気の存在である〉と述べている点だ。

戴國煇は研究者の問題として語っているが、長年、日本メディアに籍を置いてきた筆者としても、少なくとも一九九〇年代まではそうした空気が濃厚にあったことは身を以て体験している。

台湾をスルーする日本の知的コミュニティ。それは政界、官界、学界、マスコミ、知識人のすべてが加担した忘却と思考停止の行為であり、国をあげての「台湾サボタージュ」と呼ぶべき現象であった。

これは、台湾という土地と人々に対して、自ら領有という行為で関わりを持った日本人としては、あまりに身勝手な振る舞いだったのではないだろうか。

台湾人に「日本人になれ」といってならせておいて、今後は「中国人になってもいい」と背中を向け、あとは二・二八事件が起きても、反政府活動の過酷な取り締まり「白色テロ」の嵐が吹き荒れても、知らん顔だと言われても仕方ない無関心ぶり。

そんな冷たい忘却の時代のなかで、誰が、日本と台湾の間をつないできたのか。タイワニーズたちだ。彼らの存在なくして、日本と台湾の関係は今日のように深いものになっただろうか。

その彼らにスポットを当てて記録に残し、「故郷喪失者の物語」という一枚の大きな見取り図のなかに、それぞれの「個」の落ち着き場所を見つけることが本書で目指したことだった。それが一人の日本人として私なりの、タイワニーズへの感謝と台湾への贖罪の表現である。

日本にも持ち込まれた台湾の多様性

戦前の日本で暮らしていた台湾の人々は、日本での戸籍の扱いや日台間の結婚などで制限は受けていたが、基本は天皇の民である「帝国の臣民」だった。

日本の敗戦によって、彼ら在日台湾人の法的地位は混乱した。ＧＨＱは台湾人と朝鮮人を「解放人民」とみなした。台湾人らは日本の警察権などの行使を受けない「戦勝国民」であると主張した。

これに対して、日本の警察は彼らを「第三国人」と位置づけ、取り締まりの対象としようとした。当時は旧帝国の領土にあった人々を指して「第三国人」と呼んだもので、差別的なニュアンスはなかったとも言われる。

しかし、その後に起きた様々な刑事事件などを受け、台湾人の地位については、GHQと日本政府、中華民国の駐日代表団の話し合いの結果、華僑登録を行うことで戦勝国民の待遇が得られることになり、日本政府は彼らを合法的に定住する外国人とみなしたが、平和条約の締結前なので在日の台湾人は中華民国の国籍取得ができなかった。

その状況下で、一九四五年一一月ごろから一九四六年にかけて、GHQによる台湾出身者への帰還事業が進められた。早稲田大学の台湾研究者・鶴園裕基の調査によると、当時の日本にはおよそ三万人の台湾出身者がいた。

軍人・軍属が一万人で、一般人が二万人だった。GHQは治安維持の障害になるとみなした台湾出身の軍人・軍属については全員を帰国させることにした。一般人についてば送還希望者登録を行い、一般人のおよそ八割にあたる一万六〇〇〇人が登録した。実際に送還されたのは三四〇六人のみだったとされる。

この帰国組の中には、陳舜臣や邱永漢などが入っている。京都大学で農業を学んだ李登輝もその一人だった。

一方、残留組には、安藤百福や羅邦強などのちに経済人として成功した人々がいた。余貴美子の祖父の余家麟もこの残留組に含まれる。鶴園は「台湾に帰らずに残ったのは生活の安定度が比較的高い集団だった」と指摘している。

二〇一七年に刊行された『台湾人の歌舞伎町――新宿、もうひとつの戦後史』（稲葉佳子、青池憲司著）という本では、歌舞伎町でアシベ会館や風林会館などの有名な風俗ビルを立ち上げ、戦後初期の日本でいち早くビジネスを展開した台湾人が描かれているが、彼らはいずれも残留組だ。こうした人々は、戦後日本経済のなかで飲食業や娯楽業、不動産業などを通して財を築いていく。

台湾出身者の間でも、政治的なスタンスはかなり違っていた。中国共産党を支持する左派も多く、「愛国華僑」として中国に渡る人もいた。中国では最初は日本通として重宝されたが、のちに文化大革命などではスパイ容疑がかけられて悲惨な目に遭った。

こうした台湾出身者の左派には、陳舜臣とその一族が含まれる。彼らは日本の大陸出身者の共産党支持グループと合流して、戦後日本のなかで、中華人民共和国と近い華僑グループを形成していく。

一方、台湾においては、日本からの台湾出身者の帰還事業が終了したあと、あまりに大きな二つの出来事が発生する。

本書で何度も言及してきた二・二八事件と、内戦敗北による国民党の台湾撤退である。

に逃亡している。それが、辜寛敏、邱永漢、廖文毅、王育徳たちだ。彼らはそれぞれ多かれ少なかれ、戦後の日本で台湾独立運動に関わっていった。

その二・二八事件を受け、日本の教育を受けた台湾人インテリ層を中心に、国民党に対して反感が広がり、何らかの理由で当局から睨まれ、摘発の危機に瀕した人々が日本に逃亡している。それが、辜寛敏、邱永漢、廖文毅、王育徳たちだ。彼らはそれぞれ多かれ少なかれ、戦後の日本で台湾独立運動に関わっていった。

戦後の台湾において、チャンスを得て日本や米国に留学したあと、王育徳らの独立運動に身を投じた人々もいる。日本の言論界で活躍する金美齢や黄文雄、元駐日大使の許世楷や羅福全、歴史家の史明、昭和大学教授を務めた黄昭堂といった人々だ。

国民党統治を経験し、その暴政に絶望し、あるいは家族や友人、自身にも身の危険が迫った経験を有し、独立運動に参画した人々である。どちらかというと知的エリートのグループであり、共産主義運動には違和感を抱いていると同時に、より憎んでいたのは、自分たちの故郷・台湾を踏みにじった国民党である。

彼らは中国や台湾の政治的影響下にあった華僑組織にも加わることはなく、地下運動化した。中国人というアイデンティティを拒否し、台湾人を前面に押し出す人々である。

現在の日本では、このグループの政界や言論界への影響力も強いので多数派の印象を与えがちだが、もともとは在日台湾人のなかでは小さな固まりに過ぎなかった。

そうした状況が変化するのは、こうした独立派の主張に、台湾の民主化ムーブメントが共鳴するようになる一九九〇年代後半を待たねばならない。

戦後の来日グループには、さらに複雑な事態が起きる。共産党が建てた中華人民共和国の成立前後、中国生まれ、中国育ちの人々が、共産党の政権を嫌って台湾経由か、あるいは大陸から直接、日本にやってきたのである。台湾の生活経験は短いか皆無であり、台湾への思いや台湾とのつながりは弱く、「中華民国派」ではあるが自らのことは「台湾人」とは考えない。

政治絡みではないが、東山彰良の父親、王孝廉もこちらのグループに入るだろう。日本プロ野球の英雄である王貞治や四川料理店「四川飯店」を成功させた陳建民（「料理の鉄人」陳建一の父）なども含まれている。もちろん、移民二代目、三代目になってくると、大陸での生活経験もないので、親とは考えも違ってくる。

こうした大陸出身の中華民国派には、『無国籍』という著書で知られる早稲田大学教授の陳天璽の家族がある。

陳天璽の一族のケースでユニークなのは、一九七二年の日本と中華民国との断交および日本との中華人民共和国との国交樹立に際し、日本、台湾、中国のいずれの国籍選択も行わないで「無国籍」を選択したところである。

陳天璽の父親は中国・黒龍江省、母親は湖南省の出身であった。父親の家は地主で、母親の家は国民党の将軍。国共内戦に敗北した国民党にしたがって、台湾に渡った。そこで両親が知り合い、結婚した。

父親の日本留学を機に、一九六〇年に家族全員で日本に渡り、一九七一年に陳天璽が生まれる。そして、その翌年、家族は運命の一九七二年を迎えたのである。

当時、選択肢としては、新たに日本が国交を結ぶ中華人民共和国に国籍を変更するか、日本と国交がなくなる中華民国の国籍のままでいるか、あるいは日本人として帰化によって生きていくかの三択を突きつけられた。

陳天璽によれば、当時、一家は中華民国のパスポートで来日していたが、国際情勢の大きな変化に直面したなかで、何日も家族会議を繰り返した末に、三択のうちのどれも選ばない「無国籍」にすることを決めたのである。

その後の無国籍状態によって陳天璽が巻き込まれた様々なトラブルは、本書の趣旨から外れるので著書『無国籍』を参照してほしいが、まさに時代に翻弄されて東アジアを彷徨したこうした人々の存在を我々は忘れてはならない。

彼ら中華民国派の人々が台湾に持っている「根」はか細いものだ。民主化を経た台湾の大きな変化から切り離されて浦島太郎的なものになってしまう部分がある。

基本的に反共を掲げてやってきただけに、中国共産党の統治する大陸を一〇〇%すべて受け入れてしまえば投降になるという心理的な抵抗がある。一方で、中国と台湾を切り離す主張を掲げている李登輝や民進党はどうしても支持する気にはならない。

そのため、彼らが行き着く政治的立場は「両岸（中台）和解」ということになる。現在の中国政府の台湾政策とも合致して中国からは歓迎される。だが、外形上は中国寄りというイメージが強まり、いまの台湾社会のムードには馴染み難い。

この本のなかで取り上げているのは、こうした複雑で多岐にわたる背景をもった人々であり、一言で括ってしまうことがためらわれるほどの多様性を有している。

はっきり言えるのは、大日本帝国から戦後へと続く日本、分断された中国、そして出身地の台湾という東アジアの境界を行き来しながら、失われてしまった自分の帰属すべき祖国・故郷を探し求めてきた人々がタイワニーズなのである。

タイワニーズの絆に導かれて

彼らの人生に向き合うとき、「親日」や「反日」といった、使い古されたありきたりの言葉で言い表すことはあまりに陳腐であることに気づかされる。そんな固定観念を吹っ飛ばしてしまう彼らの奮闘は、たくましく、眩しい。

こうした台湾の人々の生きざまに、日本社会はどこまで正しく応えてきたのかといえば、かなり心もとない。陳舜臣や邱永漢の死去の折にも、その訃報記事の貧困さに驚かされた。

日本と台湾は、歴史的に複雑極まりない関係を持ってきた。日本と台湾との出会いは血で塗られたものだったが、日本は領土になった台湾に「近代国家」を持ち込んだ。その結果、台湾社会はアジア有数の先進性を有し、「前近代」を色濃く残していた蔣介石・国民党政権との不幸な出会いは、台湾の人々の日本への郷愁を一層強めた。

だが、台湾人が内心で日本への思いを深めた時代、日本は台湾を事実上忘却し、植民地統治の反省どころか、戦後の二・二八事件などの人権弾圧にも目を向けず、「蔣介石総統の恩義」という物語に包まれた反共政策に身を置くことで台湾への罪悪感から免罪された。その怠惰は、右派だけではなく、左派のほうがより深刻であっただろう。

中国共産党のイデオロギー的な台湾観に影響されて「台湾は中国の一部」という主張にただ乗りし、人権弾圧、言論封殺といった、左派ならば本来批判すべき圧政の下にいた人々に心を寄せなかったのだ。

繰り返しになるが、そのようなお寒い日本と台湾との時代を、縁の下の力持ちのように支え続けてきたのが本書に登場する人々であった。彼らと触れ合う日本人の誰もが台湾を多かれ少なかれ意識し、台湾への関心を持つきっかけになったにちがいない。

長い積み重ねのなかで温められてきた「何か」があったからこそ、一九九〇年代以降の冷戦終結と台湾の民主化によって日本社会の台湾への関心が次第に高まり、二〇一一年の東日本大震災での日本に対する二〇〇億円という巨大な支援に感動した人々の間で台湾ブームが起き、日台交流の盛況につながっている。

タイワニーズたちのアイデンティティや思想、台湾と日本への思いに違いはあっても、彼らの存在自体が、日本にとっても、台湾にとっても、二つの地を結びつけるかけがえのない財産であり、彼らの存在抜きにして、日本と台湾の交流は今日のような厚みを持てなかったはずだ。

いかに「植民地」「洗脳」「皇民化」といった政治的ボキャブラリーで否定し続けたとしても、決して磨耗することがない強靭さがそこにある。台湾統一を目指す中国も、こうした日本と台湾との関係を根本から再認識しない限り、台湾の人々の信頼を勝ち取ることは難しいと私は考えている。

本書で私が描いてきた人々は、歴史の荒波のなかで、台湾という故郷を失ったかもしれない。国家から見捨てられた思いを抱いたかもしれない。動乱の運命を背負いながら、国籍も住む場所も、二転三転せざるをえなかった。

それでも、日本という新たな舞台のなかで、日本を第二の故郷とした人もいれば、台湾と日本の両方を故郷とする人もいた。台湾に戻った人もいた。

本来ならば心をくじく故郷喪失という「負」の環境を、あえて生命のエネルギーに変え、たくましい楽観によって、人生を切り開いた彼らの姿に敬意を深く表し、筆を擱きたい。

あとがき

私が台湾について初めて本格的に取材し、記事を書くようになったのが二〇〇七年、いまから一〇年あまり前のことである。その時は短期間の出張だったが、前述した黄昭堂という独立運動の長老に、台北でインタビューした。体も大きいが心も大きく、理屈っぽくて敵の多い独立派のなかでは、おおらかな人柄が党派を問わず愛された人だった。その死を悼んで今年台南市に記念公園が完成することになっている。

出張からまもなくして特派員として台湾に赴任したあとは、ときどき台北の歓楽街である林森北路や北投温泉の飲み屋に呼び出されては、濃い水割りのウイスキーを飲まされながら、少年時代の日本語教育に加え、戦後の日本での独立運動や研究生活のなかで鍛えた流暢極まりない日本語で、台湾の歴史や台湾人の思いを延々と聞かされた。

「台湾と日本の最大の絆はね、政治家や企業じゃない。人の絆なんだ。私のように「日本」を自分のなかに抱え込んだタイワニーズなんだよ」

どのような文脈かも忘れてしまったが、そんな場で黄昭堂から聞かされた言葉だ。ほろ酔い気分で耳に入ってきたタイワニーズというフレーズが、やけに印象深かった。

黄昭堂は二〇一一年に突然の病でこの世を去ってしまい、その言葉も、いったんは記憶の片隅に追いやられていたが、この本を書いているなかで、次第に黄昭堂の言葉の深い意味が輪郭を持ちながらリアリティをもって理解できるようになり、ずっと消えないロウソクの炎のように、取材の道を照らす大切な灯になった。本書のタイトルを与えてくれた敬愛する黄昭堂に本書を捧げたい。

日本と台湾をつなぐものは「人」であるということは、本書の最も大切にしたい部分であり、その点が読者に届くことを、作者として心から願っている。

本書のうち第一章のリチャード・クー、第二章の温又柔、第四章の羅邦強と安藤百福、第五章の陳舜臣と邱永漢、最終章の内容は書き下ろしである。第一章の蓮舫と辜寛敏、第二章の東山彰良、第三章の余貴美子は、二〇一七年に国際情報誌「SAPIO」に本書と同名の連載で、第三章のジュディ・オングは二〇一二年に月刊「文藝春秋」五月号で、それぞれ執筆した内容を、大幅に加筆したものだ。取材にご協力いただいたご本人やその関係者の皆さまに心からのお礼を申し上げたい。本書の記述に対するすべての責任は作者である私にある。

文庫版あとがき　タイワニーズの流儀、そして熱量

本書が刊行されてから五年ほどが経過した。この間、本書で取材した人々のなかで物故する方が相次いだ。

その一人が、台湾きっての名家辜家の一員であり、独立運動に日本、台湾で奔走した寛敏さんだ。二〇二二年四月、九六歳でその生涯を閉じた。大往生であった。だが、同時に寂しさもあったかもしれない。彼が目指した「台湾独立」は実現しなかった。

彼は時代の目撃者であった。本書で紹介した「密使」のところなども多くのメディアに引用された。日本統治時代のエリート、国民党の独裁時代のブラックリスト、日本における独立運動、民主化後のオピニオンリーダー。多様な役割を演じきった辜寛敏さんはまさに時代を舞台にする名優だった。その人生を、おそらく現存する刊行物のなかで最も総合的に描いたという自負はある。改めて、その人生に大きな拍手を送りたい。

そのほか、主要な登場人物ではないものの、蓮舫氏のところで貴重なコメントをいただいたライフの創業者の清水信次さん、ジュディ・オングさんの父親で放送人・詩人の翁炳栄さん、東山彰良さんの父親で作家の王孝廉さんなどが次々と世を去っている。彼

らからうかがった話は、その一部しか文中には掲載できなかったケースも多いが、いずれも「熱量」をインタビューのなかで強く感じた人たちばかりだ。

読者にいま伝えたいのは、この台湾人の熱量のことである。そして、熱量は伝播するのである。私もまた、タイワニーズの熱量にあてられ、本書を描ききった気がする。今回、本書が文庫化されることになったのもその熱量のおかげに違いない。

中国の統一圧力にさらされ続け、太平洋に浮かぶ一枚の木の葉のように、台湾の運命は揺れて定かではなく、タイワニーズの運命も時代に翻弄され続けている。しかし、彼らはたくましく生き抜いていくだろう。彼らの熱量がつきることはないからだ。

タイワニーズは多くの夢を描き、その人生をまっとうした。その周囲にいる人々も生き生きとその生命を燃焼した人々が多い。

なぜ彼らにこれだけの熱量があるのか。それは私にとっても本書を書き上げたあとにずっと脳裏から離れないクエスチョンである。

苦労が人を作る。そうした面はあるだろう。だが、それだけではない。

私が考えるタイワニーズの魅力は、楽観と努力だ。ダメそうでもやってみる。ダメならほかの手を探す。試行錯誤で最後には帳尻を合わせる。それが彼らの流儀ではないかというのが現時点での私の答えだ。

安藤百福も、チキンラーメンを「発明した」としている点には同意できないが、その人生そのものには敬意を感じている。いろいろ彼のことを悪くいうひとは関西の台湾系華僑の間にいるが、それでも日本最大の食品会社を作り上げていく物語は、爽快の一言につきる。

熱量という点では、陳舜臣、邱永漢という二人の作家も桁違いである。その作品と発言の量は外国人作家としてだけでなく、日本の言論界全体でも空前絶後ではないか。成功とは泥をすすっても石に齧りついても第一線に立ち続けることだということをこの二人からは教えられる。私は彼らからすればまだまだだ。そんなふうに思わせてくれる先人たちの人生を自分の筆で描けたことは光栄の至りである。

二〇一八年に刊行された単行本『タイワニーズ――故郷喪失者の物語』を今回、文庫版として出版を引き受けていただいた筑摩書房には感謝の気持ちでいっぱいだ。編集の松本良次さんとも話し合って、本のタイトルは微調整し、より多くの読者に分かりやすいように『日本の台湾人――故郷を失ったタイワニーズの物語』とした。台湾有事への関心もあり、日本で台湾の情報へのニーズは高まっている。より深く日本と台湾の関わりを知りたい方々に手に取ってもらえることを願っている。

文庫版を読んだ読者のみなさんにもタイワニーズの熱量が伝わることを願って。

二〇二三年春、台北にて。

参考文献

第一章

蓮舫

河野孝行『バナナの国・台湾』食品市場新聞社、一九六六
蓮舫『一番じゃなきゃダメですか?』PHP研究所、二〇一〇
田中宏『在日外国人【第三版】法の壁、心の溝』岩波新書、二〇一三
許雪姫『由裁縫、商人到漢奸／戰犯：陳杏村的傳奇與涉案』二〇一二「戰後臺灣歷史的多元鑲嵌與主體創造」工作坊（三）人脈篇、未公開
黄旭初『金蕉伝奇　香蕉大王吳振瑞與金碗案的故事』屏東県政府、二〇一五
辜寛敏&リチャード・クー
宗像隆幸『台湾独立運動私記　三十五年の夢』文藝春秋、一九九六
王育徳『「昭和」を生きた台湾青年　日本に亡命した台湾独立運動者の回想一九二四―一九四九』
草思社、二〇一一
黄天才、黄肇行『勁寒梅香　辜振甫人生紀實』聯經出版、二〇〇五
張炎憲、曾秋美『逆風蒼鷹　辜寛敏的台獨人生』吳三連台灣史料基金會、二〇一五

第二章
温又柔
温又柔『台湾生まれ 日本語育ち』白水社、二〇一五
温又柔『真ん中の子どもたち』集英社、二〇一七
東山彰良
東山彰良『流』講談社、二〇一五
王璇『魚問』晨星出版社、一九八六

第三章
ジュディ・オング
翁倩玉口述、褚士瑩『人生的盛宴——翁倩玉』春天出版社、二〇〇二
余貴美子
楊国光『ある台湾人の軌跡——楊春松とその時代』露満堂、一九九九
周子秋『日本客家述略』日本関東崇正會、二〇一五

第四章
安藤百福
安藤百福『魔法のラーメン発明物語——私の履歴書』日経ビジネス人文庫、二〇〇八

第五章
陳舜臣
陳舜臣『青雲の軸』集英社文庫、一九九三
陳舜臣『道半ば』集英社、二〇〇三
本田善彦『日・中・台 視えざる絆 中国首脳通訳のみた外交秘録』日本経済新聞社、二〇〇六
邱永漢
邱世嬪『七転び八起きQ転び 邱家の子育て親育て』PHP文庫、一九九〇
邱永漢『わが青春の台湾 わが青春の香港』中央公論社、一九九四
垂水千恵『台湾の日本語文学 日本統治時代の作家たち』五柳叢書、一九九五
岡崎郁子『台湾文学 異端の系譜』田畑書店、一九九六

最終章
戴國煇『台湾と台湾人 アイデンティティを求めて』研文選書、一九七九
譚璐美、劉傑『新華僑 老華僑――変容する日本の中国人社会』文春新書、二〇〇八
周婉窈他『増補版 図説 台湾の歴史』平凡社、二〇一三
赤松美和子、若松大祐編著『台湾を知るための六〇章』明石書店、二〇一六

台湾史年表

①清朝統治以前（～1895年）

一六世紀半ば		ポルトガル船が台湾を見つける
一五九三年		豊臣秀吉の命により原田孫七郎が台湾へ
一七世紀以降		漢族系住民が大陸から台湾へ移住
一六二四年		オランダ東インド会社がゼーランディア城を築造
一六二六年		スペイン人が基隆にサンサルバドル城を築造
一六二八年		浜田弥兵衛事件（日本とオランダとの貿易摩擦）
一六三〇年代		一連の鎖国令により日本の朱印船貿易が途絶える
一六四二年		オランダ人が台湾北部のスペイン人を追い出す
一六六一年		鄭成功がオランダ人を追い出す
一六八三年		鄭氏政権が清朝に降伏
一八五八年	六月	天津条約により安平（台南）、高雄、基隆、淡水が開港
一八七四年	五月	日本の台湾出兵
一八八四年	一〇月	清仏戦争でフランスが台湾北部を攻撃
一八八五年		福建省から分離して台湾省を創設（初代巡撫は劉銘伝）
一八九四年	七月	日清戦争の勃発
一八九五年	四月	下関条約により清朝は日本へ台湾を割譲
	五月	台湾割譲に反対する住民が台湾民主国を宣言
一八九八年	五月	「台湾日日新報」創刊
	三月	後藤新平が台湾総督府民政局長に就任

②

一九〇八年	四月	台湾縦貫鉄道（基隆―高雄）が全通
一九一五年	八月	西来庵事件（漢人住民の最後の大規模抗日反乱）
一九二一年	一月	台湾議会設置請願運動が始まる
	一〇月	台湾文化協会の結成
一九二三年	四月	皇太子裕仁摂政宮（後の昭和天皇）が訪台
一九二八年	三月	台北帝国大学の開校
一九三〇年	四月	嘉南大圳の竣工
	一〇月	霧社事件（原住民が日本人を襲撃）
一九三一年	八月	嘉義農林学校のチームが甲子園で準優勝
一九三四年	九月	台湾議会設置請願運動が終わる
一九三七年		皇民化運動が始まる
一九四二年	三月	高砂義勇隊の募集が始まる
一九四五年	八月	日本の敗戦
	九月	台湾省行政長官公署の設立（長官は陳儀）
	一〇月	中国戦区台湾省降伏受諾式典
一九四六年	四月	日本人の引き揚げ完了
	六月	国共内戦の再発
	一二月	中華民国憲法制定
一九四七年	二月	二・二八事件
一九四八年	四月	動員戡乱（かんらん）時期臨時条款の制定

③戦後戒厳令時代（1945 ～ 1987）

	五月	蔣介石総統に就任
一九四九年	五月	台湾省で戒厳令布告
	一〇月	中華人民共和国の成立。金門島で古寧頭の戦役
	一一月	日本軍人の顧問団（白団）が秘密裏に来台
	一二月	中華民国政府遷都
一九五一年		アメリカの援助（美援）が本格化する
一九五二年	四月	日華平和条約の調印
一九五四年	一二月	米華相互防衛条約の調印
一九五八年	八月	金門砲戦
一九七一年		在米留学生を中心に保釣運動が盛り上がる
	一〇月	中華民国（台湾）の国連脱退
一九七二年	九月	日中国交正常化により日本と断交
一九七四年	一二月	台湾籍日本兵スニヨン（中村輝夫）の発見
一九七五年	四月	蔣介石が死去
一九七八年	五月	蔣経国が総統に就任
	一二月	アメリカと断交
一九七九年	一二月	美麗島事件
一九八四年	一〇月	江南事件（特務が在米台湾人作家を殺害）
一九八六年	九月	民主進歩党の結成
一九八七年	七月	戒厳令を解除

④民主化以降（1987～）

	一一月	中国大陸への親族訪問を解禁
一九八八年	一月	蔣経国が死去、副総統の李登輝が総統に昇格
一九九〇年	三月	野百合学生運動
一九九一年	三月	対中交流窓口の海峡交流基金会を設立
	五月	反乱平定時期臨時条款を廃止し、大陸反攻政策を放棄
一九九三年	四月	第一次辜汪会談
一九九六年	三月	初の総統直接選挙で李登輝が当選
一九九九年	七月	李登輝総統が中台関係を「特殊な国と国の関係」と表現
	九月	台湾中部大地震
二〇〇〇年	三月	民進党の陳水扁が総統に当選、初の政権交代
二〇〇一年	一月	金門経由の小三通を実施
二〇〇二年	一月	ＷＴＯに正式加盟
二〇〇五年	三月	中国が反国家分裂法を制定
二〇〇八年	三月	国民党の馬英九が総統に当選
	七月	中台直行便の就航、大陸観光客の解禁
	一一月	野イチゴ学生運動。陳水扁前総統を逮捕
二〇〇九年	八月	八八水害
二〇一〇年	六月	両岸経済協力枠組協議（ＥＣＦＡ）の締結
二〇一四年	三月	ヒマワリ運動
	一一月	統一地方選挙で国民党が惨敗

④

二〇一五年	一一月	中台トップ会談
二〇一六年	一月	総統選で民進党・蔡英文が当選、立法院でも民進党が過半数獲得
	五月	蔡英文が総統就任

本書は、二〇一八年六月小学館刊の『タイワニーズ――故郷喪失者の物語』を加筆のうえ、改題した作品です。

禅　鈴木大拙／工藤澄子訳

禅とは何か。また禅の現代的意義とは？　世界的な関心の中で見なおされる禅について、その真諦を解き明かす。（秋月龍珉）

タオ――老子　加島祥造

さりげない詩句で語られる宇宙の神秘と人間の生きるべき大道とは？　時空を超えて新たに甦る『老子道徳経』全81章の全訳創造詩。待望の文庫版！

荘子と遊ぶ　玄侑宗久

『荘子』はすこぶる面白い。読んでいると「常識」という桎梏から解放される。魅力的な言語世界を味わいながら、現代的な解釈を試みる。（ドリアン助川）

つぎはぎ仏教入門　呉智英

知ってるようで知らない仏教の、その歴史から思想的な核心までを、この上なく明快に説く。現代人のための最良の入門書。二篇の補論を新たに収録！

現代人の論語　呉智英

革命軍に参加!?　王妃と不倫!?　孔子とはいったい何者なのか？　論語を読み抜くことで浮かび上がる孔子の実像。現代人のための論語入門・決定版！

日本異界絵巻　小松和彦／宮田登／鎌田東二／南伸坊

役小角、安倍晴明、酒呑童子、後醍醐天皇ら、妖怪変化、異界人たちの列伝。魑魅魍魎が跳梁跋扈する闇の世界へようこそ。挿画、異界用語集付き。

仏教百話　増谷文雄

仏教の根本精神を究めるには、ブッダに帰らねばならない。ブッダ生涯の言行を一話完結形式で、わかりやすく説いた入門書。

武道的思考　内田樹

「いのちがけ」の事態を想定し、心身の感知能力を高める技法である武道には叡智が満ちている！　気持ちがシャキッとなる達見の武道論。（安田登）

仁義なきキリスト教史　架神恭介

イエスの活動、パウロの伝道から、叙任権闘争、十字軍、宗教改革まで――。キリスト教二千年の歴史が果てなきやくざ抗争史として蘇る！（石川明人）

よいこの君主論　架神恭介／辰巳一世

戦略論の古典的名著、マキャベリの『君主論』が、小学校のクラス制覇を題材に楽しく学べます。学校、職場、国家の覇権争いに最適のマニュアル。

生き延びるためのラカン　斎藤環

幻想と現実が接近しているこの世界で、できるだけリアルに生き延びるためのラカン解説書にして精神分析入門書。カバー絵・荒木飛呂彦　（中島義道）

人生を〈半分〉降りる　中島義道

哲学的に生きるには〈半隠遁〉というスタイルを貫くしかない。「清貧」とは異なるその意味と方法を、自身の体験を素材に解き明かす。　（中野翠）

私の幸福論　福田恆存

この世は不平等だ。何と言おうと！　しかしあなたは幸福にならなければ……。平易な言葉で生きることの意味を説く刺激的な書。　（中野翠）

ちぐはぐな身体（からだ）　鷲田清一

ファッションは、だらしなく着くずすことから始まる。中高生の制服の着崩し、コムデギャルソン、刺青等から身体論を語る。　（永江朗）

エーゲ　永遠回帰の海　立花隆

ギリシャ・ローマ文明の核心部を旅し、人類の思考の普遍性に立って、西欧文明がおこなった精神の活動を再構築する思索旅行記。カラー写真満載。

独学のすすめ　加藤秀俊

教育の混迷と意欲の喪失には出口が見えないが、IT技術は「独学」の可能性を広げている。「やる気」という視点から教育の原点に迫る。　（竹内洋）

レトリックと詭弁　香西秀信

「沈黙を強いる問い」「論点のすり替え」など、議論に仕掛けられた巧妙な罠に陥ることなく、詭術に打ち勝つ方法を伝授する。

希望格差社会　山田昌弘

職業・家庭・教育の全てが二極化し、「努力は報われない」と感じた人々から希望が消えるリスク社会日本。「格差社会」論はここから始まった！

ことばが劈（ひら）かれるとき　竹内敏晴

ことばとこえとからだと、それは自分と世界との境界線だ。幼時に耳を病んだ著者が、いかにことばを回復し、自分をとり戻したか。

現人神の創作者たち（上・下）　山本七平

日本を破滅の戦争に引きずり込んだ呪縛の正体とは何か。幕府の正統性を証明しようとして、逆に「尊皇思想」が成立する過程を描く。　（山本良樹）

日本の村・海をひらいた人々　宮本常一

民俗学者宮本常一が、日本の山村と海、それぞれに暮らす人々の、生活の知恵と工夫をまとめた貴重な記録。フィールドワークの原点。（松山巖）

広島第二県女二年西組　関千枝子

8月6日、級友たちは勤労動員先で被爆した。突然に逝った39名それぞれの足跡をたどり、彼女らの生を鮮やかに切り取った鎮魂の書。（山中恒）

誘拐　本田靖春

戦後最大の誘拐事件。残された被害者家族の絶望、犯人を生んだ貧困、刑事達の執念を描くノンフィクションの金字塔！（佐野眞一）

責任 ラバウルの将軍今村均　角田房子

ラバウルの軍司令官・今村均。軍部内の複雑な関係、戦地、そして戦犯としての服役。戦争の時代を生きた人間の苦悩を描き出す。（保阪正康）

田中清玄自伝　田中清玄　大須賀瑞夫

戦前は武装共産党の指導者、戦後は国際石油戦争に関わるなど、激動の昭和を侍の末裔として多彩な人脈を操りながら駆け抜けた男の「夢と真実」。

戦場体験者　保阪正康

終戦から70年が過ぎ、戦地を体験した人々が少なくなる中、戦場の記録と記憶をどう受け継ぎ歴史に刻んでゆくのか。力作ノンフィクション。（清水潔）

東京の戦争　吉村昭

東京初空襲の米軍機に遭遇した話、寄席に通った話。少年の目に映った戦時下・戦後の庶民生活を活き活きと描く珠玉の回想記。（小林信彦）

私たちはどこから来て、どこへ行くのか　森達也

自称「圧倒的文系」の著者が、第一線の科学者に「いのち」の根源を尋ねて回る。科学者たちの真摯な応答に息を呑む、傑作科学ノンフィクション。

富岡日記　和田英

ついに世界遺産登録。明治政府の威信を懸けた官営模範器械製糸場たる富岡製糸場。その工女となった「武士の娘」の貴重な記録。（斎藤美奈子／今井幹夫）

ブルースだってただの唄　藤本和子

アメリカで黒人女性はどのように差別と闘い、生きてきたか。名翻訳者が女性達のもとへ出かけ、耳をすまして聞く。新たに一篇を増補。（斎藤真理子）

アフガニスタンの診療所から　中村哲

戦争、宗教対立、難民。アフガニスタン、パキスタンでハンセン病治療、農村医療に力を尽くす医師と支援団体の活動。（阿部謹也）

アイヌの世界に生きる　茅辺かのう

アイヌの養母に育てられた開拓農民の子が大切に覚えてきた、言葉、暮らし。明治末から昭和の時代をアイヌの人々と生き抜いてきた軌跡。（本田優子）

本土の人間は知らないが、沖縄の人はみんな知っていること　矢部宏治

普天間、辺野古、嘉手納など沖縄の全米軍基地を探訪し、この島に隠された謎に迫る痛快無比なデビュー作。カラー写真と地図満載。（白井聡）

女と刀　中村きい子

明治時代の鹿児島で士族の家に生まれ、男尊女卑や家の厳しい規律など逆境の中で、独立して生き抜いた一人の女性の物語。（鶴見俊輔・斎藤真理子）

新編　おんなの戦後史　もろさわようこ　河原千春編

フェミニズムの必読書！　女性史先駆者の代表作。古代から現代までの女性の地位の変遷を、底辺の視点から描く。（斎藤真理子）

被差別部落の伝承と生活　柴田道子

半世紀前に五十余の被差別部落、百人を超える人々から行った聞き書き集。暮らしや民俗、差別との闘い。語りに込められた人々の思いとは。（横田雄一）

証言集　関東大震災の直後　朝鮮人と日本人　西崎雅夫編

大震災の直後に多発した朝鮮人への暴行・殺害。芥川龍之介、竹久夢二、折口信夫ら文化人、子供や市井の人々が残した貴重な記録を集大成する。

遺言　石牟礼道子　志村ふくみ

未曾有の大災害の後、言葉を交わしあうことを強く望んだ作家と染織家。新しいよみがえりを祈って紡いだ次世代へのメッセージ。（志村洋子／志村昌司）

独居老人スタイル　都築響一

〈高齢者の一人暮し＝惨めな晩年？〉いわれなき偏見をぶっ壊す16人の大先輩たちのマイクロ・ニルヴァーナ。話題のノンフィクション待望の文庫化。

へろへろ　鹿子裕文

最期まで自分らしく生きる。そんな場がないのなら、自分たちで作ろう。知恵と笑顔で困難を乗り越え、新しい老人介護施設を作った人々の話。（田尻久子）

文房具56話　串田孫一

使う者の心をときめかせる文房具。どうすればこの小さな道具が創造力の源泉になりうるのか。文房具の想い出や新たな発見、工夫や悦びを語る。

おかしな男　渥美清　小林信彦

芝居や映画をよく観る勉強家の彼と喜劇マニアのぼく。映画「男はつらいよ」の〈寅さん〉になる前の若き日の渥美清の姿を愛情こめて綴った人物伝。（中野翠）

青春ドラマ夢伝説　岡田晋吉

『青春とはなんだ』『俺たちの旅』『あぶない刑事』……。テレビ史に残る名作ドラマを手掛けた敏腕TVプロデューサーが語る制作秘話。（鎌田敏夫）

万華鏡の女　女優ひし美ゆり子　ひし美ゆり子　樋口尚文

ウルトラセブンのアンヌ隊員を演じてから半世紀、いまも人気を誇る女優ひし美ゆり子。70年代には様々な映画にも出演した。女優活動の全貌を語る。

ゴジラ　香山滋

今も進化を続けるゴジラの原点。太古生命への讃仰、原水爆への怒りなどを込めた、原作者による小説・エッセイなどを集大成する。（竹内博）

赤線跡を歩く　木村聡

戦後まもなく特殊飲食店街として形成された赤線地帯。その後十余年、都市空間を彩ったその宝石のような建築物と街並みの今を記録した写真集。

おじさん酒場　増補新版　山田真由美文　なかむらるみ絵

いま行くべき居酒屋、ここにあり！　居酒屋から始まる夜の冒険へ読者をご招待。さあ、読んで酒を飲もう。いい酒場に行こう。巻末の名店案内105も必見。

プロ野球新世紀末ブルース　中溝康隆

伝説の名勝負から球界の大事件まで愛と笑いの平成プロ野球コラム。TV、ゲームなど平成カルチャーとプロ野球の新章を増補し文庫化。（熊崎風斗）

禅ゴルフ　Dr.ジョセフ・ペアレント　塩谷紘訳

今という瞬間だけを考えてショットに集中し、結果に関して自分を責めない。禅を通してゴルフの本質と心をコントロールする方法を学ぶ。

国マニア　吉田一郎

ハローキティ金貨を使える国があるってほんと⁉　私たちのありきたりな常識を吹き飛ばしてくれる、世界のどこか変てこな国と地域が大集合。

旅の理不尽　宮田珠己

旅好きタマキングが、サラリーマン時代に休暇を使い果たして旅したアジア各地の脱力系体験記。鮮烈なデビュー作、待望の復刊！　（蔵前仁一）

ふしぎ地名巡り　今尾恵介

古代・中世に誕生したものもある地名は「無形文化財」的でありながら、「日用品」でもある。異なる性格を同時に併せもつ独特な世界を紹介する。

はじめての暗渠散歩　本田創／髙山英男／吉村生／三土たつお

失われた川の痕跡を探して散歩すれば別の風景が現れる。橋の跡、コンクリ蓋、銭湯や豆腐店等水に関わる店。ロマン溢れる町歩き。帯文＝泉麻人

鉄道エッセイコレクション　芦原伸編

本を携えて鉄道旅に出よう！　文豪、車掌、音楽家——、生粋の鉄道好き20人が愛を込めて書いた「鉄分100％」のエッセイ／短篇アンソロジー。

発声と身体のレッスン　鴻上尚史

あなた自身の「こえ」と「からだ」を自覚し、魅力的に向上させるための必要最低限のレッスンの数々。続ければ驚くべき変化が！　（安田登）

B級グルメで世界一周　東海林さだお

読んで楽しむ世界の名物料理。キムチの辛さにうなり、小籠包の謎に挑み、チーズフォンデュを見直し、どこかで一滴の醤油味に焦がれる。　（久住昌之）

中央線がなかったら見えてくる東京の古層　陣内秀信　三浦展編著

中央線がもしなかったら？　中野、高円寺、阿佐ヶ谷、国分寺……地形、水、古道、神社等に注目すれば東京の古代・中世が見えてくる！　対談を増補。

決定版　天ぷらにソースをかけますか？　野瀬泰申

食の常識をくつがえす、衝撃の一冊。天ぷらにソースをかけないのは、納豆に砂糖を入れないのは——あなただけかもしれない。　（小宮山雄飛）

増補　頭脳勝負　渡辺明

棋士は対局中何を考え、休日は何をしている？　将棋の面白さ、プロ棋士としての生活、いま明かされるトップ棋士の頭の中！　（大崎善生）

世界はフムフムで満ちている　金井真紀

街に出て、会って、話した！　海女、石工、コンビニ店長……。仕事の達人のノビノビ生きるコツを拾い集めた。楽しいイラスト満載。　（金野典彦）

ちくま文庫

日本の台湾人
――故郷を失ったタイワニーズの物語

二〇二三年八月十日　第一刷発行

著　者　野嶋剛（のじま・つよし）

発行者　喜入冬子

発行所　株式会社　筑摩書房
東京都台東区蔵前二―五―三　〒一一一―八七五五
電話番号　〇三―五六八七―二六〇一（代表）

装幀者　安野光雅

印刷所　中央精版印刷株式会社

製本所　中央精版印刷株式会社

ISBN978-4-480-43900-0 C0195